iHuman

成
为
更
好
的
人

# 西方法律思想

## 传说与学说

刘星 著

增订版

GUANGXI NORMAL UNIVERSITY PRESS
广西师范大学出版社
·桂林·

西方法律思想：传说与学说
XIFANG FALÜ SIXIANG：CHUANSHUO YU XUESHUO

**图书在版编目（CIP）数据**

西方法律思想：传说与学说 / 刘星著. —增订本. —
桂林：广西师范大学出版社，2019.6
ISBN 978-7-5598-1790-7

Ⅰ．①西… Ⅱ．①刘… Ⅲ．①法律－思想史－研
究－西方国家 Ⅳ．①D909.5

中国版本图书馆 CIP 数据核字（2019）第 095560 号

广西师范大学出版社出版发行

（ 广西桂林市五里店路 9 号　　邮政编码：541004 ）
　网址：http://www.bbtpress.com
出版人：张艺兵
全国新华书店经销
湛江南华印务有限公司印刷
（广东省湛江市霞山区绿塘路 61 号　邮政编码：524002）
开本：880 mm × 1 240 mm　1/32
印张：15.125　　　　字数：310 千字
2019 年 6 月第 1 版　　2019 年 6 月第 1 次印刷
定价：90.00 元

如发现印装质量问题，影响阅读，请与出版社发行部门联系调换。

# 增订版序

关于西方法律思想，近年又出现了不少佳作。总体看，新作不断涌现，资料越来越丰富，视野越来越开阔，而且中国元素的学术辨析意识越来越强劲。如清华大学出版社 2015 年出版，高鸿钧教授、赵晓力教授主编的《新编西方法律思想史》就是显著例子。但我至今觉得，就域外法律思想而言，侧重资料梳理的编年史著述与侧重史论结合的简洁导论，可以相得益彰，相互发明，对阅读领域均有益。故本书依然有其价值。

增订版又做了些许订正。

本书的写作意图、叙事风格、主题观念，在《修订序言》《序言》中均有交代，请读者参阅。

感谢刘峰先生提议增订版的出版。还要感谢广西师范大学出版社的大力支持。希望本书能使读者持续获得阅读意义。

刘 星

2017 年冬于北京

# 修订序言

对本书的基本设想、思路及叙述策略，原序已有交待。

现强调一点，即本书既可作为知识研习的路径，也可作为思想激发的资源。这意味着，本书不仅是"法律思想史"的，而且是"法理学的"。因为本书非常侧重分析，借助"他者"（西方法律思想）的背景潜入原理的讨论。如今学术行业的一个重要趋势，为融合、借鉴交叉，以求相互发明，而在传统的"史"和"论"之间，越来越多的学术实践则更乐意史论结合，诱发自身的主张阐述。的确，仅有知识交代，或说铺陈资料，似乎"简单"了。

本书添加了副题：传说与学说。其意在凸显作为历史化的故事实践和理论实践之间的互动。在原书中，两类实践已彼此贯穿，使内容成为"立体"，试图促进法律问题的深入理解。同时，在添加副题之际，也望读者不吝赐教，在本书描述的传说和学说中，揭其讹误。

另需说明，这次修订集中于"引文资料"的再次精练，即做些缩减，以期全书叙述更为通畅。"引文"颇为重要，是"思想表达"的证据，不可含糊，但如何更为通畅也需注意，使两者辩证似为恰当。当然，本次缩减肯定没有消灭通过"引文"来深入阅读原著的可能，细心读者依然可以按图索骥。

　　要感谢法律出版社的刘彦沣博士。她总是支持我的写作，并提出中肯意见。这是难得动力。希望本书，包括系列中的其他书目，能够在"阅读市场"中渐入佳境。

刘　星

2010 年 3 月 5 日于北京

# 序　言

对于西方法律思想，国内和国外的许多学者都有著述和分析。就国内而言，大多数学者除了个别的论文叙述之外，在撰写著作的时候，通常是以思想史的方式来操作的。思想史方式的最重要的特点在于以时间顺序作为基本路线，并且以"简要评介"作为基本叙事的补充手段。本书有些不同。第一，本书以问题思路作为线索，来讨论西方法律思想的演变。第二，因为是以问题思路作为线索的，所以不以编年史的方式来安排、分析素材对象。第三，同样是因为以问题思路作为线索，所以在叙述的过程中时常以"夹叙夹议"的方式展开了本书作者的某些讨论，进而具有一些整体理论分析的色彩。当然，这样叙述的目的在于使读者可以较为深入并且以中国的学术理解方式来理解西方法律思想。以这三点作为基础，本书在尽可能地涉及更多的西方法律思想资料的同时，比如从古希腊开始一直到当代，另外特别注意将法律思想的分析讨论融入具体的法律实践活动的分析讨论，使本书呈现为"实践中的理论分析"的表征。以具体的法律实践活动作为叙述平台，有的时候会被理解成为以"例子解释的方式"解释理论。尽管的确如此，然而以融入实践的方式分析、讨论法律思想，其更为重要的目的在于表达这样一个信息：法律理论时常和法律实践不仅是互动的，而且是相互交织的，因而在法律实践中来看法律理论或者法律思想，才能更为恰当准确地理解后者。

本书属于导论。既然是导论，叙述也就不可避免地"有所选择"。这意味着本书不会也不可能全面地分析讨论西方法律思想。严格地来说，没有哪位学者可以全面地分析讨论，因为西方法律思想的内容是浩如烟海的；即使是就其中一个领域，比如以刑法、民法等部门法为标志的法律思想的对象，也是内容十分庞大的，也是几乎无法全面地分析、讨论的。因此，选择既是明智的，也是无可奈何的。本书分析讨论学界一般认为的"比较重要"的西方法律思想，当然，主要是围绕法理学或说法律哲学而展开的法律思想。

作为导论，本书的另外一个企图在于，不仅讨论"说了什么"，而且讨论"为什么这样说"。所以如此是因为我们都能理解，知道了"为什么这样说"会是更有意思的、更有启发的、更为具有挑战性的；对于开拓研究、学习的思路也是更为有益的。这就如同看到一个人站在一个位置上，假设仅仅知道他就在这个位置上，而不知道他是从哪里走来的，那么，观看者未免总会有些头绪不清甚至趣味索然的感觉。当知道他是从哪里走来的，而且知道还有另外的路线可以到达同样的位置，显然，观看者就会兴趣大增，就会展开许多有意思的思考和"追寻"，从而进入一种真正的"观看"。在这个意义上，本书特别在"为什么这样说"作出了一些努力。当然，这也是上面提到的"增加本书作者的某些讨论，进而具有一些整体理论分析的色彩"的一个具体说明。

　　本书的基本内容曾经以《西方法学初步》为名由广东人民出版社出版。时隔近十年，发现其中还是存在了许多令人不满意的地方，需要修订。因此，在本书中我做了较大的调整。主要目的是使其在不失学术思索这一特点的同时读来简洁清晰、易懂通畅，当然也使其能够更为学术严谨一些。

　　在此我首先要特别感谢法律出版社的徐雨衡编辑，她对本书的兴趣使我有足够的动力进行修订，使其进一步地完善。

　　另外，我要感谢中山大学法学院和国内许多法学院的同学们。每当我讲课、外出讲学、参加各种学术会议的时候，总能发现有同学手持这本书的初版来和我交流，向我提出问题和意见，这使我感动，也使我深受鼓舞。一本书可以得到同学们的不断阅读，应该是作为教师的学者的极大欣慰的一件事情。

　　最后补充一句：希望本书能够"开卷有益"。

刘　星

2007 年春于广州康乐园

# 目　录

# 第二章　"社会学"的观察

## 第八章　坏的法律不是法律

## 第九章　坏的法律也是法律

## 第十章　道德的法律强制

## 第十四章　开明专制与权力制约的法治：再次对话

## 第十五章　第三种声音：民主、公意、法律

# 引言：西方法律思想的出发点

## 001　苏格拉底审判

首先"阅读"一个故事：苏格拉底审判。

在西方文化中，此故事多指向、多意蕴，富有历史隐喻，既可"阅读"为妙趣横生的人物传记，也可"阅读"为机智乖巧的论辩记载，还可"阅读"为雅典民主的批判反思。如对法律的学理兴致盎然，又可"阅读"为法律制度的哲学阐释……

苏格拉底，古希腊贤哲，但相貌似乎有些令人感到遗憾，据说鼻子偏偏，肚皮略大。[1]此人向来意志坚强，且性格倔强。最为令历史学家和哲学家感兴趣的是，苏格拉底尤其喜好运用"辩证法"将那些自认为学富五车的人解构得无地自容。这种辩证法，与当下我们所知道的极为不同，大致可以分为两个部分——"讥讽"和"助产术"。它是一种不留情面，进而使人尴尬的辩论技术。具体而言，首先向对方请教学问，好像自己是一无所知的，然后，通过一问一答的方式逐渐使对方出现前后矛盾的解说，以达到"讥讽"

---

1　罗素：《西方哲学史》，何兆武、李约瑟译，商务印书馆1982年版，第127页。

的目的。接下来则是提问者直截了当地告诉对方："其实你并不懂，还是我来解释吧！当然学问是在你心里的，只是由于你无法想起来便需要我来帮助你回忆，就像帮助你生孩子一样。"这样就开始了"助产"。传说苏格拉底的母亲是一个助产婆，也许苏格拉底正是从其母亲的助产生涯中得到了这样的灵感。此等"辩证法"，在苏格拉底的手中，的确是游刃有余的，但是也因此，苏格拉底得罪了那些被"讥讽助产"的"知识霸权"的人物。

此外，不知是秉性还是激情的缘故，能言善辩的苏格拉底还特别热衷于对现实的社会事务冷嘲热讽，或者讲述城邦的政治法律陈腐愚昧，或者讲述百姓的道德宗教江河日下，只要认为是流弊之处，便毫不客气地一一指摘。比如，对雅典人用豆子拈阄的方式选择领导人的做法，苏格拉底就说那是再愚蠢不过的举措了：

没有人愿意用豆子拈阄的办法来雇佣一个舵手或建筑师或奏笛子的人……而在这些事情上做错了的话，其危害是要比在管理国务方面发生错误轻得多。[1]

也许，大凡思想者都喜欢以"批评"为能事。可惜的是，古雅典公民的"容忍涵养"就像苏格拉底的相貌一样令人感到遗憾。公元前403年，当纯粹的民主政体在雅典确立的时候，民众无不为此

---

[1]    色诺芬：《回忆苏格拉底》，吴永泉译，商务印书馆1984年版，第8页。

雀跃欢呼；他们尤为相信，这是完美无缺的不能怀疑的政治设计，不能放任他人危言耸听。"牛虻"式的苏格拉底执意要发表批评的意见，自然容易招惹反感和拒斥。

公元前399年，苏格拉底70岁。就在那年的春天，三个雅典人——迈雷托士、赖垦和安匿托士控告苏格拉底犯下两条罪状：（1）渎神；（2）腐化和误导青年。[1]迈雷托士是诗人，赖垦是修辞学家，而安匿托士是政治活跃分子。这场官司由迈雷托士"明火执仗"，赖垦旁敲侧击，安匿托士暗中怂恿。这三个人都是饱尝"辩证法"之苦的社会名流。当时雅典法律是这样规定的："对一切不相信现存宗教者和神事不同见解者，治罪惩罚。"法律是在伯里克利时代通过的，由教士奥菲斯特提议并且由公民投票表决。三个人正是运用这张"白纸黑字"的规定，状告苏格拉底。

雅典的程序法是十分有趣的。一方面，法庭的"法官"人数居然可以达到6000人之多，由公民抽签选出。那个时候的雅典共有10个族，而每个族可以选出600人。雅典人认为这是非常令人满意的"法律审判民主"，一切权力无一例外地落入了大众手里。[2]当然，每次审判并不一定非要6000人，苏格拉底的审判就仅有501人。[3]另一方面，定案的依据是原告的控诉和被告的申辩。"法官"

1　柏拉图：《游叙弗伦·苏格拉底的申辩·克力同》，严群译，商务印书馆1983年版，第59页；色诺芬：《回忆苏格拉底》，第1页。
2　亚里士多德：《雅典政制》，日知、立野译，商务印书馆1978年版，第46页。
3　柏拉图：《游叙弗伦·苏格拉底的申辩·克力同》，第73页。

在开庭前，绝对不会做任何的调查核实；如此，不善辞令的人自然容易在诉讼中失败。这倒真像今天英语国家的"诉辩对抗制"，在这种制度中，法官总是坐在中间位置察言观色，而原告和被告尤其是双方重金聘请的律师则是尽力"表演"，担当着提出证据辩论"法例"的庭上主角。

针对迈雷托士的诉状，苏格拉底做了三点具体答辩。

第一，他问迈雷托士：你说我腐化和误导青年，那么谁能引导青年走上正确的道路？迈雷托士说：除你之外其他一切懂得法律的人。苏格拉底反驳道：依照你这样的回答，就知道你对青年是漠不关心的，而且，对控告我的事实也是毫不了解的。因为，这就如同认为除一个人之外所有人都可以像马术师一样有益地训练幼马，太荒谬了！[1] 教育就像马术一样，是一门技艺，并不是除一个人之外所有人都可以学会的。非要这么说便等于是认为除一个人之外所有人都可以掌握马术，这是绝顶的笑话。如此只能认为，并非除苏格拉底之外一切人都对青年是有益的。

这个答辩与证据的认识存在着联系。苏格拉底的言外之意是讲：要想控告他人，起码应该清楚地了解所有事实，否则就是别有用心。

第二，他问迈雷托士：你说，我腐化和误导青年是有意的还是无意的？迈雷托士不假思索地回答：当然是有意的。苏格拉底讥讽

---

1　柏拉图：《游叙弗伦·苏格拉底的申辩·克力同》，第59、60页。

道：谁都明白和坏人接触是有害的，如果将自己接近的人引诱变成了坏人，自己岂不是情愿地接触这类坏人而受到伤害？明白这个道理的人还去这样做，精神显然是不正常的，不正常的人怎么会是有意的？[1]

这段答辩与法理的分析存在着联系。苏格拉底的意思在于说明：法律上的"渎神"和"腐化误导青年"的犯罪一定要有"犯意"，精神不正常的人怎么可能会有"犯意"？没有"犯意"怎么能定为"渎神"罪和"腐化误导青年"罪？不论苏格拉底说的是否有道理，迈雷托士当时的确无从应对。

第三，他问迈雷托士：你说我不信城邦的宗教，这是说我是有神论者还是无神论者？迈雷托士说：当然是无神论者，所以要向你问罪处罚。苏格拉底又说：可是你还指责我引进新神并且因此控告我腐化误导青年，这不是在讲我是有神论者又是什么？！[2]

这个答辩同样与法理的分析存在着联系。这是说，指控他人便是"证明"他人有罪，而证明就应该自圆其说前后一致，否则如何依法指控？苏格拉底想说明对方的起诉是自相矛盾的。

但是，不论苏格拉底如何机智，雅典到底以281票对220票判决他罪名成立，处以死刑。[3]

临刑前，老朋友克力同借探望之机来看苏格拉底并且告诉他，

---

1　柏拉图：《游叙弗伦·苏格拉底的申辩·克力同》，第61页。
2　柏拉图：《游叙弗伦·苏格拉底的申辩·克力同》，第62页。
3　柏拉图：《游叙弗伦·苏格拉底的申辩·克力同》，第73页。

朋友们决定帮助他越狱，而且一切都已经安排妥当了。可是苏格拉底却坦然自若，表示不越狱。克力同提出了各种理由来说服他，认为雅典的法律是不公正的，而且遵守这样的法律是没有任何道理的，但是仍然无效。[1]苏格拉底反问：越狱就正当吗？对一个被判有罪的人来说，即使他确信对他的指控是不公正的，逃避法律制裁难道就正当了？有没有一种服从任何法律的义务？

苏格拉底提出了两个理由来说明不应当越狱：如果人人都以法律判决不公正作为理由，那么，社会国家还能会有规矩方圆？法律判决的公正固然是重要的，但是秩序同样是重要的。[2]苏格拉底的潜台词是说，人人都可以用自己的是非判断来为自己的行为作辩解，但是这些判断可不一定就是正确的，因而在这里法律应当是首要的选择，这是其一；其二，如果一个人自愿生活在一个城邦里，并且享受了这个城邦法律给予的权利，这不等于是和城邦之间产生了一个契约关系？这是说，城邦订立了法律，它向你发出了一个权利享受的意思表示，而你享受了这项权利便等于是接受了城邦的意思表示，也即接受了它的义务规定，双方由此建立了契约关系；在这种情况下，如果不服从义务岂不是毁约？岂不是十分不道德？[3]

经过与克力同的一番"探讨"，苏格拉底最后还是选择了服从死刑。

---

1　柏拉图：《游叙弗伦·苏格拉底的申辩·克力同》，第107页。
2　色诺芬：《回忆苏格拉底》，第167页。
3　柏拉图：《游叙弗伦·苏格拉底的申辩·克力同》，第108—111页。

富有戏剧性的是，众所周知，时隔 14 年，雅典人最终重新发现自己的"良心和智慧"，认定苏格拉底审判是一桩大冤案，反而判迈雷托士犯有诬告罪并处死刑，判其他指控苏格拉底的人同样犯有诬告罪，并处驱逐出境。

## 002　一种常识的看法

从法律思想的角度来看，"苏格拉底审判"暗示了西方法律思想长久不衰的几个经典话题。为了说明这些话题，我们首先尝试运用一种常识的法律思想观点解读一下这个"审判"。之所以称作一种常识的观点，是因为，好像存在着一种最为接近人们对法律现象一般理解的看法。

在"苏格拉底审判"的语境中，"法律"一词被使用了多次。不论作怎样的说明解释，至少有一种用法被人们看作是再清楚不过了：它指雅典城邦制定公布的官方规则。从古至今，人们便习惯用"法律"描述或者指称官方的规则。似乎可以发觉，在这点上倒真像是存在着一个使用"法律"一词的契约。迈雷托士、赖垦和安匿托士诋毁苏格拉底，说他渎神而且误导青年，声言要以法绳之，他们头脑中大概想的就是这类规则。雅典人组成了 501 人的审判团，审判团"居高临下"裁断对苏格拉底的指控，恐怕那些人头脑中想的也是这类规则。就说苏格拉底，他和克力同大谈对法律如何不能破例，公民如何具有遵守法律的义务，以及自己遵守法律而且视死如归显得多么"理由充分"，这些似乎也意味着他想的同样是这类规则。

"法律"一词的这种用法，显示了使用者对法律现象的理解。而这种理解包含了几个观念。现在，我们将其一一剖解分析。

首先，有一个法律的制定者。认为法律是官方的规则，已经暗示了法律是官方制定的。在常识观点看来，如果没有官方的"制定行为"，怎么会有法律条文的"白纸黑字"？虽然许多法律规则的内容和道德规则、宗教规则、礼仪规则以及习惯是颇为相似的，甚至是完全一致的，但是，法律与后者之类的关键区别可就在于官方的"制定行为"。至于"官方"是什么，它指何物，大可不必究根问底。概括地来说，社会存在着一个官方"世界"，这便足够了。在古雅典，民众都信神敬神，都以为渎神应该受到惩罚，但是在教士奥菲斯特提议立为官方规则之前，只好说它是宗教规则习惯。当雅典的立法机关将"渎神应受惩罚"这一条予以公布的时候，官方的规则因此就确立了。这便是法律的"制定品格"。

其次，有一个法律的"意志"。法律由官方制定，这表明官方在规则里面表达了一个意愿。虽然道德规则也表现了人的意愿，或者说相当一些人的意愿，可是这是历史文化多年积累缓慢发展而形成的，并非是某些人"主动放进去"的结果。官方规则中的意愿，有时就是"主动放进去"的。可以发现，历史上的许多法律条文不仅在今天的人看来是荒诞不经的，而且，即便在古人看来也是非常可笑的，因为，它们与今天的和以往的流行道德规则实在是相去甚远，但是，人们还是不能否认它们就是一种法律规则。当然，立法者的"意志"也要受到种种因素的制约，可是它有时就是可以我行我素，在专制分子那里，这是再明显不过的事情了。这是法律的"意志品格"。

第三，有一个法律的"制裁"。为什么有人能够制定法律？为什么法律总会昭示一些人的"意志"？因为那些人掌握了权力，尤其是统治的权力。而权力的概念本身就预设了统治者和被统治者之间的某种强制关系。换句话说，统治者的权力意味着不服从就会招致"严厉的惩罚"。道德规则和习惯之类的东西，如果被冒犯了，就没这种结果。假如"不得渎神"只是一种道德，苏格拉底再如何调侃戏说希腊诸神，雅典人也拿不出什么实质性的惩罚手段。可是，现在这就是一个城邦的官方规则，苏格拉底也就因此遭遇了官司，而且还要以死正法。法律的特点在此是尤为明显的："制裁"。这或许可以说是法律的"强制品格"。

除了这三个观念之外，这样使用"法律"一词的方式还不知不觉地预支了一个假设前提：可以站在一个不偏不倚、客观中立、不受主观好恶影响的立场上，解说法律是什么。

苏格拉底可以用自己的道德观念政治观念对雅典的制度说三道四，可以对雅典的审判挖苦嘲笑；反对判决苏格拉底死刑的220名审判员可以认为此案的最终结果是十分不公的，从而表示不满以及无可奈何；甚至后人可以因为雅典人法律智慧的贫乏而为苏格拉底大唱挽歌……可是，就像迈雷托士、赖垦、安匿托士以及281名断定苏格拉底必死无疑的审判员坚决认为"渎神者受罚"是神圣的城邦命令一样，他们都会不约而同地将那些"白纸黑字"看作实实在在的法律规定。这是说，太阳就是太阳，月亮就是月亮，再有人不喜欢，它们还是太阳月亮。

另一方面，常识看法还暗含着一个意思：官方人士的"制定规则"行为，是一个确定什么才是法律的重要事实。如果想知道一个规则是不是法律，就可以查明一下它是否出自官方人士的"权力手笔"。换个说法："制定行为"犹如一把尺子，可以将法律规则划在一边，将非法律规则划在另外一边。当你希望在古希腊雅典的历史空间中确定哪些是法律，你就可以在历史典籍中寻找这样的"事实"资料。如果你想知道，在自己国家里现在什么规则是法律，你仍然可以运用这种方法加以确定。如果你还想知道德意志、不列颠、法兰西和美利坚的法律是什么，这种方法同样是有用的。这个"事实"或者"尺子"，一定可以将法律和非法律分得一清二楚。

### 003　观察法律的不同视角：你、我、他……

现在换一种理解"法律"的视角。

首先，设想一下当上了苏格拉底的法律"助手"，用今天的词来说就是"律师"。苏格拉底那个时代没有律师，而且这位贤哲自信智慧过人，所以，在其旁边始终未能发现一位出谋划策的"律师"人物。如果当了苏格拉底的"律师"，那么会怎样看待"苏格拉底审判"中的法律？

第一，出于律师职业道德的缘故，即一定要为苏格拉底讲出一个抗辩理由来，我们可能不大会再采用常识的看法。这时，我们与苏格拉底之间有一个"委托辩护"的契约关系。我们会认为，应该将雅典的法律看作一种正义公平的法律，这种法律的惩罚手段不应该指向心地善良的思想者。"对一切不相信现存宗教者和神事不同见解者治罪惩罚"这条规定，是指对恶意渎神者的惩治。苏格拉底对雅典宗教和神事的批评是极为善意的。其批评，目的不在于不相信雅典的宗教和攻击雅典的神事，而在于将雅典的宗教和神事改善得更为有意义。他要求引进新的神说，就是明证。对苏格拉底这样的"虔诚"，赞赏都是有些来不及的，何谈治罪惩罚？！如果将这条法律的意思解说为"不分青红皂白，一律严惩不贷"，便是没有将法律视为一种正义公平的工具。

其实，在今天的律师角色中，的确可以经常看到与常识看法有所差异的法律解说，在法律争议较为激烈的时候是尤其如此的。这并非说律师可以随意地解说法律的意思，翻手为云覆手为雨；而是说，律师的社会职业角色要求他要为当事人提供自己认为正当的法律理由。换言之，假设采用了常识的看法，要求律师只能站在一个"第三者"的立场上，似乎便难以摆正"律师"与苏格拉底"委托契约关系"的正当位置。

如此可以发现，"律师"角色会以不同的姿态使用"法律"

一词。

第二，如果与苏格拉底没有"委托辩护"的契约关系，换句话说，不一定要为苏格拉底提出一个抗辩理由来，而只是为其提供某些参谋意见以获取小额的咨询费用，也即当个法律"谋士"，那么，我们有时会以一种"算命"或说"预言"的方式解说法律。我们会说，雅典的确有一条官方的规则规定了"渎神者应受治罪惩罚"，但是，这不意味着已经存在了一条明确无疑的"法律"。法律，应该是在社会中具有看得见摸得着的品性，它应该是实实在在的，对人具有物质的作用。如果一条规则对我们不会发生实际的约束力，它可以称作法律吗？"看得见摸得着""实实在在""实际的约束力"，这些词汇只有当存在着社会官员的时候，才是准确的。这意味着，只有当社会官员对那条规则作出了具体的解释，并且因此作出了一项具体判决，才会有一个真实的"法律"出现。在雅典审判团作出判决之前，只能谈论一个"可能的法律"，而当判决作出了，才能谈论一个"真实的法律"。

必须承认，只有具体的法律解释和判决才能对被告发生实际的作用。根据这种分析，可以进一步地说，不要看那"白纸黑字"的规则，而要看看雅典人是怎样实际判决的，法律就是实际的判决。当提出这样一个说法的时候，更有十分有利的证据可以给予支持：当初雅典人判决苏格拉底有罪就是根据那条"白纸黑字"，后来判决其无罪同样是根据这条"白纸黑字"。在这个证据里，究竟说"规则是法律"是有说服力的，还是说"判决是法律"具有说服力？

　　"算命"或者"预言"式地使用"法律"一词，也是一个视角。

　　现在，试着站在克力同的角度来看"苏格拉底审判"中的法律。

　　从柏拉图对话文本可以看出，克力同是个财主。[1]但是并不因为腰缠万贯，克力同就放弃了"仁义"美德、朋友之情。许多人对雅典法律判决的正当性提出了疑问，克力同也是其中之一。一方面，出于救朋友于危难之中的见义勇为；另一方面，也是出于对雅典法律的怀疑失望，克力同力劝苏格拉底越狱而逃。其想法与苏格拉底形成了有趣的对比。苏格拉底以为，雅典对他的判决是不公正的，但是，不公正并不等于不是法律的判决。确定法律的标准不是"公正"而是"官方的制定"。既然是法律的判决，对公民就有约束的效力，公民同时也有服从的义务，因为法律本身也有自身的公正要求——社会秩序。这样，苏格拉底面对着一个悖论：既要追求一种理想的公平正义，又要服从法律的公平正义，当两者出现相互矛盾的时候，选择公平正义便意味着否定公平正义。与此不同，克力同对雅典法律保持了质疑的姿态。力劝越狱而逃，意味着公民对不公正的事物没有服从的义务；意味着，不公正的所谓"法律"判决没有约束的效力。

　　克力同的潜在意思是说，没有公平正义，何以称为法律？在此可以揣摩出，克力同表现了一种更为大胆的观念：即使是官方表现

---

1　柏拉图：《游叙弗伦·苏格拉底的申辩·克力同》，第99、100页。

了一个"制定行为"，也不等于法律因此降生了；认定法律存在的标准必须包含"公平正义"的要素。于是，没有公正，也就没有法律，没有法律，也就没有服从的义务。如此，为何不能越狱而逃？

克力同的视角是一个较为极端的视角。如果能够回忆起历史上不断发生的对所谓"法律制度"的言辞否定甚至暴力推翻，我们就会发现，这种第三类型的视角，的确是时常存在的。

为了使问题的探讨更有意思，还可以设想一个法官的视角。这是第四类型的视角。

在"苏格拉底审判"中，就像无法找到一个律师一样，似乎无法找到一个今天意义上的职业审判者——法官。古雅典人曾经有一种奇妙的彻头彻尾的大民主观念：不仅法律的制定要由众人来决定，而且法律的审判也要如此。他们天生就对审判的职业性表现了不信任，不想让法律运作的最后一个环节落入"少数人"的手里。这种观念是否正确，暂且不论。一个不可否认的事实是，现代人已经将法律的审判让给了少数人的职业阶层；就此而言，设想一个职业法官的视角肯定是有意义的。

可以感觉到，这类法官不会像常识观念的"第三者"那样"漠不关心"，也不会像律师或者法律"谋士"那样要么必须站在苏格拉底一边为其"出谋划策"，要么为赚咨询费而对苏格拉底"占卜算卦"，更不会像克力同那样"感情用事"。

另一方面，法官会有一种责任感，这种责任感要求法律的审判必须是忠实于法律的。这种对法律的忠实，可以说是法官遵守法律的义务。不过，这种遵守的义务有些不同于一般人们常说的那种义务。前者依赖一类自我约束的自觉，后者则依赖一类强制力的威吓。比如，依照时间的规定来判决案件是一个义务，判决造成了错误要赔偿也是一个义务，它们就是以义务履行者自觉执行为条件的；一般人的借钱还钱的义务，伤害别人就要赔偿的义务，则是以义务要求者（比如国家立法者）规定的制裁为震慑力的。

这点不同，使法官看待法律的方式更为独特。法官会以为，对苏格拉底而言，法律当然包含了那些"白纸黑字"的官方规则，而且一般来说，要规规矩矩地逐字逐句地"依法"审判。但是，法律的内容并不仅仅限于这一点。当规则需要解释或者规则不大容易直接适用于案件的时候，法官尤其希望挖掘法律的精神和原则。由于法官遵守法律的义务是一种自觉的义务，法官有时并不像某些社会角色——比如商人那样为了获得精确的可预测性，从而将法律局限在"白纸黑字"的明确规则。在法官的眼中，法律可预测性是没有意义的，当需要解释规则的时候，重要的是理解法律的"要义"，这一要义既可以出现于"白纸黑字"的规则之中，也可以出现于法律的精神和原则之中，还可以出现于以往一切法官整体的历史审判实践之中。因此，他们有时会在更大的"法律背景"中思考理解"渎神者治罪惩罚"之类的具体规则。法官的职业化和知识化，会更使法官如此看待法律。在此，应该暂时撇开对雅典"渎神治罪"规则的宗教味道的喜恶评判，因为，对于一名职业性的法官，不会也不可能对自己时代的法律表达批判质问，他只应该考虑一点：如何做好"法律审判"这项工作。如果的确深深怀疑自己时代的法律的正当性，法官也应当首先辞去"法律适用者"这个社会角色，再去表达批评意见。

当然，这样描述法官，并不等于完全排除另一些法官有着不同的想法。那些法官，固守了"白纸黑字"的规则。可是他们似乎不在多数。

## 小　结

通过"苏格拉底审判"的故事的解读，我们尝试了对法律的"初步"理解，并且从中分析和引出了不同的看待法律现象或者使用"法律一词"的视角。这是以点见面、以小见大地提示西方法律思想"纷然杂陈"的局面，也是暗喻了西方法律思想的实际出发点。

# 第一章 "政治学"的透视

苏格拉底虽然喜好"辩证法"的论说技巧，但是一生又和古希腊那些鼓唇弄舌的诡辩学者——又称智者——格格不入。雅典时代，大民主的氛围"滋润"了辩论的风气。为了占有政治上的一席之地，人们竞相操练口才技艺，诡辩学者从而成为这类技术的传授者。不过，本书不大关心苏格拉底与诡辩学者的恩恩怨怨，也不关心多少雅典人被培养成了能言善说的辩论家；而是关心，诡辩学者提出的一个"政治学"的法律思想观念，以及后来学者如何对此借题发挥。所谓"政治学"的观念，是说这个时候的法律思想观念特别是从统治者和被统治者的自上而下的权力关系来建构的。

## 004 诡辩者如是说：强者的利益

诡辩学者色拉叙马霍斯曾经提道：

每一种统治者都制定对自己有利的法律，平民政府制定民主法律，独裁政府制定独裁法律，依此类推。他们制定了法律明告大家：凡是对政府有利的对百姓就是正义的；谁不遵守，他就有违法之罪，又有不正义之名。因此，我的意思是，在任何国家里，所谓正义就是当时政府的利益。政府当然有权，所以唯一合理的结论应该说：不管在什么地方，正义就是强者的利益。[1]

　　这位诡辩者是柏拉图对话录——比如《理想国》——里的重要角色。对话录的另外一个隐约象征柏拉图自己的角色就是苏格拉底。色拉叙马霍斯和苏格拉底总是唇枪舌剑，探讨"国是"。《理想国》开篇有关"正义"的对话，就是在他们两人之间的"交往对话"。当然，这位诡辩者对正义的理解，可以存而不论，因为，他好像是认为正义是没有什么讨论价值的，没有什么神圣可言。在这里，只需注意他提出了一个尤为重要而又影响深远的法律观念——法律意志说。

　　法律意志说，是讲法律总是体现了统治者的意愿和利益。统治者之所以可以制定法律，原因在于其掌握了统治权力；而统治者之所以拥有统治权力，又是因为在与被统治者的关系中统治者终于占有了居高临下的压制地位。当然，统治者既可以是寡人独裁的帝王，也可以是少数据权的"贵族"，也可以是一无所有的"布衣"。如此设想的统治者与被统治者的关系，是把"暴力式"的对立放在了最明显的位置。

　　现在，为了反思式地理解西方法律思想，稍微讨论一下这里提

---

1　柏拉图：《理想国》，郭斌和、张竹明译，商务印书馆1986年版，第19页。

到的法律意志说所存在的问题。

色拉叙马霍斯的观点，好像不能说明人们知晓的另外一些法律规定。古巴比伦《汉穆拉比法典》第 78 条规定：如果租户将全年租金交给了房主，而房主于租期未满之时要求租户搬出，则房主要退回所有的租金；古罗马《十二表法》第 9 表第 6 条规定：没有经过审判，不得处死任何人；欧洲中世纪《萨利克法典》第 2 节第 4 条规定：凡是盗窃一只满 1 岁的猪而被破获者，罚款 102 银币，折合 3 金币，而且要加所窃之猪的价值赔偿和损失赔偿；英国 1689 年《权利法案》第 5 条规定：向国王请愿是臣民的权利，一切对臣民的请愿判罪或指控都是非法的……

对这些法律条文，不仅那些制定法律的统治者并不回避，就连那些读法律的被统治者也会自然赞同的。如此讲来，法律好像不仅仅是体现了统治者的意愿和利益，它有时还保护了被统治者。从古到今，白纸黑字的法律条文可以说是浩如烟海，从中不断地找出与色拉叙马霍斯那样的法律意志论相互矛盾的例子，是易如反掌的。这就不奇怪，为什么与色拉叙马霍斯几乎同时代的亚里士多德会针锋相对地说：法律体现了所有人的共同利益，而不只是统治者的利益。[1]

对亚里士多德的批评，意志论者可以这样指出：出于策略，统治者有的时候制定了那些被压在底层的人也会赞成的法律，这当然

---

[1] 亚里士多德：《尼各马科伦理学》，苗力田译，中国社会科学出版社1990年版，第90页。

是不奇怪的；可是需要注意，这叫"权宜之计"。如果是权宜之计，则转来转去最终还不又是统治者的意愿和利益？

　　但是，如此反驳好像是不能令人信服的。说《十二表法》规定的"没有经过审判不得处死任何人"和《权利法案》规定的"向国王请愿不得判罪指控"是一类权宜之计，似乎是可以接受的，有的时候统治者的确是以此作为"诱饵"，来安抚处于劣势的被统治者。但是，说《汉穆拉比法典》规定的"房主在租期内要求租户搬出要退租金"和《萨利克法典》规定的"偷猪罚款赔偿"也是什么权宜之计，恐怕是牵强附会了。因为，后一类的规定，既可以处理统治阶层内部之间的个人矛盾，比如未到期就赶租户搬出或者邪念骤起偷猪杀猪，也可以处理被统治阶层内部的类似的个人矛盾；既可以处理被统治阶层成员偷统治阶层成员的猪的行为，也可以反之处理后一阶层成员偷前类成员的猪的行为。无论是未到期赶租户还是偷窃，属于任何社会里无法避免的总要处理的普遍纠纷，并不属于暴力对立那类的政治矛盾，而且与这类矛盾没有必然的联系。即使不存在统治者和被统治者之分，一个社会也要拿出"典章"对它们作出规定。

　　意志论者还有一种辩解。他们以为，即使承认有些法律规定不仅仅是体现了统治者的意志，有些法律规定不是"权宜之计"，也依然可以认为一个社会中的法律在整体上是体现统治者意志的。如果一个社会中的法律在整体上都不能如此，就应该怀疑其中是否真的存在一个法律制度。"整体"是说"主要方面"或者"基本方面"。一个法律内部，总有主要和次要之分，总有基本方面可言。就在这个主要或者基本的地方，统治者的意志从来都是非常明显的。

这个辩解是颇为有趣的。然而，它提出一个既无法证实也无法证伪的命题。因为，它依赖一个对"什么是主要、基本"的说明；而从不同角度，人们可以对什么是法律制度的主要或者基本方面作出不同的说明，从而得出"什么是主要、基本"的不同结论。例如，从法律的效力层次角度，可以认为宪法之类的法律是法律制度的主要、基本的法律，因为宪法是一切法律的效力根据；从立法机构的档次角度，可以认为最高立法机构制定的规则是主要、基本的法律，因为这类机构可以宣布什么规则要比其他规则更为主要、更为基本；而从法律条文的具体内容角度，可以认为在法律制度中占绝大多数的一般条文，比如民事条文、刑事条文、经济条文或者行政条文，是主要的。当关注宪法或者最高立法机构制定的规则的时候，说体现统治者意志的法律是主要、基本的方面当然显得有理有据，可是当关注着法律条文的具体内容的时候，说体现社会大多数人意志的法律是主要的基本的，同样显得无可辩驳。因为，能够看到，像刑事条文那样的镇压被统治者的法律在法律制度中毕竟是少数的。

如此这般，如果有人提出一个与意志论相反的命题：法律制度的主要或者基本方面不是统治者的意志，而是社会大多数人的意志，那么，很难说这是没有道理的。实际上，只要认为"主要或者基本方面"是一个标准，就会出现许多种说法，从而，一个人就能够像证明自己的观点一样证明对立者的观点。

色拉叙马霍斯的"政治学"观点，过于坚持政治上的暴力统治与被统治，因而给人这样一个感觉：初看好像是十分符合日常感觉的，仔细想来则是不敢赞同的。难怪美国法学家庞德（Roscoe Pound）都说：

关于法律不过是有权力者剥削无权力者的手段的说法，这并不是什么新见解。早在公元前五世纪希腊诡辩家就曾提过，以后也陆续有人重复过。但是整个文明史驳斥了这种论调。[1]

## 005　政治契约

于是，英国17世纪哲学家霍布斯在坚持法律意志说的同时，弱化了色拉叙马霍斯的强者利益的设想。在霍布斯看来，法律当然是一种自上而下的命令，这种命令"是通过语言、文字或其他同样充分的论据发布命令的人之意志的宣布或表达"。[2]霍布斯说：

---

1　庞德：《通过法律的社会控制·法律的任务》，沈宗灵、董世忠译，杨昌裕、楼邦彦校，商务印书馆1984年版，第79—80页。
2　霍布斯：《利维坦》，黎思复、黎廷弼译，商务印书馆1985年版，第210页。

　　法律单是以明文规定并加以公布还不够，还必须要有明显的证据说明它来自主权者的意志。因为平民在具有力量或认为自己具有力量达到不正当的目的，并平安无事地实现其野心时，是会不经立法当局或违反立法当局把自己所高兴的东西公布为法律的。因此，法律便必须不但要公布，而且要有授权者和权力的充分证明。[1]

　　但是，霍布斯认为，这可不意味着法律一定是强者利益的表现。如同说话人的言语表达显示了说话者的意图，书写人的字词使用显示了书写者的想法一样，法律也凸显了立法者的意思或者意向。然而，这种意思或者意向，有时联系着强者的利益，更多的时候与强者的利益是没有联系的。当立法者说，"法律于某年某月某日生效"，"法律适用范围如何如何"，他当然具有特定的意图，但是这种意图很难说是强者的利益或者说是立法者自己的利益。在这里，霍布斯区分了法律的意图和法律的利益。"法律的本质不在于其文字而在于其意向或意义，也就是在于权威的解释，即立法者的看法。"[2]他想说明法律的分析应当落在法律的意图上，而不是什么强者的利益上。

　　如果法律的要义不源于强者居高临下的权力压制，那么，何以能够使法律通行于社会的人际关系之中？肯定有些人对法律的规定不以为然，有些人对法律的规定耿耿于怀，甚至可能有些人对法律

1　霍布斯：《利维坦》，第212页。
2　霍布斯：《利维坦》，第214页。

"揭竿而起"，色拉叙马霍斯正是部分地基于这类的感觉，才反复提到"强者利益是法律而且是正义"的表述。

霍布斯相信，抛弃"强者"的概念依然可以说清楚法律的"政治学"品格。法律自然需要强制的手段、自上而下的政治权威，可是这并不是出于强者与弱者之间的暴力对抗的缘故。相反，正像人们之间可以签订私领域的买卖契约、租赁契约、借贷契约一样，各方人士可以在公领域中签订建立国家的"政治合作契约"，从而使国家和法律具有权威性和强制性。

霍布斯首先是要人们设想一下在很久很久以前，人类还没有国家和法律，那时候的人与人之间的关系是怎样的。人们当然可以设想：一切都是平静的，人的要求不高，人的文化并不复杂而且没有尔虞我诈；因为没有权力和财产之争，一切可利用的资源都是共有的。可是，另外一种可能也是存在的，也即人们之间总是互不相让、你争我夺，在某些情况下还要相互残杀，因为资源总是有限的，而且人天生也是关心自己利益的。很久很久以前究竟是什么样子，现在实在无从考证。可是霍布斯总是大胆地宣布：很久以前人对人就是属于第二种可能，这就是"人对人像狼一样"，而且，"最糟糕的是人们不断处于暴力死亡和危险之中，人的生活孤独、贫困、卑污、残忍而短寿"。[1]

如果人对人是如此残酷的，人类岂不是早已自我毁灭了？为什

---

1 霍布斯：《利维坦》，第95页。

么人类还能延续至今，甚至有时颇为人丁兴旺？此时，霍布斯又要人们注意一个事实：人类还有理性，会算计得失，或者说是"两害相权取其轻"。面对不断的暴力，人们总会想些办法加以避免。于是，他们之间开始订立"社会契约"，每个人把自己的权利交给了一个独立人格的国家，由它来制定法律去管理和裁断人们之间发生的纠纷与矛盾。

> 如果要建立……制止相互侵害的共同权力，以便保障大家能通过自己的辛劳和土地的丰产为生并生活得很满意，那就只有一条道路：把大家所有的权力和力量付托给某一个人或一个能通过多数的意见把大家的意志化为一个意志的多人组成的集体……指定一个人或一个由多人组成的集体来代表他们的人格，每一个人都承认授权于如此承当本身人格的人在有关公共和平或安全方面所采取的任何行为或命令他人作出的行为，在这种行为中，大家都把自己的意志服从于他的意志，把自己的判断服从于他的判断。[1]

既然国家是这样建立的，而国家的法律是由此而来的，那么，两者的权威和强制便不是来自强者的暴力。人们选择主权者及其法律，"是由于互相畏惧而不是由于畏惧他们按约建立的主权者"。[2]而既然法律的产生与强者的利益是没有直接联系的，法律的分析，

---

[1] 霍布斯：《利维坦》，第131页。

[2] 霍布斯：《利维坦》，第153页。

便应该集中在立法者的意图上。到了这里，可以清楚地看到霍布斯是如何在抛弃了"强者"的概念下继续保持了法律意志说的，而且又避免了色拉叙马霍斯的理论困难。

## 006　法律的文字与立法者的意图

霍布斯的"法律意志说"是一种法律意图说。在法律思想里，如果以为法律的文字与法律的意思——立法者想具有的意思——的区别是重要的，那么，霍布斯的理论就是一种意思决定论。其实，色拉叙马霍斯的强者利益理论也是一种意图说：强者的利益决定了强者的意图，强者的意图决定了法律的含义。只不过色拉叙马霍斯是将法律的本意一直追溯到了利益，而霍布斯除掉了利益这个根基。文字与意思的区别的确是十分重要的。一般人总会认为，一旦法律文字出现以后立法者的意思也就在其中了。可是，问题远远不是这么简单。

可以注意西方学者曾经讨论过的一个假设例子。设想有一个市政委员会，颁布了一项有关市区城管的法律条令，规定在市区公园内不得通过或者停放任何机动车辆。条令颁布后，各公园都严格执行，绝不让各种车辆进入。一天，某军人团体将一辆第二次世界大战的时候他们使用的军用吉普车开进了市中心公园。公园管理人员说不行，可是军人团体非要将车开进去。军人代表以为，这车辆非同一般，它象征着国家军队在战争中的艰辛与光荣，将车摆在公园里，是为了让人们在公园享受幸福欢乐的时候不忘记这些来之不易。就这样，车被放在了公园的中心草坪上。公园管理人员无奈，只得告到了法院。

法院应当依法办事，这是无可争辩的。但是，法院在审判前总要清楚地知道法律的含义是什么才能顺利地审理。针对此案，法律的意思如何确定？

公园的管理人员会说，第一，市政委员会的法律条令是十分清楚的：任何机动车辆不得停放在公园里；第二，军用吉普车肯定是属于机动车辆的；第三，按照条文字句来看，吉普车应当属于禁止之列。在这里，军用吉普车显然属于立法者想要禁止进入公园的车辆。换句话说，立法者立法时的意图在于限制包括这类车辆在内的一切车辆进入公园。公园管理人员的看法，应该来说人们是会同意的。

军人团体会说，市政委员会的确想禁止机动车辆进入公园，这是必须承认的。可是市政委员会为什么会这样"想"？应该认为，市政委员会希望公园里保持安静、安全和空气新鲜。如果机动车辆总是进出公园，自然会带来噪音、危险和污染。这才是该委员会这样"想"的真正原因。就此而言，立法者的实际意图是保持公园的安逸舒适的优美环境，而将军用吉普车放入公园，并不与市政委员会的实际意图相互矛盾，因为，这辆吉普车并非总是进出公园，而是一次性地放在那里，它不会产生噪音、危险和污染。既然是这样，也就没有违反立法者的法律条令。禁止纪念性车辆进入公园显然是没有道理的。军人团体的意见，应该来说人们也是会同意的。

如果双方的主张都是有理由的，那么在此案中法院就难办了：立法者在法律条文文字中的意图究竟是什么？能说立法者的意图就在法律文字之中？

再来考察霍布斯的想法。对此案，霍布斯可能为了坚持法律的意图论，可以认为法律的真正意思取决于立法者的说明。在这类案件中，解释者应该询问立法者就具体事实而言具有怎样的具体意图。霍布斯的确说过类似的言语：法律的解释，必须以主权者的说明作为依据，而解释者则只能是公众唯一要服从的主权者所指派的人，如果不是这样，法律便可能由于解释者的曲解而带有与主权者原意相违背的意义；利用这种手段，解释者就变成了立法者。[1]

但是，这里存在两个问题。首先，许多法律被制定出来以后可以延续数十年甚至数百年，在这种情况下，怎么有可能询问最初立法的立法者？其次，凡是遇到这类具体解释问题就去询问立法者，便无形中让立法者成为解决具体法律问题的司法者，从而取消了立法和司法之间的重要区别，如此还有什么必要去设立一个适用法律的机构？虽然不是所有的具体案件都需要法律的解释，但是，解释毕竟总是为数不少的。霍布斯本人都曾极端地认为："所有的成文法……都需要解释。"[2]

当然，霍布斯可以认为在这类案件中需要查找立法者立法时

---

1　霍布斯：《利维坦》，第214页。
2　霍布斯：《利维坦》，第214页。

提供的有关资料。通过这些资料，来确定这个时候的法律的真正意思。可是，这些资料也是由文字构成的，如果有理由认为法律文字是需要解释的，那么同样有理由认为，立法文字资料也是需要解释的。

看来，以立法者意图为依据去确定法律的含义是不可靠的。倘若是不可靠的，接下来的问题可能就很严重了：法律的意义究竟在哪里？现在的出路只能有两个：其一，认为法律的意义存在于解释者（或者阅读者）与法律文字（或者法律本文）的相互作用之间；其二，认为法律的意义存在于解释者或者阅读者的解释阅读之中。法律的意义，实质上就是人们所说的具有约束力的"法律"，而不论选择哪条出路，最终得到的"法律"都不是霍布斯的法律意志说所能说明的。这是说，立法者的意志并不能最终决定法律是什么。再进一步说，自上而下的"政治学"的法律思想观念也许不能廓清某些重要的法律现象。对色拉叙马霍斯的法律意志说来讲，这个问题同样如此。

## 007 法律命令说的思考起点

法律意志说对许多西方法律思想具有极大的诱惑力。不过，在色拉叙马霍斯和霍布斯的叙述中，这个学说还是比较粗糙、肤浅的。到了19世纪，英国法学家边沁和奥斯丁（John Austin）毫无顾忌地传承了法律意志说的理念，并且在实证观察的基础上精雕细凿，终于将这一学说变成了统治法律思想某些领域的法律命令说。当然，如果说霍布斯除掉了色拉叙马霍斯的"强者利益"这个根基，那么，边沁和奥斯丁可以说是抛弃了霍布斯的"社会契约"这个假设。边沁和奥斯丁的意思是，虽然没有必要紧紧抓住"强者利益"的概念，但是，远古的"社会契约"这个假设也是多余的，因为再简单不过的问题是："社会契约"这一现象是真的还是假的？

为了说明边沁和奥斯丁的学说，首先尝试着体验一下对法律现象的两种看法：第一，将全部法律条文的规定，都视为"强迫别人必须做什么"——就是人们所说的"义务"——的规定；第二，将所有法律规定的"允许别人做什么"的问题——也即"权利"问题——和义务问题，迂回地最终划入刑事处罚的问题。

首先讨论第一个看法。1641 年美国《马萨诸塞州自由典则》第 92 条规定：任何人都不得虐待残害正常饲养的、人们拿来自用的动物。1804 年法国《拿破仑法典》第 681 条规定：一切房屋所有权人都要安装屋檐，让雨水流注于自己的土地或公共道路；所有权人，不得让雨水倾注于邻居的土地。而 1930 年德国《保险契约法》第 15 条第 1 款规定：被保险人一定要在一定期限之内支付保险金……在其他法律中还经常可以发现，不得秘密窃取别人的钱财，不得毁坏别人的花园，不得私下将人扣押，不得让国家利益受到损害等一系列规范性质的要求，它们也都被权威机构规定为一种必须遵守的法律义务。如果对这些义务性的规定充耳不闻或者肆意违反，权威机构就会给予惩罚，给予罚款、放逐、判处有期徒刑甚至剥夺生命等作为制裁。

可以看出，这类"强迫别人必须做什么"的要求是一种立法者强制性意愿的直接表现。

当然，另外有一种强制性意愿的表现不是那么明显的，而是较为含蓄的。可以看到，法律时常也规定公民可以根据自己的兴趣和需要而订立遗嘱，可以和某人订立买卖契约，可以出版自己的文字作品，还可以委托他人代为商谈生意。这些规定，虽然说是"允许他人可以做什么"的权利规定，但是，也暗含着对其他人的强制义务规定，暗含着法律制定者的强制性意愿。像自愿订立遗嘱的权利，就暗含了当某人写下遗嘱的时候，其他人是不得加以干涉的，如果干涉，将会受到权威机关的强制制裁。签订合约的权利，暗含了当某人和另外一个人签订一份买卖契约的时候，其他人同样不得加以干涉，否则也将面临权威机关的强制制裁。对某人出版自己的作品和委托他人代为谈商论经，任何其他人，也都有不得加以干涉的义务。

概括来说，无论怎样间接含蓄，似乎都表明了权威机关依然具有强制要求人们要做或者不得做什么的意愿。

再讨论一下第二个看法。前面讲过，某些表现权威机关强制性意愿的"直接明确"的义务规定，诸如不得秘密窃取别人的钱财、不得毁坏别人的花园、不得私下将人扣押等，当然是与刑事处罚问题有关的规定。因为，如果偷了什么东西或者将人家的花园予以毁坏，自然会遭遇刑法的严厉惩罚。而后一类间接含蓄的义务规定，有时会立即呈现出现刑事处罚的问题，有时则会慢慢地才表现出来。如果为了阻碍遗嘱人订立遗嘱而用药物让其丧失思维的能力，或者为了阻碍他人签订合约强行将他人绑架起来，便会立即引起刑事处罚的问题。而当一个人为了阻止一名作家出版作品而将作品藏匿，这个人就有民事义务而非刑法规定的义务返还作品；如果这个侵权者仍然拒不交出，权威机关则会强行将作品返还；如果这个侵权者竭力反抗，则最终会触及刑事处罚的问题，虽然，这并不是一种刑事处罚的立即表现。

还有一些法律规定没有直接说明"必须做什么"或者"可以做什么"，而是直接说明什么行为是有效的或无效的。如果一个人趁他人之危而与之签订合约，权威机关便会宣布合约是无效的。当前者凭借合约取得后者的财产，根据权威机关的无效宣布，前者就应当予以返还。如果前者拒绝返还，权威机关就会强制其返还，如果这个人继续顽抗，则会受到权威机关的刑事制裁。在这里，就有效、无效的法律规定来说，最终仍然可以遇到刑事处罚问题。

依照这种观察推论，可以发现许多法律问题最终是可以这样转到刑事处罚问题那里的。

这两种对法律现象的看法，究竟是否能够天衣无缝，暂且不去管它。至少初看起来它们还是可以让人接受的。正是因为如此，边沁和奥斯丁以此作为起点，论证了自己的法律命令说。

## 008　命令、义务、制裁和主权者

在边沁和奥斯丁的设想中，法律命令说是指法律表达了立法者的意志，这种意志表现为意愿的明确表示，而且必须被别人所接受，否则，立法者将给予严厉的惩罚。这种说法和霍布斯的想象基本上是类似的。不过，边沁和奥斯丁的描述相对而言是细致精湛的。

边沁指出，完全可以将法律精辟地解释为：国家的当权者设想和采用的一系列意志宣告，它们涉及一些人在特定情形下必须做什么或者不做什么；这些人，要么是，要么应该是被当权者的权力所控制的。[1]对法律来讲，最为合适的字词就是强制性的命令（mandate）。[2]奥斯丁同样指出，就法律一词最为普遍、最为可以理解的使用方式而言，人们可以将它看作掌握控制了别人的政治权力的高高在上者，"为他自己的目的而制定的规则"。[3]严格地讲，"法律是一种要求个人或群体必须这样或那样的命令……法律和其他命令被认为是优势者宣布的，而且约束或责成劣势者"[4]。

命令这个词，在边沁和奥斯丁的理论中具有特别重要的意义。

1　Jeremy Bentham, *Of Laws in General*. ed. H. L. A. Hart, London: The Athlone Press University of London, 1970, p. 1.

2　Bentham, *Of Laws in General*, p. 14.

3　John Austin, *The Province of Jurisprudence Determined*. ed. Wilfirid Rumble, New York: Cambridge University Press, 1995, p. 18.

4　Austin, *The Province of Jurisprudence Determined*. ed. Wilfirid Rumble, p. 29.

奥斯丁尤其强调，如果一个人向他人表示或者宣布了必须做什么以及不得做什么的一个意思，他人视而不见，宣布者接着拿出了灾难性的恶果来惩罚，那么，宣布者表示的意思可就是命令了。[1]命令和其他愿望的区别不在于表达的内容是什么；倒是在于，如果命令式的意思表示被置之不理，发布命令的人便会根据自己的权威和力量，给予对方不利的后果或者痛苦的惩罚。反过来讲，当他人并不遵从某人的愿望的时候，愿望者无法惩罚违抗者，那么，意思表示就不是命令了。"优势者这个术语说明了力量：用恶果和痛苦影响他人的力量和通过恶果的恐吓强迫别人按某人意志行为的力量。"[2]这样，作为一种命令的法律便包含了三个意思："1.一个人设想他人应该做什么或不做什么的愿望或意欲；2.如果拒绝，将会出现来自前者采取的'不客气'行动；3.意志用语言或其他标记来表达或宣布。"[3]

从法律的性质来说，边沁和奥斯丁尤其喜欢将命令、义务和制裁看作一个事物的三个方面。

奥斯丁直言：

命令、义务和制裁是分开而又相互联系的术语，每个都具有与其他两个术语相同的含义……三个都直接并间接地说明了一个问

---

1　Austin, *The Province of Jurisprudence Determined*, p. 21.

2　Austin, *The Province of Jurisprudence Determined*, p. 30.

3　Austin, *The Province of Jurisprudence Determined*, p. 24.

题。每个都是同一复杂含义的名称。[1]

当说"命令"时，是指愿望的表达或者宣布；当说"义务"时，是指发生恶果的可能性；当说"制裁"时，是指付诸实施的恶果本身。[2]边沁总是提到：凡是有义务去做的事情，如果不做，依据法律就要受到惩罚，这可是义务一词原来具有的普通而又恰当的含义。[3]而没有强制制裁的法律本身就是一个术语矛盾。[4]

既然法律无一不是来自主权者的命令，那么，主权者当然可以颁布任何内容的法律。换句话说，权力无限的主权者可以想象自己发布各种命令，可以采用以往主权者及其下属颁布的规则。[5]如果说主权者有什么优越之处，显然，这可就是一个值得大书特书的优越之处。

那么，主权者是谁？边沁和奥斯丁从 17 世纪英国哲学家休谟那里借来了政治主权是由社会习俗、惯例和习惯产生的说法，将主权者描述为这样一些人或者集团：社会大多数人对其有一种服从的习惯；反之，他们并不习惯地服从任何人。[6]以这种方式，边沁和奥斯丁把色拉叙马霍斯的"暴力镇压"和霍布斯的"社会契约"悄

1 Austin, *The Province of Jurisprudence Determined*, p. 24.

2 Austin, *The Province of Jurisprudence Determined*, p. 25.

3 边沁：《政府片论》，沈叔平等译，商务印书馆1995年版，第231页。

4 Bentham, *Of Laws in General*, p. 54.

5 Bentham, *Of Laws in General*, pp. 21, 22.

6 Bentham, *Of Laws in General*, p. 18; Austin, *The Province of Jurisprudence Determined*, p. 166.

悄换成了"社会习惯"。

## 009　立法者自我恐吓的难题·立法约束

在边沁和奥斯丁两个人的法律命令说里，可以看到"制裁"是一个非常关键的词语。色拉叙马霍斯和霍布斯都没有怎么特别说明"制裁"，可是边沁和奥斯丁两个人对其却是特别重视，认为这是法律领域里的一个支柱性的概念。"制裁"是说，如果不服从法律的义务，就会遭遇到惩罚，否则法律将是形同虚设。边沁和奥斯丁两个人的思路是：假如认为法律尤为体现了立法者的意志，那么，就必须强调立法者手中制裁利器的意义；没有这类制裁的可能性，怎能说谁对谁的意志？初听起来，这种观点是比较容易令人接受的，但是细琢磨便会发现其中问题是不小的。

首先，看看立法者本身。一般来说，立法者在制定规则的时候总要遵守规定立法程序的法律规则，不会毫无方寸毫无规矩；在现代社会，尤其如此。关于立法程序的那些规则，会规定如何提交法律议案、如何讨论并通过法律议案、如何修改或者废除原有的法律规则，以及在什么情况下通过法律议案是具有法律效力的。它们是"应该做什么"（义务）或者职责的一种表现。不仅如此，作为立法者的个人在社会中也要受到其他法律的约束，例如，不得非法获取他人的财产，不能发表损害他人名誉的言辞，薪水多了还必须依法纳税，等等。有时，这些规则还是立法者自己制定颁布的。这说明，以主权者身份出现的立法者也是受法律约束的。而如果立法者也受自己制定的法律的约束，不就等于立法者在命令、限制和威吓自己了？法律既然是立法者的意志表现，这种意志又以制裁作为后盾，这岂不是立法者有时凭意志用暴力制裁来威胁自己遵守法律？这般看来颇为有些怪异。[1]

不仅如此，更进一步的一个现实问题是：如果不服从其他人的立法者自己不服从法律义务，谁来约束（假如想要约束的话）？

有人可能认为，当立法者不服从法律义务的时候，让法律适用机关（比如法院）来约束其服从。但是，法院是一个执行立法者制定的法律的机构，根据法律命令说，它是习惯服从作为主权者的立法者的，如果它可以约束后者，这不仅在逻辑上而且在现实中都将是难以说通、实现的。特别重要的是，这些问题还不仅仅是难以说通、实现的问题。在现代社会中，立法机构时常以代议制形式出现，其立法行为并不直接表现为一般大众的意志表示，而且，现代社会的立法内容范围极为广泛，大多数选民也不可能在任何法律制定上直接表达自己的意思，这样，限制立法者的立法行为便具有重要的政治意义。在这里，人们恐怕不大会赞同边沁的一个极端见解：最高统治者没有任何义务，如果因为没有做某事或者做了某事而受到限制约束，那么他们就不会被认为是最高的统治者。[2]

---

1 关于这里对边沁和奥斯丁的批评，参见H.L.A. Hart, *The Concept of Law*. Oxford: Clarendon Press, 1961, pp. 18-25。

2 边沁：《政府片论》，第231页。

人们倒会赞同被边沁批评了多年的英国另外一个学者布莱克斯通
（William Blackstone）的一句话：制定法律是最高权力，然而又是
义务。[1]

## 010　权力和权利

其实，有关立法者立法形式和内容的法律，不仅包括了一些
"应该做什么、必须做什么"的义务职责性的规定，而且包括了一
些权力性的规定。立法者在制定法律之后，有权说明一下法律的含
义，有权将这个说明权——或者解释权——交给其他法律性质的政
府部门，有权宣布某些习俗规范或者道德规范具有法律效力。这些
"我有权做什么"的权力性规定，好像不能理解为与"制裁"形影
不离的义务性规定，如果立法者不想做些什么，法律是决不会运用
"制裁"去威胁立法者遵守那些权力性的法律。

另一方面，在其他法律中，也随处可见许多规则具有授予权利
的性质，它们并非要与"制裁"彼此相伴。比如，假设有人在拥有
继承权的时候放弃了继承遗产，法院能否强迫继承意见？人们肯定
会说，当然不行，因为他所放弃的是权利而不是义务。正如有的学
者所说的，这类规则并不要求人们必须以某种方式去做什么，也没
有规定义务或者责任之类的东西，所以和"制裁"是没有关系的。[2]

---

1　William Blackstone, *Commentaries on the Laws of England*. 16th ed., London, 1825, p. 49.

2　Hart, *The Concept of Law*, p. 27.

这些规则与义务性质的规则，有着天壤之别。

再如，像禁止盗窃的义务规则，如果某人非要谋取他人财产，当然要面对强制制裁的严厉发难。而对于根据授予权利的规则有权要求盗窃者交还财物的当事人，就不存在强制的问题。他可以要求也可以不要求交还，无论如何这都是他自愿选择的问题。有选举权的人，对被选举人不满意从而放弃投上一票；有生育权利的人，喜欢清静从而放弃生育孩子；债权人发现欠债人已经是一贫如洗从而放弃追索；这些放弃，都有自愿的性质。对这些对权利如此"大方"的权利主体而言，不运用这些权利，肯定不存在强制制裁的问题。这样，如何解释授予权利的规则与强制制裁的关系？如何解释授予权利的规则，也是一种义务性质的"命令"？

## 011 法律强制说

法律强制说是指这样一个观念：作为一种独特的社会现象，法律与道德、宗教、习俗和礼仪等存在着重要区别，其区别之处就在于法律具有外在的强制力。如果一名身强力壮会游泳的男子遇到落水儿童而见死不救，人们会说，这人的确是缺乏道德的；而如果这名男子恶意地将小童推落水中致其死亡，人们则会说，这名男子犯法了。当作这些议论的时候，人们已经用语词将法律和道德区别开来，同时，也在暗示，法律具有自己的特征或说"身份标志"。相对于宗教、习俗和礼仪而言，也莫不如此。

不过，法律强制的观念倒不是从边沁和奥斯丁开始的，早在中世纪神学家阿奎那的说教中，便可以看到这一观念十分标准的叙述：法律具有的一个基本特点就是强制的力量。[1]18世纪德国哲学家康德不仅在哲学思想上声名显赫，而且在法律思想上也是十分吸引人的，因为他提出了至今人们还在信奉的经典"强制说"：法律不同于道德的地方即在于外在行为的强制。[2]也许，在阿奎那和康德之前已经有人提出过这个观念，这就不必从严考证了。

当然，到了边沁和奥斯丁那里，"强制"观念的说明也具有了颇为标准的法学意蕴。奥斯丁说：只有强制某个人或者某些人必须做什么或者不得做什么的普遍命令，才具有法律的性质。[3]随着边沁和奥斯丁的法律命令说的影响日渐扩大，在后来的西方法律思想中，人们趋之若鹜地将"强制力"看成分析法律本质特征的必要桥梁。

美国人类学家霍贝尔（E. Adamson Hoebel）就曾说过：

在任何社会里，不论是原始社会还是文明社会，法律存在的真正的基本的必要条件是，社会授权的当权者合法地使用物质强制。法律有牙齿，必要时会咬人，虽则并不时时使用。就像耶林（R. Jhering）所强调的："没有任何强力的法律徒有虚名。"[4]

---

1　阿奎那：《阿奎那政治著作选》，马清槐译，商务印书馆1982年版，第121页。

2　Immanuel Kant, *The Metaphysical Elements of Justice*. trans. John Ladd, New York: The Bobbs-Merrill Company, Inc., 1965, pp. 35-37.

3　Austin, *The Province of Jurisprudence Determined*, pp. 22-24.

4　霍贝尔：《原始人的法》，严存生等译，贵州人民出版社1992年版，第23页。

德国学者纽曼（Franz Neumann）也同样地认为：法律正是以其强制性而不同于习惯和道德。[1]

可以看出，在法律强制说里包含了一个意思：所有法律都是义务规定，而且所有义务规定都是被迫的、消极的，恰恰由于畏惧法律的制裁人们才对法律毕恭毕敬。用经济学的术语来说，强制制裁的力度越大，法律的要价也就越高，要价越高，也就没有人敢再与法律讨价还价（以身试法）了。

但是，前一小节对那些权力和权利所作的分析说明，那些规定权力或者权利的法律相对而言与义务性质的规则是不同的，将它们看作依赖"制裁"的震慑或者强制性的逼迫，显然会出现论证上的困难。不仅如此，在这里人们还会看到，一方面，威吓并不能必然导致义务的产生；另一方面，正如权力和权利性规则具有自愿的内容一样，有些法律义务也有自愿的问题。换句话说，即使在"义务规则"这个法律强制说感觉最为安全、最为放心的领域内，依然可以看到难以解决的问题。因为，威吓不等于义务可以产生，而有些义务不可能是被迫的。

有的学者机警地指出过，法律强制说所裹挟的义务概念的一个十分致命的弱点在于混淆了两种行为模式：有义务做什么和被迫做什么。假定一名持枪歹徒抢劫银行，威胁银行职员把钱交出来，职

---

1　Franz Neumann, *The Rule of Law: political theory and the legal system in modern society.* London: Berg Publishers Ltd., 1986, p. 11.

员出于别无选择的缘故把钱交了出来，人们自然会认为职员是"被迫"这么做的，而不会认为这是他的义务。这表明，威吓只是使银行职员处于了被强迫而不是有义务的地位，威吓并不必然导致义务的产生。[1]

## 012　困扰法律强制说的一个对比：主权者和强暴者

前一小节讲过的持枪抢劫银行的例子，说明被威胁的银行职员，并不因为暴徒可以实施暴力从而具有义务。在这个例子中，人们思考观察的视野集中在被威胁的银行职员身上，因而得出"被迫做什么"和"有义务做什么"完全是两个问题的结论。现在，试将视野集中在持枪歹徒这个威胁者身上，观察法律强制说在另一方面的问题是什么。

法律强制说的要素有三个。命令就是发布者自己意愿的表示，这是第一。第二，宣布一个义务就是宣布一个被制裁的可能性，仿佛说"你可以不做，可是代价却可能是非常不妙的"，所以他人不得不顺从地去做什么。第三，制裁本身就是给出一个不利的后果。

在抢劫银行的歹徒身上，好像可以发现这三个要素都是存在的。第一，歹徒拿枪逼着银行职员交出银行的大批钱财，是一个自己意思的表示，当然也可以说是一个"命令"。第二，他告诉银行

---

1　Hart, *The Concept of Law*, p. 80.

职员如果不照着要求去做将会出现不利的后果，自然是一个威胁，又是一个类似"义务"的宣告。第三，假如银行职员拒绝交出，歹徒开枪杀人，这便是给出了一个不利的后果——制裁。

经过这种观察，可以发现法律强制说面临的另一方面的问题是：为什么只有主权者的意愿表示可以成为法律，持枪歹徒的意思表示不能成为？换一种方式问，主权者的意志表达因为有了制裁作为后盾，所以具有了法律的效力；持枪歹徒这类强暴者的"要求"，同样具有意志表现和威吓表现，也以恶果制裁作为后盾，他也掌握了物质化的威吓力量，按理说，他的要求也应该具有法律的效力，在这些方面，两者似乎是没有区别的，可是，为什么不能说后者的意愿表达也具有法律的效力？这个问题肯定是让人感到棘手的。所以，有的西方学者倒以为：如果认为主权者的命令具有法律的效力，就没有理由认为持枪歹徒的"命令"不具有法律的效力。[1]

这般讲来，法律强制说更为致命的弱点在于无法回答为什么主权者的命令可以成为法律，而持枪歹徒的要求不能成为法律。如果将意志表现、威吓表现和实际制裁看作法律资格必要而又充分的条件，就应该认为持枪歹徒这个强暴者的"要求"符合了这些条件，因而也可以叫作法律。

法律强制说赞同者的第一个辩解是：被我们叫作主权者所发出

---

1 凯尔森：《法与国家的一般理论》，沈宗灵译，中国大百科全书出版社1996年版，第33页。

的"要求"，是以一般的普遍的形式来表达的，它面对的是一类人，一类行为，而且在时间上也是不特定的。要求"做买卖者都要诚实信用""商品在质量上不得以次充好""离婚父母仍有抚养自己孩子的义务"，是要求所有做买卖的人、所有的商品制造商销售商、所有的父母在所有的时候，都应当这样做。而在那个恶劣的持枪歹徒的例子里，暴徒只是针对一个被威胁的银行职员"发号施令"，而没有对所有的银行职员发出威胁。

但是，针对这个辩解我们可以这样地批评指出，强暴者的"要求"并不是不能以一般的普遍的形式出现。强暴者要求某一类人在一段时期内必须干什么，并且以威吓作为后盾，这完全是可能的。例如，黑社会分子要求一个地区的老百姓定期交出一些财物——"保护费"，这在许多国家里可是随处可见的；而且，在条件时机成熟的情况下，强暴者遇到一个人抢劫一个，其行为通常也会具有普遍性和连续性。所以，第一个辩解是难以成功的。

赞同者的第二个辩解是：主权者是被大多数人习惯服从的主体（边沁和奥斯丁语），而强暴者并不为大多数人所习惯服从。霍贝尔说：

由歹徒实施的强制绝不是法律。甚至由父母所实施的物质强制也不是法律。法律强制的基本特征是物质力量适用上的一般社

会承认……[1]

　　但是，针对第二个辩解我们可以认为，倘若社会大多数人是习惯服从主权者的，他们一般认可主权者的种种想法，那么，对主权者的意志要求也就不存在"被迫"的问题。换种说法，主权者意志表达之后再有什么"制裁"之类的东西，对大多数人来讲实在是太多余了。可见，用"大多数人习惯服从"和"社会一般承认"的概念来区别主权者和强暴者，依然是难以自圆其说。

　　赞同者的第三个辩解是：主权者的命令具有程序上的特征。因为，其发布要遵循一定的程序，其制裁也要以程序作为依据。而强暴者的要求和施暴就没有这样的特点。强暴者为了获得银行的钱财，无须一套什么程序之类的东西；对银行职员施加暴力，更无须什么程序的设定。

　　但是，针对第三个辩解我们同样可以指出，有时那些集团式或者帮会式的强暴者在宣布某些要求或者实施某些暴力的时候，的确会依照"黑色帮规"之类的程序。在其内部，也有这类帮规约束集团成员的各类行为。尽管强暴者的程序并不像主权者的程序随处可见，没有程序的强暴者和主权者在此意义上不能同日而语；但是，具有程序的强暴者和主权者之间在一定意义上，仍然不存在实质性的区别。因此，程序性的存在，似乎不能区别主权者的命令和某些

1　霍贝尔，《原始人的法》，第23页。

强暴者的"要求"的基本不同。此外，更为紧要的是，倘若认为主权者发布命令遵循了一定的程序，那么就会陷入一个新的理论泥潭：这种程序是哪儿来的？为什么主权者要遵循这样的程序？如果提到这种程序也是主权者颁布的法律，那么，这便会遇到前面分析过的，主权者用命令威吓自己的荒谬结论，会得出，主权者因为惧怕自己的制裁而遵守程序的奇怪结论。如果认为这种程序来自主权者之外的什么主体或者实体，因而可使主权者循规蹈矩，那么，这等于认为主权者的命令的法律效力不在于这种命令本身，主权者命令之外还有更为重要的法律效力的渊源，等于认为，某些根本性的法律不是主权者的命令。

这三个辩解都是不易成功的。因此，人们不免会想到，阿奎那为什么还另有一番自相矛盾的话：无论是谁，"只要他依仗暴力据有权力，就并不真正成为领袖或主人。所以，在必要的时候，一个人是可以不承认这种权威的；除非是它后来经过公众的同意或较高权威的干预变成合法的权威"[1]。

## 013　法律整体上的强制性

也许是因为十分迷恋所有法律问题最终都可以归结到刑事制裁问题这样一种看法，有些法律强制说的推崇者以为：即使没有理由

---

1　阿奎那：《阿奎那政治著作选》，第151页。

说，每一条法律规则都必须具有强制的特点，人们也有理由认为，法律在整体上是无法离开强制的。[1] 这意思是说，法律总是不能没有义务上的规定，而义务上的规定有时就是不能没有强制制裁性的"后缀"。我们的确难以想象，一个法律制度居然可以没有强制义务的规定。

这样一种叙说方式，比较类似前面讲过的色拉叙马霍斯等人的"强者利益"整体说。在那里，色拉叙马霍斯的追随者，利用了"主要"和"次要"的区别，来强调法律在整体上是"强者利益"的体现。在这里，强制理论的支持者利用"必要组成部分"和"可有可无部分"的区别，来为强制整体论寻找一个让人接受的理由。

既然有人这么喜欢"必要的组成部分"这样一个办法，我们就看看它是否可以成立。

在法律中，可以发现许多种类的规定。像从本书开始直到现在总是提到的权利、权力和义务，可以说是最明显的规定目标。翻开任何一部可以称为"法典""法律""条例""规则""规章""法案"之类的文本，都能够发现这三者的规定。应该承认，一些一般性的义务，比如不得破坏他人财产、不得任意打骂雇员、不得滥施暴刑、不得虐待妇女幼儿，以及随之而来的制裁惩罚，自然是这些法律文本必要的内容，而且是整个法律制度中不可缺少的内容。可是，在那些文本中，也都可以发现赋予官员权力、赋予公

---

1　Alf Ross, *Towards a Realistic Jurisprudence*. trans. Annie Fausboll, Copenhagen: Einar Munksgaard, 1946, pp. 111-112.

民权利的内容，它们同样是必要的、不可缺少的。迄今为止，人们尚未能够看到一个法律制度甚至一部单独的法律，里面没有权力及权利的规定。尤其是那些权力，如果没有它们的内容规定，一般性的义务规定以及制裁惩罚如何实施，如何具有实际的功效，恐怕是实在难以想象的，像说明什么是盗窃，以及怎样定罪处罚，就要由被赋予审判权力的法院来决定。

既然可以说，因为任何一个法律制度不能没有义务性的规定以及制裁惩罚的规定，所以，法律制度整体上根本不能离开强制力，从而必须认为强制是法律区别于其他社会现象的基本特征，那么，当然可以说，法律制度不能没有官员权力性的规定和一般公民权利性的规定，所以，法律制度整体上根本不能离开他们的自觉自愿，从而也有理由认为，自觉自愿才是法律的基本特征。更何况，义务及制裁的规定是由正式的官方来决定的，有什么理由只能说强制而不能说自觉自愿，才是法律的基本特征？[1]

如此看来，即使强调"必要组成部分"这一条，也不能得出强制才是法律的基本特征而自觉自愿不是的结论。

## 014　国家的"包装"

从法律意志说到法律强制说，一个特别明显的特点就是将政

---

1　哈特就是这样认为的，见Hart, *The Concept of Law*, pp. 40-41。

治上的优势者抬到了法律思想的中心。可是，这种处理方法又牵出了一个特别明显的困难：不能说清楚主权者的命令和强暴者的"命令"究竟存在什么区别。所以有些学者想到了一个"包装"手段，即用"国家"来包装一下主权者，他们以为，如果主权者有了"国家"这件新衣裳，也就可以解决区别主权者和强暴者的困难。

霍布斯讲，作为一种定义，法律对每一个一般人来说就是国家用语言、文字或其他意思表示来作出的命令，"立法者就是制定法律的人，然而又唯有国家才能规定并命令遵守我们称为法律的法规；因之，国家便是立法者"。[1]他还说道，所有的成文法与不成文法，其权威与效力都是来自国家的意志。[2]换句话说，有了国家的制定或者认可，便可以不断地生产社会所需要的法律了。当然，霍布斯没有忘记国家的代表仍然只能是主权者。[3]

这类国家"包装"的方法运用时至现代，都为某些西方学者所青睐。法国哲学家马里旦（Jacques Maritain）说：

国家只是政治体中特别与维持法律、促进共同福利和公共秩序以及管理公共事务有关的那一部分……国家不过是一个有资格使用权力和强制力，并由公共秩序和福利方面的专家或专门人才所组成

---

1 霍布斯：《利维坦》，第206页。

2 霍布斯：《利维坦》，第209页。

3 霍布斯：《利维坦》，第209页。

的机构……[1]

这种看法隐含了一个重要看法：国家先于法律存在。

那么，国家到底是什么？热衷于"政治学"透视的法律理论的回答可谓千差万别，不过有一点总是一致的：将它看作一个在特定区域里，一些把持着统治权力的人对另外一些没有这类权力的人的统治。国家当然是一个实体，在这个实体中，可以看到的就是统治与被统治的关系。此外，在国家里，还有警察、法院、军队、立法机关、监狱……有了这些人物和机构，就可说有了国家。

可是，这样设想国家有一个很大的困难，这就是，如果以它为确定国家与法律的关系的标准，将会时常遇到像"先有鸡还是先有蛋"这类讨厌的问题。

有了统治与被统治的关系，有了警察、法院、军队、立法机关、监狱等机构，虽然可以说是等于有了国家，但是，除了统治／被统治关系和军队这两者之外，为什么人们会将社会中的一类人、一群人或者事物叫作警察、法院、立法机关或监狱？有的时候，在社会某些角落里，也会有一些人——比如地方恶霸——自称警察、法官、立法者，也会设立一些类似监狱的地方。为什么人们不会把"警察""法官""立法者""监狱"这些词汇用在其身上？显然，只有当存在一个可以参考的法律规则的时候，人们才会对其使

---

1　马里旦：《人和国家》，沈宗灵译，商务印书馆1964年版，第15页。

用这些词汇。没有法律规则，恐怕只能用"私设公堂""乱立帮规""非法审判""非法拘禁"等词汇来描述这些人和事物了。如果是这样，岂非先有了法律规则，才能确定警察、法院、立法者、监狱这些国家要素，进而确定国家的存在？如此又如何能说，国家先于法律而存在，法律是国家制定的并且体现了国家的意志？[1]马里旦总是思考国家是一个制度，一个机构，可是这种制度和机构离开法律说得清楚吗？说不清又如何用它们来给法律穿件新衣裳？国家和法律到底谁是首先出现的？

有人也许会说："警察""法院""立法机关"和"监狱"这些人物或者机构太多余了，完全可以把它们扔掉，只用统治／被统治关系、军队来确定国家，而这种关系和军队总不会离开了法律规则就不能说清吧？

这的确是一个思维简明清晰的想法。但是，仅有统治／被统治关系和军队，我们又会遇到"强暴者"难题。前面已经说过，强暴者也有强制的暴力手段，如果认为法律是强制的命令，就很难澄清主权者的命令和强暴者的命令究竟存在什么区别。在这里，可以同样认为，有些有组织的强暴者也控制着一定的区域，与被强暴者也有着统治关系，也有军事武装，如果统治／被统治关系和军队是国家的要素，就应该承认有些强暴者也组成了国家。如此，又说不清国家和匪徒之间的区别了。实际上，当人们使用"国

---

1 凯尔森：《法与国家的一般理论》，第210页。

家"这个词时，总是没有或者不愿意将其指向强暴者那样的统治和武装。

看来，"国家"这件新衣裳尚不能使法律焕然一新。

## 015　普遍性的白纸黑字规则·特殊情况

在引言中，我们提到过一个"常识的法律思想观念"。这个观念特别强调两个概念：一是白纸黑字；二是规则的普遍性。白纸黑字是说，法律要有一个公开性明确性，让人看得见摸得着。"法律作为一种行为指南，如果不为人知而且无法为人所知，就只能成为空话。"[1]规则的普遍性是说，法律对所有人都是一样的，不存在"特殊情况特殊处理"。18世纪颇为浪漫的法国启蒙思想家卢梭说：

我说法律的对象永远是普遍性的，我的意思是指法律只考虑臣民的共同体以及抽象行为，而绝不考虑个别的人以及个别的行为。[2]

在此，我们先看一个例子。

众所周知，公元前三千多年，一些称作奴隶制的城市国家在一

---

1　Benjamin N. Cardozo, *The Growth of the Law*. New Haven: Yale University Press, 1924, p. 3.
2　卢梭：《社会契约论》，何兆武译，商务印书馆1982年版，第50页。

个叫作美索不达米亚平原的地方此起彼伏，它们有苏美尔、拉格什、乌尔、阿卡德、巴比伦、亚述、赫梯，等等。虽然彼此不同，它们可是又大致地使用了苏美尔人的楔形文字。法律史学家都说，那个时代的人就是用楔形文字来镌刻自己的法律，好让人们看得清楚明白。《简明不列颠百科全书》宣布，尤其是巴比伦王国的《汉穆拉比法典》，更是刻在一根暗灰色的正长岩（syenite）石柱上，以示地久天长，永不模糊。无独有偶，学过法律的人也都知道，古罗马人为了有案可稽，同样在罗马广场上立了10大块像铜板或者木板一类的"表"，在上面刻上举世闻名的"表法"，后来又找来两块"表"刻上了新的法律内容，终于让后人永远忘不了古罗马有个《十二表法》。罗马人也想让世人看得清楚明白。

这种传统默默地被保留了。后来的许多法律，不是被刻在石头上、木头上、铁板上，就是写在白纸上。它们的目的都是一个"白纸黑字"的效果。法律由此被许多西方学者说成"具有明确性"。奥斯丁说，法律十分重要的一个特点便在于用文字或其他标记显示出来。[1] 霍布斯讲：

除开自然法外，所有其他法律都有一个必不可缺的要点，那便是以大家知道是来自主权当局者的语言、文字或其行为向有义务服从的每一个人公布。[2]

---

1 Austin, *The Province of Jurisprudence Determined*, p. 24.
2 霍布斯：《利维坦》，第211—212页。

　　而法律要以文字来公布，目的就在于让所有人都知道，从而使法律有普遍性。所有人看到法律，便知道应该做什么或者不应该做什么，这样，人们的行为就可以整齐划一了。与色拉叙马霍斯几乎同年代的亚里士多德早就提醒人们注意：人的行为繁复多样，但是那些法律的规定中的每一条却是单一的，从而也必须是普遍性的、一般性的。[1] 稍后的古罗马政治家西塞罗宣称：法律是合法和不合法的尺度，允许做什么或者禁止做什么的一般规则。[2] 到了中世纪，阿奎那也郑重其事地断言："法是人们赖以导致某些行动或不做其他一些行动的行动准则或尺度。"[3]

　　通常来讲，如此理解法律没有什么不对。当法律制定出来以后，不少还是像最初设想的那样效果十分不错。不过，白纸黑字的普遍性规则，有的时候好像不那么管用。如果真是不太管用，这又将迫使人们必须反过来想想如此理解是否"放之四海而皆准"。

　　注意一个民法学者时常提到的传说例子。

　　据说，古罗马发生过一起令人头痛的案子。一个年轻人想买座房子，而一个老年人想卖掉一座房子。经人介绍，两人认识了，而且达成房屋买卖协议。协议签订后的第二天，一场大火把房子烧

1　亚里士多德：《尼各马科伦理学》，第103页。
2　西塞罗：《论共和国·论法律》，王焕生译，中国政法大学出版社1997年版，第190页。
3　阿奎那：《阿奎那政治著作选》，第104页。

了，但是巧的是，火只烧毁了房屋的一部分。年轻人说，房子不要了，因为房子毁了一部分，而毁了一部分的房子根本不是他想要的房子。老年人说，这可不行，协议已经签订了，既然已经签订了，房屋自然就属于你了，是福是祸自己承担。

当时法官感到十分为难。这倒不是因为法律没有明确的规定，而是因为法律讲，在房屋买卖协议签订后，房屋发生意外的时候，如果房屋的幸存部分仍然属于合理的范围之内，则应当把它看作一间房屋，如果仍然可以视为一间房屋，则房屋买卖契约有效；反之则是无效的。由于法律条文中有一个需要进一步说明的"合理"的概念，法官只得提到古罗马皇帝查士丁尼（Flavius Justinianus）在《学说汇纂》的权威圣谕：遇到这种情况，要看剩下的房屋是否幸存一半以上，如果是一半或者一半以上，则算是"合理的"；反之则"不合理"。那个时候，《学说汇纂》就是法律的一部分，有人甚至说它是法律中的法律。[1]

稍微动一下头脑就可以发现，这条法律以及查士丁尼的"谕旨"似乎不大好用。假如房屋幸存的一半是整个房屋中最没用的，"合理"岂不成了"不合理"？买房子，主要是想着房屋最有价值的那部分而来的，这部分都没了谁还想要它？更巧的是，老年人要卖的那间房屋正是烧了最吸引人的一半。法官后来如何判决不得而知，据说年轻人败诉了。

---

1　Peter Stein, John Shand, *Legal Values in Western Society*. Chicago: Aldine Publishing Co. Inc., 1974, p. 94.

对这个案子，我们容易想到两个处理办法。第一，严格照白纸黑字的规则以及查士丁尼的"圣谕"来办。因为，这是"法律"。一般人都会认为，既然法律是白纸黑字的普遍性规则，自然要以它为准。查士丁尼"圣谕"讲明了就是"一半"，那就以"一半"作为依据。老年人的房子还剩下一半，哪怕再"惨不忍睹"，年轻人也得接受。第二，虽然说查士丁尼的圣谕规定了"一半"，但是这也只是说明了"合理"的意思。换句话说，"合理"有许多意思可解，"一半"只是其中一个。而且查士丁尼也没说过，除了他的圣谕之外就不能再有第二个"合理"的解释。如果是这样，那么就没有理由排除另一个或者多个"合理"的说明。显然，现在老头的房子只剩下最没用的一部分，人们可以认为它不是"合理的"部分。另一方面，即使依照查士丁尼的圣谕来断案，也不能认为"一半"只意味着"空间"，而没有"功能"的意思，这是说，房子空间的一半与房子功能的一半是两个相互联系的概念，老头的房子现在是空间的一半，而没有功能上的一半——因为房子的大半用处早已化为灰烬——如此，只能说他的房子不够"一半"，从而判老年人接受不利的后果。

第一个办法叫作严格处理，第二个办法叫作灵活处理。赞同前者的肯定会有不少人，他们会以为，严格处理可能对年轻人有点不公平，可是法官只能这样判决，再有不公平的地方也是立法的问题，而不是司法的问题。可以要求立法加以改变，但这个时候只能"依法办事"。赞同后者的自然也大有人在。现在，主要看看后者。

亚里士多德讲：法律没谈到或者法律虽然有涉及但不周详的问题是无法避免的。[1] 成文的法律不可能详细解说所有的情形，只能提出"一般"；这种"一般"又不能包括所有的情形，而只能包括大多数情形。[2] 他说：

> 成文法对讼事不利，就利用普通法和平衡法。[3]

亚里士多德后面说的"普通法""平衡法"是怎样的意思，不必深究，只当它指习惯、情理或者道德一类的东西即可。反正，他说了在特殊情况下当然可以特殊处理。

奥斯丁秉承了亚里士多德"灵活中庸"的理论风格，也在主张白纸黑字的普遍规则的原则下，为"特殊情况特殊处理"开了一道后门。他以为，当白纸黑字的规则不能确定地运用于具体案件的时候，法官就只能像立法者立法那样，为立法者代劳了。在他的头脑中，法官可以在各种"渊源"中获取法律资源所需的各种成分，从而确立一个处理具体问题的新规则。[4]

对于奥斯丁来说，那种灵活的处理方式在法律的整体运作中只

---

1　亚里士多德：《政治学》，吴寿彭译，商务印书馆1983年版，第163页。

2　亚里士多德：《修辞学》，罗念生译，三联书店1991年版，第60页。

3　亚里士多德：《修辞学》，第62页。

4　John Austin, *Lectures on Jurisprudence or the Philosophy of Positive Law*. rev. and ed. Robert Campbell, London: John Murray, 1885, vol. I, pp. 638-639.

是一些不足挂齿的特殊情形。法律中最为主要的是白纸黑字的普遍规则。但是，让奥斯丁始料不及的是，对"灵活处理"网开一面，便会使白纸黑字和普遍性的观念无法前后连贯，而且，会使这个观念面临另一对立法律观念的严厉挑战。

假如在前面的案子里，法官的确是灵活地解释了查士丁尼的"圣谕"并且判决老年人败诉，那么，这种判决是不是法律判决？可以想象，奥斯丁不会否认这是法律判决；不仅如此，一般常人也不会否认法院的判决就是法律判决。如果的确是法律判决，那么其中的法律又是什么？人们也许一时无法说清其中的法律是什么，可是有一点却是确凿无疑的，即其中的法律肯定不是白纸黑字的古罗马官方公布的规则和查士丁尼的"圣谕"。既然不是它们，判决中的法律怎会具有明确性和一般性？换句话说，在法院判决之前，谁能明确地知道法律是什么（明确性）？明确地知道自己以及他人应该做什么或者不应该做什么（普遍性）？

在这个问题上，卢梭似乎是明智的，在坚持法律明确性和普遍性的同时，绝不对"特殊情况特殊处理"退让一步。他说："法律既然结合了意志的普遍性与对象的普遍性，所以一个人，不论他是谁，擅自发号施令就绝不能成为法律。"[1]或许他意识到，退让一步便意味着动摇"明确性"和"普遍性"之根本。但是，奥斯丁允许特殊处理也是事出有因。不论怎样，我们一定会发现，从古至今

---

1　卢梭：《社会契约论》，第51页。

的法律实践都表明，法官从未彻底离开过灵活的断案方式。法官这般"不本分"，是一个无法改变、无法阻止的事实存在。实际上，在理论上也可以看出，法官之"不本分"，在很大程度上是因为普遍性的规则本身就需要法官的理解和解释。

至此，我们可以理解，奥斯丁为什么在坚守"白纸黑字的普遍规则"的同时，又暗中对法官的"自己处理"网开一面。可是因此，也必然存在了严峻的理论困难：假使的确不能阻碍法官在年轻人与老年人那类案子中作出"灵活"的判决，而法律思想总要尽可能地说明全部的法律现象，包括这个案子中的灵活方式，那么，"白纸黑字"和"普遍性规则"或许就不是首选的最佳概念，它们不是"放之四海而皆准"的。反之，在法官"自主灵活"的行为中，可以得出一个这样的结论：如果法律在其中的确是存在的，那么，它必定不是"白纸黑字的"，也不是"普遍一般性的"，倒是一种"观念的"和"具体个别的"。

## 小 结

主张"白纸黑字的普遍规则"的观念，既是"政治学"透视一类的法律思想的一个直接结论（当然不是必然的），也是其中的一个组成部分。认为法律是强者的利益、强者的意志而且具有"国家"外衣的包装，总会将思路引向清楚明白的一般规则。在色拉叙马霍斯、霍布斯、边沁和奥斯丁的学说中，可看到"政治学"透视的这四个主要观念。在本书里，首先对其进行了解说和解构，因为，它们不仅历史悠久，影响广泛，最容易和人们的普通意识"心有灵犀一点通"，而且是理解其他与之彼此分歧的西方法律思想和开辟我们自己新思路的必要途径。

# 第二章 "社会学"的观察

　　社会学的观察，直接来说就是观察人们在社会中究竟实际上做了什么。在法律思想的语境中，社会学的方法，大致就是运用已经出现的与法律有关的人们活动作为解剖分析的材料，从中解释原因、效果、特征之类的问题；如果有可能和必要的话，还进一步对社会可能发生什么作出一番预测。其实，提起"观察社会活动"，政治学的透视也是一种观察方式。色拉叙马霍斯、霍布斯、边沁和奥斯丁，都在观察社会中的"强者""主权者"或者"管理者"的活动，观察他们是如何立法的，如何给社会下层制定规矩的。如此讲来，政治学的方法也是经验实证的，好像也可以说是属于社会学的。

　　不过，在西方法律思想中，政治学方法和社会学方法虽然说都是属于经验实证的，但是，两者仍然是有所区分的。政治学的方法在分析过了主权者的立法以后，将注意力特别放在了"白纸黑字的一般规则"上，以至整个法律思考的全部内容似乎就在于"规则"这个焦点。霍布斯有时就乐观地说：

　　……当问题是根据成文法而来的侵害或罪行时，那么每一个人只要由自己或旁人查一下法律典籍就可以（如果他愿意的话）在进行这种侵害或犯下这种罪行之前充分地了解到这是不是一种侵害。[1]

坚持"政治学"观念的学者一般都会像霍布斯那样，在遇到实际问题的时候总会将规则看作演绎推理的大前提，从大前提出发进行推论，从而得出一个法律结论。这是说，他们强调了法律的"规范性"。与此不同，社会学的方法并不这样乐观，它不仅要分析主权者的立法，而且特别注意主权者作出的一般规则在实际的运作过程中到底是怎样的；更为有意思的是，它要在这些运作中寻找法律的踪迹。它以为，假如一般规则经过人们的实际活动变得面目全非，对人们并没有实际的效力，那么它便不配头顶"法律"的桂冠，在社会实践中，将其视为一般规范性的指引，那可是误导别人的。

## 016　有争议的案件：里格斯诉帕尔玛

在"传说"性质的古罗马年轻人与老年人的房屋买卖案中，我们可以发现，法律上的解决方法并非只是一个。当然可以认为，依据一般规则的条文和查士丁尼的"圣谕"，年轻人只得收下没有什么价值的一半房屋；但是，也可以认为，`查士丁尼的"圣谕"另有含意，即"一半"是有用的一半，没有用的一半就不能叫作"一

---

1　霍布斯：《利维坦》，第213页。

半",即"合理的"房屋了,于是,判决老年人败诉。应该承认,两种解决方法都是有理由的。大凡这类见仁见智的案子,可以称为"有争议的案件"。

现在看一个"实际发生过"的案件。

19世纪90年代,美国纽约州的法院审理了一个叫作里格斯诉帕尔玛(*Riggs v. Palmer*)的案子。帕尔玛(Elmer Palmer)是个年轻人,深得祖父的喜爱。他的祖父是当地远近知名的富翁,在身体还十分健壮的时候就立下了遗嘱,将名下的全部财产留给帕尔玛。老人的老伴儿已经去世了。有意思的是,几年过去了,老人不仅没有死去,而且似乎是越活越年轻。令帕尔玛不安的是,老人又认识了一个少妇并且打算与其成亲。帕尔玛有些担心,担心祖父改写遗嘱,一急之下便将老人毒死了。帕尔玛明白刑事责任是无法逃避的,但是仍然自认为不会因此而丧失继承老人全部遗产的权利。老人的两个女儿一方面为父亲的突然死亡而伤心,另一方面又庆幸父亲的死因是唯一继承人的谋杀。显然,这样一来,她们便是遗产的法定继承人。因此,在帕尔玛遭遇刑事起诉的同时,她们(主要是其中一个叫里格斯〔Philo Riggs〕的)又把他起诉到了民事法庭,要求法院发布撤销帕尔玛继承权的命令。

可是,19世纪90年代的纽约州《遗嘱法》什么都规定了,就是没有规定如果遗嘱中指定的继承人杀害了被继承人应该怎么办。大家承认遗嘱是有效的,帕尔玛也必须被判刑;但是他的继承权应当如何处置,大家就有争议了。帕尔玛的律师说,就像某人不能因诽谤了他人名誉而失去自己的名誉一样，帕尔玛也不能因为杀害被继承人而失去继承权；《遗嘱法》的一般规则制定得清清楚楚，既然是有效的遗嘱，就应当将遗产全部交给帕尔玛；两个女儿说，杀死被继承人还能得到遗产太荒谬了，如果父亲在世，知道凶手想杀害他，是绝对不会将遗产留给他的。如此再将遗产交给帕尔玛显然是有违死者意愿的。[1]

在这个案子中，我们可以找到几个有道理的判决意见。

先看甲的意见。甲认为：

第一，刑事处罚必须要以刑法的明确规定作为标准，丝毫不能含糊；与此类似，是否丧失继承权利要以《遗嘱法》的白纸黑字作为依据。《遗嘱法》写得再清楚不过了：遗嘱只要符合法定要件便是有效的遗嘱。帕尔玛祖父立遗嘱的整个过程和手续都是毫无瑕疵的，步步符合了《遗嘱法》的要求。既然如此，便必须执行遗嘱以赋予帕尔玛继承权。否则，就是违反法律的规定，非法地剥夺别人的继承权利。非法剥夺公民的权利或者强加其义务对其来说是不公正的，因为人们事先并没有被告知在法律上应当做什么或者不应当做什么，怎能要求他必须如此或者那样？

第二，假如存在随时被权威机构剥夺权利的可能性，对社会秩序也是有害无益的；在这种条件下，一般公民将手足无措，不能正常地安排社会生活。

---

1　N.Y. 506, 22 N.E. 188 (1889).

第三，帕尔玛在道德上是必须给予指责的，允许其继承遗产可能将变相地鼓励这类没有道德的行径；而且，就被继承者的本意而言，如果他知道将被自己选定的继承人杀害，他极为可能对遗产另外作出处理。然而，这些都是法律之外的价值判断与猜测。如果允许价值判断和猜测影响法律的明确规定，人们将会陷入永无休止的争论与对立。道德不太明确，而法律就不能这样模棱两可了。

第四，即使在这里法律是有漏洞的、不足的，那也应该由立法机关通过立法方式加以解决；法官作为法律的适用者不能对法律自作主张，否则，就是失去了政治上的正当性，因为一般公众将立法权力托付给了立法机关，而没有托付给法院。

因此，帕尔玛胜诉。

再看乙的意见。乙认为：

第一，在那些明确规则的背后，可以发现潜在的价值观念和基本原则。在制定法律的时候，没有价值导向和原则基础是不可思议的。在《遗嘱法》明确规则的字里行间中，潜在的价值观念和原则基础是允许人们自由地处分自己的财产，尊重财产所有人的真正的自由意志。如果对这些知之甚少或者毫无觉察，根本不能理解明确规则的确切要义。就这点来说，应该认为合理地设想遗嘱人不愿意将遗产交给谋杀者，是颇为在理的。

第二，法律制度中的各种规定和各种判决不能自相矛盾，此乃天经地义。如果在那些规定和判决中，可以找到一个共同原则，比如，不能因过错而获得利益，那么，就应该将其贯穿始终，在帕尔玛案中判决谋杀者失去继承权。否则，不仅会导致法律制度的自相矛盾，而且会冲撞法律的另外一个原则——相似情况相似对待。

第三，立法者在制定和修改一般明确规则的时候，为了避免自相矛盾同样会考虑原则这个基础，于是，法院根据原则解决问题将会与立法者殊途同归，这样，便不存在"僭越立法权"的正当性难题。

因此，帕尔玛败诉。

再看丙的意见。丙认为：

第一，法律的明确规定是立法者意志和意图的表现，其含义必须以立法者的所想所思作为依据。"僭越立法权"一类的正当性忧虑，不是敦促人们去尊重规则的具体文字，而是要求人们以立法者意图作为标尺。如果对条文明确规定的理解和立法者意图的理解存在着天壤之别，就应当以对后者的理解作为依据。可以想象，立法者在制定《遗嘱法》的时候预见了这类谋杀行为，显然不会对它视而不见，肯定会剥夺谋杀者的继承权。所以，在判决此案的时候必须将立法者的意图视为法律的一部分或者基础，否则才会真正产生正当性的困惑。

第二，法律应该具有中立性和客观性，但是只有在明确知道立法者的意图的时候才能保持中立和客观。人们总会对白纸黑字的规则产生不同的理解，如果仅仅以一般规则的文字作为根据，法律的中立与客观就会无影无踪。

第三，在某些问题上，人们可能难以设想立法者的心思，可是在基本的道德是非上，人们完全可以将立法者的意见再现。帕尔玛神志清醒、思维正常，他可以而且应该知道立法者对其没有道德的行为会有怎样的意见。这样，根据设想的立法者意图判决剥夺继承权，对他来说是十分公平的。在基本道德是非上，帕尔玛不能以"预先无法知道法律的明确规定"作为理由来要求保留继承权。

因此，帕尔玛败诉。

实际上，19 世纪 90 年代的纽约州法院还真是按照乙的看法对帕尔玛说了"不"。法院指出，在"必须遵守合同约定"的法律条文的背后，可以发现"诚实信用"原则；在"不得伤害他人"的法律条文的背后，可以发现"保护个人权利"原则。同样，继承遗产的条文也依赖"不得有过错"的原则。试想，《遗嘱法》怎么可能容忍继承人谋杀被继承人而获得遗产？！因此，法律包括了原则，违反了原则当然是违反了法律。

在这个有争议的案件中，究竟怎样预测帕尔玛的命运，是一个次要的问题，重要的是要注意：当争议出现的时候，《遗嘱法》中的一般规则经过法院的解释到底变成了什么，在法院的最后判决里，法律到底是什么？前一个一般规则的"法律"与后一个判决中的"法律"（如果可以称为法律的话），区别在哪里？

## 017 霍德利主教的名言：重要的是解释者

在里格斯诉帕尔玛案中，纽约州《遗嘱法》的确提到了一个一般规则，当帕尔玛没有行凶，老人平静地死去，谁也不会否认规则的含义就是"遗嘱有效则必须执行"，可是现在，出现了问题。

如果站在一个局外人的立场，我们将不得不承认，法院在规则的含义上可是具有决定性的作用。只要规则需要法院解释，而且法院又是"毫不客气"的，那么再不情愿也得接受这个事实。1717 年，本杰明·霍德利主教（Bishop Benjamin Hoadly）切中要害地指出："无论是谁，只要他有绝对权威解释任何成文法或成言法（spoken laws），那么，就是他而非先写先说的人，才是真正表达所有意图和目的的立法者。"[1] 如此说来，《遗嘱法》中的规则经过法院解释就变成了"法院所说的规则"。

美国学者格雷（John Chipman Gray）提醒人们注意，法院的推论模式尽管是演绎的，从大前提向案件事实这个小前提推进，但是，大前提的形成是十分复杂的，而且其本身也不是前面提到过的"白纸黑字的一般规则"。法院在形成大前提的时候，当然考虑了主权者制定的白纸黑字，然而，形成过程却是结合了诸如政策、道德、政治原则之类的价值考虑和对白纸黑字规则的具体解释；只是在解释结束的时候，才会出现一个可以适用于具体案件事实的法律规则。法院的这个规则，也许会和人们一般理解的白纸黑字规则十分类似，也可能与之相去甚远。然而无论怎样，正是解释出来的规则，才是法院进一步推论的大前提。

格雷是想告诉我们，真正的法律规则不是预先存在的，并不是

---

1　John Chipman Gray, *The Nature and Sources of Law*. New York: The Macmillan Company, 1921, p. 172.

由法律适用者所发现的，而是由这类人解释制定的。白纸黑字的规则最终需要适用者的解释，因为，白纸黑字不过是制定者的一种表达而已，它们写出来是为了让法律适用者适用或者解释，并且在必要的时候让其来决定这种表达的含义。白纸黑字的"法规无法自己解释自己，它的含义是由法院来宣布的，而且正是基于法院宣告的含义而非其他含义，法规才作为法律强加给了社会……法官处理法规的权力是无与伦比的"。[1]

这里我们需要解释一个概念——法律的渊源（sources）。这个用语是指法律的出处，换句话说，是讲法律从何而来。格雷尤其喜欢这一用语，他说道，法律的渊源是指法律适用者解释后的法律规则赖以形成的依据。如同一棵幼苗要吸取许多地里养分而成为树木一样，法律也要在许多渊源里"吸取因素"。由此可以认为，白纸黑字的规则只是法律的一个渊源，而不是法律本身。我们都会将幼苗看作幼苗，不会因为它吸取了养分从而认为养分也是幼苗；同理，法律从白纸黑字规则以及其他渊源那里而来，没有理由认为渊源也成了法律。必须区分法律和法律的渊源。白纸黑字规则和习惯、法律专家的意见、伦理原则、政策同属一类，是法律的渊源，而不是法律本身。恰恰是结合这些渊源和具体案件的事实，法官才在判决过程中"制定"了法律规则。而这种法律适用者"制定"的法律规则，才是真正的法律。格雷讲道：

---

1 Gray, *The Nature and Sources of Law*, p. 7.

　　国家法律或者任何人类组织机构的法律，是由法院即人类组织机构的司法组织为确定法律权利义务而制定的规则所构成的。在这个问题上，相互争论的法学流派之间的分歧，主要产生于没有对法律和法律的渊源作出区分。[1]

　　如此看来，法律并不存在于白纸黑字的一般规则里，它倒是法官主观精神中的意识观念。在具体判决中，我们才得到了最终确定的法律。在里格斯诉帕尔玛案里，最后的法律不在《遗嘱法》白纸黑字的规定中，而在法院的解释和判决中。

　　有人可能认为，霍德利主教恐怕是言过其实了。格雷的观点也是过分的。在里格斯诉帕尔玛案中，法院难免要在规则的意思上说点什么，可是这不意味着它的解释就一定是正确的。各种解释说明中总有一个是正确的。如果只有一个才是正确的，那么事情就只能是"法院解释法律是对是错"，而不是"法院解释决定一切"。

　　现在，我们再将前面说到的三种对帕尔玛不同处理意见继续演绎一下，看看是否可以得出某个是正确的结论。

　　看一下甲。甲继续认为：

　　第一，即使依照乙的看法，法律包含着一般价值观念和原则，我们也应该想到法律的价值和原则并不仅仅限于公平正义——不得

---

1　Gray, *The Nature and Sources of Law*, p. 84.

因过错而获得利益——的内容。法律的稳定性和可预测性，同样是法律的重要价值和原则。有什么理由非得认为，作为价值和原则的稳定性和可预测性应该让位于公平正义？判决帕尔玛获得遗产是正确的，而且极为可能优于相反判决。因为，法律的明确规定要比"公平正义"的"不能因过错而获利"的原则，具有更为明确的内容，因而具有更高的可预测性。对于一般人来说，这种形式上的稳定性和可预测性要比实质上的公平正义更为重要。只有明确知道法律是什么，一般人才能明确知道自己应该做什么，不得做什么。

第二，就立法者的意图来讲，如果认为有时法律的文字存在着模糊性因而需要解释，那么，有什么理由认为立法者的意图就不存在这种情况？完全可以看到，有的时候那些表现立法者意图的笔墨资料同样是模糊的，同样需要解释。相形之下，法律的"白纸黑字"要比这些资料更为严谨、更为清晰，还没有见过哪位立法者在使用文字立法的时候不遵循严格的语法规范，但是在相关资料说明中，他就没有这么认真了。

看一下乙。乙继续认为：

第一，甲的反驳意见正是说明了一般价值和原则的重要性。当你认为适用法律的"白纸黑字"的理由在于稳定性和可预测性的价值和原则的时候，你实际上考虑了各种法律价值和原则，在其中权衡了孰轻孰重；并且在此基础上相信一种价值原则胜过另外一种。这种思考本身就预设了运用法律明确的文字规定应当以一种价值或者原则作为根据，并且预设了，价值原则是法律的一部分。

第二，既然我们大家都意识到，帕尔玛的命运最终取决于价值原则上的取舍定夺，而各种价值原则实在难以说清哪个是更为根本的，那么，就应该用"民主多数决定"作为唯一的取舍标准。而民主多数总是要尊重一般百姓的意见，所以，我们应该好好思考一下一般百姓的感觉是什么。不难发觉，一般百姓是不会容忍杀人后依然可以获得遗产的，允许杀人谋财和一般百姓的是非观念是相去甚远的。

看一下丙。丙继续认为：

第一，在解释文本本意的时候，"对话资料"优于"陈述资料"。这是说，通过面对面的对话交流来了解一个人的文本本意，显然优于仅仅阅读他的自述材料。作为立法意图说明的有关资料，通常是以对话交流形式来表现的；而法律的"白纸黑字"便类似某人的自述材料，运用前者来理解法律的本来的意思要比后者来得更为可靠。所以，法律内容不能不包括对立法者意图的说明，甲对立法意图的轻视是不能成立的。

第二，设想一下，立法者面对这类谋财害命的时候怎么可能熟视无睹？此案之前没有作出相应的规定，完全是因为当时的立法者没能预见到这种情形；如果预见到了，肯定会作出"剥夺继承权"的规定。

我想，对于甲乙丙三种看法，较为贴切中肯的评论是：都有道理，难说谁是唯一正确的。既然到了这一步，我们也就可以大致理解，为什么霍德利主教和格雷会这样"使人觉得有道理"。

## 018 法院判决的最终效力

在没有争议的简单案件中，人们容易觉得文本中的"白纸黑字"规则约束着法官的判决，但是在里格斯诉帕尔玛那类有争议的疑难案件中，可以清楚地发现，法院就规则含义作出的判决具有最终性，也即法院最终决定了规则在法律适用中的含义。而且，更为有趣的是可以反过来设想，在简单案件中，可能并非是"白纸黑字"的规则约束着法官，而是，要么法官自觉自愿适用了这类规则，要么有时并不能将这类规则直接适用于案件，法官对撇开"白纸黑字"的判决，仍然不存在受约束的问题。在对里格斯诉帕尔玛案的三种不同意见中，后两种对判决结果没有什么分歧，而是对法律是什么有不同的观念和解释。它们都认为，帕尔玛必须丧失继承权，可是对法律上的理由各有理解，有一个以为，价值原则一类的东西是法律，从中可以得出帕尔玛不能继承遗产的结论；另外一个则说，立法者意图，哪怕是被法官设想的合理意图也都是法律的一部分，故而帕尔玛的继承权利必须剥夺。假如在这个案子中，只有这两种不同的意见，而没有第一种赞同帕尔玛仍有继承权的看法，我们自然可以说它是个简单案件。在这种情形下，仍然可以看到，法官没有受到"白纸黑字"规则的约束。

在前面一章，我们看到，法院的审判义务是一种积极的、自觉自愿的义务，在这种义务背后不可能存在强制性。如果这是没有争议的，那么，当法官的审判包含对"白纸黑字"规则含义解释的时候，法官对规则的理解、解释的背后，也不存在其他种类的权力机构可以实施的强制力。事实上，从法院的实际操作上看，并不存在某种外在东西，可以约束法官只能作出一种判决。只要乐意，法官可以作出任何判决。

所以，格雷另有理由维护自己的观点。过去的一般法律思想，总是想象法官是在发现法律而不是制定法律，总以为"司法"这个语词，本身就是表明法官是在掌管法律，法律已经是实实在在地"贴"在一个地方了。这些一般思想认为，法官在说法律是什么的时候会犯错误。但是，格雷却大唱反调，说它们在实践中没有任何意义。他还提出了一个对比：法官思考法律的范围完全不同于牛顿思考自然物理现象，对自然现象的描述可以因为错误而失效，可是法官对法律范围的描述即使错误，也是有效的。行星的运转，当然不会理睬牛顿的错误陈述，但是案件中的当事人却不能不理会法官的错误陈述，法官的陈述再怎么错误，也是法律。[1]

1903 年，美国法院审理了一起劳资纠纷——达维斯诉莫尔根（*Davis v. Morgan*）。这一年，一个公司雇主和一名雇员签订了一份雇佣契约。公司许诺，雇员的工资为每月 40 美元。契约签订不久，另外一家公司特别欣赏这位雇员的才华，对其说道，只要他肯来，每月工资将多出 25 美元。工资是一低一高的，让这位雇员坐卧不安。雇员对原公司挑明，如果不能加工资，他只能另谋高就，决不

---

1　Gray, *The Nature and Sources of Law*, p. 84.

犹豫。原公司没有办法，只好答应每月增加 20 美元，但是要求在年底一次付清。这样，雇员就留下来了。可是到了年底，过了一次付清的日子，原公司却没有兑现承诺。雇员毫不犹豫地在法院起诉了。法院对这位雇员说：你不能胜诉，因为，一年来你一直是每月领取 40 美元，这表明你实际上接受了每月 40 美元的工资条件，既然如此，再判给你 120 美元——20 美元乘上 6 个月——显然是不合适的。[1]

在说英语的国家里，一些法院，尤其是上级法院的判决对后来的案件审理具有约束力，这叫判例法制度。通常来说，当一个判例具有约束力的时候，人们可以在其中大致发现一个"白纸黑字"的规则。在达维斯诉莫尔根案这个判例中，我们可以认为，"实际行动属于变更契约的意思表示"就是规则。这是说，雇员一年来每月领取 40 元，他实际上表达了一个变更契约的意思：把每月 60 元工资变为 40 元。在这里，我们将法院判例中的"规则"看作类似立法者的立法规则，来讨论一个说明法律适用者具有最终权力的例子。

1921 年，美国法院又审理了一个类似的案子：施瓦兹赖克诉鲍曼－巴施公司（*Schwartzreich v. Bauman-Basch, Inc.*）。在这个案子中，服装设计师施瓦兹赖克（Louis Schwartzreich）与一个叫鲍曼－巴施服装公司签订了一份雇佣契约。服装公司答应，报酬为每星期 90 美元。另外一个服装公司发现，施瓦兹赖克设计的服装十分具有潜力，决定以每星期 100 美元的工资聘请他。施瓦兹

---

1    43 S.E.732 (Ga. 1903).

赖克像上面一案中的雇员一样，对前一个服装公司说，如果不能提高工资将选择更好的收入条件。这个公司无奈，只得答应付给他每周100美元。不过，公司同样说必须在年底一次补齐。一年过去了，公司同样是说话不算数，施瓦兹赖克告到了法院。这次，施瓦兹赖克的运气显然要比上面一位雇员好多了，法院经过审理就判公司立即支付应补的工资，仿佛全然不知有一个达维斯诉莫尔根案的判例摆在那里。

人们可以对后一案子的法律解释和处理提出许多不同的意见，甚至认为，这简直是大错特错的。可是，法院仍然可以按照自己的法律理解作出判决。而且，对于败诉的服装公司来说，再如何不服也要如数支付那笔工资。从法院判决的最终性可以得出这样一个结论：对前面一案的雇员、施瓦兹赖克和其他各个公司这些权利义务的承担者而言，真正具有法律实际意义的不是判决之外的"白纸黑字"规则，而是法院判决本身。从法院的判决结果上看，认为它可能错误是意义不大的。即使判决错得无法再错了，权利义务承担者也要接受。

如此，我们可以进一步理解，为什么格雷会特别喜欢霍德利主教的观点。

## 019　规则和具体判决

从格雷的观点可以得出如下重要结论：法律适用者一直都在适

用预先并不存在的、当事人并不知道的法律规则。从这一结论可以进一步推出：法官是在不断地溯及既往地适用法律，这是说，法律只是在实际案件发生之后，才被适用于案件之中的。格雷并不讳言这些结论。他只是偶尔强调，法律适用者判决案件的时候虽然是溯及既往地适用了法律，但不是随心所欲的。因为，法官是在法律渊源的基础上，而不是在自己的喜怒哀乐的基础上，来决定法律规则是什么。[1]

在前面的叙述中，我们可以发觉，格雷的理论已经将"白纸黑字"中的法律规则变成了法官言语中的法律规则。在立法者以及法院判例的书面文字中，规则不过是个被法院参考的"法律渊源"。相反，只要出现法官的不断解释，就会不断出现新的法律规则。格雷主张，寻找观察法律规则不能游荡于文本文字之中，而要将视线投向法律适用者的一举一动。他有时干脆提出这样的警句：法律就是"法院为了确定合法权利和义务而定下的规则"。[2]

格雷的理论，当然显示了一个倾向"社会学"观察的企图：看看社会中的法官实际做了什么。

然而，如果讨论起来的话，我们可以发觉在格雷的分析中存在着一个颇为紧要的矛盾关系：如果法官他们不断解说法律，那么，这种"法律"似乎只能是对案件当事人具有具体特殊意义的"法律"，把它叫作"法律规则"好像是不恰当的。一般以为，凡是规

---

1  Gray, *The Nature and Sources of Law*, p. 124.

2  Gray, *The Nature and Sources of Law*, p. 82.

则便具有普遍的性质，在法律语境中意味着不仅对案件的当事人，而且对一般人来说都是具有约束意义的。格雷尽管承认具体案件中当事人的权利义务来自一个大前提式的法律规则，然而又以为，这种规则并不依存在可以"发现"的"白纸黑字"的文本里面，而是解释者的解释结果。这样，法律规则有如幽灵一样，处于无法预知、无法查找的神秘境地。因而，这类"解释出来"的法律规则，便失去了规则的普遍意思。其实，格雷有时就大胆宣称法律规则是不可发现的；要看法律，就看法律适用者的解释和说明。[1] 如此这般，我们似乎难以在格雷的理论中，区分法律规则和法律具体判决。这个问题将有怎样的后果，稍后我们再详细地讨论。

## 020　"法律顾问"和坏人的习惯：预测

假设格雷的观点是可信的，法律规则根本不能脱离法官这种人而存在，而且，不存在对他们的任何约束，那么，从他们之外的观察者角度来看，可以得出什么结论？

先设想在美国出现如下这样一个案件。一名教师小有名气，于是一所学校与其签订了一份讲座协议，协议约定，这名教师举办 4 次讲座，每次讲座获得报酬 300 美元，时间定在某学期的最后一周。协议签订第二日，另外一所学校通知这名教师，隆重欢迎他来

---

1　Gray, *The Nature and Sources of Law*, p. 79.

举办同样的讲座，次数照旧，但是酬金每次多出 100 美元。后一所学校有个特殊要求，即讲座的时间只能定在与前一所学校同一学期的最后一周。由于时间冲突，而且后一所学校的报酬更有吸引力，教师便通知前一所学校，他只能接受更佳请求。前一所学校因为已经贴出海报大做宣传，并且实在是欣赏该教师的讲座水平，因而咬牙同意支付与后一所学校同等的报酬，只是在讲座全部办完之后，再支付多出的 400 美元（100 美元乘以 4 次）。这样，教师就留下来了。但是讲座办完之后，前一所学校推翻自己的承诺，仅支付每次讲座 300 美元的报酬。教师现在想通过法律诉讼来解决问题。

他找到了"法律顾问"，"法律顾问"会如何作答？

在前面一节，提到过两个美国法院的判决：雇员追索报酬案和服装设计师追索报酬案。这两个案子十分相像，可是法院的判决却相差很远，眼下教师索要报酬一案与它们也是类似的。

一般来说，"法律顾问"会将各种可能发生的情况逐一分析，他会告诉教师：如果法院对雇员追索案的判例感兴趣，那么你就失败了，这说明法院更为看重实际行动的契约意思表示；反过来，如果法院对服装设计师案的判例感兴趣，那么你就胜利了，因为法院看重的是口头承诺的信用。但是不论怎样，有一条是肯定的，"法律顾问"，尤其是经验丰富的"法律顾问"，不会斩钉截铁地说法律就是这个或者那个，而是总在预测，总说在什么条件下法律将是什么。其实，即使法律条文或者判例中的规则是清清楚楚的，不像雇员案和设计师案那样有些矛盾冲突，"法律顾问"也会谨小慎微地"进行预测"。在本书开头引言中，我们想象过一个在苏格拉底旁边出谋划策的法律谋士，即今天的"法律顾问"。在苏格拉底案上，古雅典的法律规则没什么过多可争议的，但是，如果是有经验的法律谋士，也会"进行预测"，而不会断然宣布法律是什么。

正是基于对"法律顾问"这类"观察者"的思考，在 19 世纪末，美国一位名噪一时的法官霍姆斯（Oliver Wendell Holmes）奇特地宣称："对法院事实上将做什么的预测，而不是别的什么，便是我所说的法律。"[1] 在霍姆斯独特的眼里，法律顾问的工作仅仅是在预测法院的判决，而且，"法律顾问"的潜在观念就是认为"法律仅仅是一种预测"。要问"法律顾问"为什么会有这样的习惯，答案是：因为"法律顾问"天天都会总结胜诉败诉的经验，分析胜败的因果关系，观察法院的实际活动。显然，霍姆斯是想告诉人们，如果你不断地出入法院的大门，在诉讼中饱经风霜，那么，你自然而然地会像"法律顾问"那样尤为喜欢分析法院的一举一动，像社会学家那样，从这类一举一动中分析出前因后果。

"法律顾问"方式的观察，表明观察者仅仅关注一般规则在现实中的实际效果，因为，这种效果对案件争议才是真实可信的。而普通的官司当事人，在一般情况下更加关心法院的判决结果，因为这类结果不论被喜欢或者被讨厌，都会使他们在现实中获得什么或者失去什么。在前面假设的案子里，小有名气的教师要么赢得官司

---

1　Oliver Wendell Holmes, "The Path of Law". *Harvard Law Review*, 10 (1897), p. 461.

拿到 400 美元的年底加薪，要么彻底败诉"颗粒无收"，并且搭上一笔诉讼费用。而对于被告学校来说，法院判决教师"进账 400 美元"，便意味着学校"出血 400 美元"外加一笔诉讼费。这些，当然是实实在在的利益或者损失。难以想象教师和学校可以不在乎法院的实际判决，而仅仅注意一般"白纸黑字"的规则。

就此而言，如果认为在道德的背景下好人便是自觉地用道德观念、道德义务来约束自己，那么，在法律的背景下，只能将当事人的观点看作"坏人"的观点。这种"坏人"的观点才是认识法律的出发点。显然，当人们可以用道德观念式的义务来规范自己的行为，用其来解决彼此的争议和矛盾的时候，社会还有什么理由再去思考法律手段？

由此出发，霍姆斯在另一方面以为，"法律顾问"观察的方式在当事人那里自然就是"坏人"的观点；坏人的视角，同样是理解社会中法律的最佳途径。因为，坏人并不在乎道德的义务与观念，他只是希望躲避法律的无形之网。当向"法律顾问"咨询某一行为是否合法的时候，他只想知道社会中掌握权力的权威机构将会对他实际做些什么。坏人不像好人那样，每天在良心上寻问自己是否道德，而只是关心法律的最终判决到底带来的是收益还是损失。"如果你想知道法律而非别的，你必须从坏人的角度观察，坏人仅仅关心实质性的后果，这种知识使他可以作出预测。"[1]霍姆斯进而以

---

1 Holmes, "The Path of Law", pp. 459-461.

为，法律义务同样"仅仅是一个预测：如果一个人实施某些行为，便会由于法官判决而受到某种痛苦。法律权利也是如此"。[1]

在理论上，霍姆斯和格雷具有一个类似的观念：法院从"白纸黑字"的规则进行三段论推论完全是不真实的。霍姆斯提醒人们注意：

> 时代的迫切要求、盛行的政治道德理论、公共政策的直觉认识，无论是坦率承认的还是讳莫如深的，在确定约束人们行为的规则的作用上，远胜于三段论式的演绎推论，甚至那些法官共有的偏见也是如此。[2]

而且，"白纸黑字"的规则如果真具有什么作用的话，也仅仅在于增加对法律精确结果的预测能力。本本中记载的有关"过去判决的一般规则命题，或以一般形式表现的法规，可以使预测变得容易记忆和理解"。[3]

但是，我们可以发现，格雷将法官这种人所说的视为法律，似乎是可以理解的，因为无论怎样，它都具有强制的约束力。然而将"法律顾问"、坏人的预测看作法律就令人费解了。预测有什么强制的约束力？对于法律适用者的判决不服从，便会具有不妙的后果，而对预测不理会，好像不会具有同样的结果。霍姆斯以为，预

---

1    Holmes, "The Path of Law", p. 458.

2    Oliver Wendell Holmes, *The Common Law*. Boston: Little, Brown and Co., 1963, p. 1.

3    Holmes, "The Path of Law", p. 458.

测是对某类特定典型案件的司法判决的一般性预测，而不是指对某个具体案件的法官判决的预测。这种预测对预测者也是具有约束力的。设想一下，当预测后得出法官会如何判决的时候，明智的预测者是不会不理会这个结果的。在实际的社会里，"坏人"总想知道某种行为的实际结果，而想知道结果的目的，正在于安排计划实施行为。因此，如果不理会预测的结果，就会导致计划行为的失误并且导致不利的后果。当接近法律的时候，"坏人"总是依据"预测"来做事，以避免自己不想要的结果。如此看来，预测当然具有强制的约束力，只是在这里的"强制"，不是外在的、现实暴力的强制，而是内在的、心理恐惧的强制。

概括来说，霍姆斯告诉我们：为了避免强制性的不利后果，聪明的做法就是观察法官所说所做的，而不是迂腐地在法规或者判例中翻来翻去，寻找"白纸黑字"的一般规则。法官的言行与法规和判例中的规则，时常是相去甚远的。所以，真正有意义的法律就是预测，在那个意义上，同样可以说：预测对人具有约束指导的作用。

## 021 好人·法官·预测

我们首先可以对"坏人的视角"观念提出一个问题：就算社会学的观察是十分重要的，为什么只能从这种不良分子的心态角度观察法律现象？在社会中，可以采用的视角是多种多样的，坏人的视角不过是其中之一。而且，法律仅仅对坏人有意义，对其他人就没有意义了？

　　根据霍姆斯的思路，必须将法律现象理解为和社会公共权力的强制运用是"形影不离"的，法律现象的基本特质，在于外在强制力的影响，于是，法律对坏人之外的其他人没有意义。可是，在社会里，许多无法归入坏人行列的人除了"自愿地"关注道德观念、道德义务之外，而且"自愿地"遵循法律义务，在服从法律义务的时候，并不认为自己是出于被迫的缘故，并不认为自己算计了"不利后果"而必须服从法律。在引言中议论苏格拉底的时候，我们看到的就是"自愿"。

　　即使是在前面假设的教师追索报酬的案子中，我们也可以想象，教师也好，学校也好，都可能认为自己在法律上已经具有预先存在的法律权利，两者可能并不预测法院将会如何判决，而只是在以往的一般规则中寻找法律的根据。如果法院的判决与这些根据大相径庭，两者会坚决地认为法院的判决是错误的。这两者的视角也是与"预测"没有关系的。

　　霍姆斯坚持"预测"说的一个理由是：如果到处可以看到"自愿"，便没有存在法律的必要了。但是，坏人之外的其他人，有时候不仅需要功利估算和道德义务的指引，而且需要权利义务的"具体明确"指引。比如，当进行估算纳税的时候，功利纳税的算计者自然想知道纳税的数量、国家财政的计划、福利设置的具体数字以及其他具体内容，甚至个人可以获得的具体福利权利；而道德义务的自觉者在希望积极纳税的同时，也想知道具体的税额、税率，以及把税交给哪一层次、哪一方面的征税机构，而在一般功利估算的对象和道德义务的内容中，并不存在这类具体明确的指引。恰恰是在一般认为的法律里，人们才能发现这种具体明确的指引。在此，好像不能认为这种具体明确的指引不是法律的基本功能，因而不能划归法律的版图。

另一方面，同色拉叙马霍斯、霍布斯、边沁和奥斯丁一样，格雷与霍姆斯都忘记了对法院自身角色的反省和认识。前四位提出的"政治学"式的透视，强调了主权者的意志或者意愿，这是从法律与一般公众的关系中分析得出的结果。一般公众如果不遵从主权者的命令，就会面对被制裁被处罚的不利结局。这四位具有"政治学"观念的学者，没有，而且拒绝思考法院的法律义务，这就忽略了法官自身的观察者的观察地位。与此相像，格雷和霍姆斯迷恋法官那类人的解释判决的最终性，追随"法律顾问"或者坏人的奇特感受，从而将法院的法律义务搁置一旁，也是抛弃了法官的观察视角。

强调法院可能会如何判决的预测说，意味着观察者通常不会是法官自身，而只能是当事人，而且是怀有负面心态、刁钻狡黠的当事人。可是，法官在审判案件的时候，一般不是在预测自己或者其他法官将会如何判决，对他来说，一般并不存在强制或者不利的后果。霍姆斯可以认为，如果判决存在一个上诉的问题，下级法院的法官仍要预测上级法院的法官将会怎样判决案件，否则，自己的判决便会遭遇不测：要么被改判，要么被撤销。但是，这样思考依然无法说得过去。因为，即使被改判或撤销了，也仍然不存在"不利后果"的问题；此外，法官完全可以是"金字塔尖"的最高法院或者上诉法院的法官；同时，一个社会的法律体系可能连上诉制度都是不存在的。在这种情况下，认为这些法院的法官是在"预测"，容易让人觉得牵强附会。

我们还可以再考虑一个问题：法院的判决往往是十分重要的，它们所运用的推理方式具有一种范例效应，人们会自然而然地加以模仿和追随。如果这些法院在判决的时候，不是运用"预测"的推论方式，那么，以其作为范例的一般百姓或者"法律顾问"的推论，怎能时常是"预测"的？这点似乎表明，至少某些公众或者"法律顾问"不是在"预测"。换句话说，从格雷强调的法院"是关键的"，我们只能得出要处处留心法院一举一动的结论，如果百姓和"法律顾问"总是跟随法院的意见，岂不是至少有些百姓（即便是坏人）和"法律顾问"像法官一样看待法律？如此，霍姆斯的"法律顾问及坏人预测"的理论，岂不是出现了更大的问题？

## 022　法律＝具体判决

格雷与霍姆斯特别讨厌"白纸黑字"的一般规则的观念，觉得这种观念不能为人们提供一个精确的答案，掩盖了法律真相。他们主张，由于法律适用者这一"规则阅读者"的权力具有最终性，法律的含义或意义存在于，并且决定于读者对规则的解读。无论是法官那些人的"所说",还是某些"法律顾问"或者坏分子的"预测",都是读者的一种解读。这种读者决定论,抛弃了"政治学观念"设想的法律规则的客观性,从而在相当程度上抛弃了法律可普遍适用的一般性,将"法律"归入了规则阅读者的主观观念之中。

但是,格雷以为,法院的具体判决是以法官阅读后的"法律规则"作为大前提的;而霍姆斯以为,阅读后的"预测"在一定程度上对一般百姓或者"法律顾问"也有约束钳制的作用,这样,两个人好像又保留了对"规则普遍约束性"观念的眷恋不舍。其实,按照两人思路的内在逻辑,"规则"属于虚构的而且必须扔掉,似乎是无法回避的唯一结论。

从格雷理论的角度来说,法官这种人是在不断地解释法律,而且,这类解释可以不断地具有新的含义结果,因此,他们的解释实际上只能是适用于具体案件的法律解释;并不存在"可以普遍约束"性质的规则意义。从霍姆斯理论的角度来看,"预测"同样是会因人而异的,"预测"仅仅是对预测者本身才有约束的意义,它也照样不存在"可以普遍约束"的规则意义。而且,"预测"本身就意味着被预测的对象可能是多变的,并不存在一定的规律;如果对象有个规律,那就应该说是"我们可以推论",而不是"我们可以预测"。一言以蔽之,格雷和霍姆斯的羞羞答答、躲躲闪闪的读者决定论,暗含了"客观的法律规则"并不存在的必然结论。

有鉴于此,美国法学家弗兰克(Jerome Frank)直截了当地提出了令人多少有些惊奇的观点:所谓的"法律规则"纯属天方夜谭，格雷和霍姆斯的闪烁其词，正说明根本没有法律上的一般规则。他说，正常理解的"法律规则"，是一种具有约束力的规则，在现实社会里，如果可以发现它对法官那样的法律官员产生约束的作用，那么，便应该承认它是存在的。但是，对于现实的观察可以证实，像法官这类人并没有受到这类规则的约束。法官总是在超越所谓的"法律规则"自行其是。如果法官可以在人们想象的规则之外自己立下判决的依据，那么，这种规则显然不能认为是有约束力的，因而，不能叫作法律规则。如果法院事实上拥有而且不断行使自由裁量权，不同的法官可以运用这种权力作出不同的判决，并且，并不存在唯一正确的判决结果，那么，怎能会有一般人想象的法律规则？[1]所以，即使是在法院的具体判决之中，同样不能认为存在一个法律规则。

美国另外一个法学家卢埃林（Karl Llewellyn），也是毫不客气地指出："那种根据规则审判的理论，看来在整整一个世纪内，不仅愚弄了学究，而且愚弄了法官。"[2]

如果在"白纸黑字"的文本、法院的具体判决甚至人们心中的预测里都没有"法律规则"，那么，法律究竟在哪里？它究竟是什么？被人们称作"现实主义者"（realist）的弗兰克和卢埃林非常肯定地认为：相信存在着普遍性和规范性的法律，是一种天真的设想；真实存在的只有法官的具体判决，而这种判决才是具有真实意

---

1    Jerome Frank, *Law and Modern Mind*. Garden City: Doubleday & Co., 1963, pp. 183-199.

2    Karl Llewellyn, "The Constitution as an Institution". *Columbia Law Review,* 34 (1934), p. 7.

义的法律。

法律与具体判决是等同的。接下来的结论是：法律的内容随着具体案件事实的变化而变化，不存在类似案件可以类似处理的问题。这是说，每个案件之间都存在着区别，因而严格地说，不存在针对某一问题的法律，而只存在针对某个具体案件的法律。弗兰克讲：

现在，我们可以大胆地从一般人的观点提出一个大致的法律概念：对任何具体的外行人来说，法院针对具体案件事实作出的判决，只要影响了特定的当事人，那么便是法律。只有当法院在这些事实上作出了判决，在这个问题上法律才是存在的。在作出判决之前，唯一可以利用的"法律"，就是"法律顾问"发表的与当事人和案件事实有关的法律意见。其实，这种意见实际上不是法律，而仅仅是对法院将如何判决的猜测。[1]

因此，"就任何具体特定情形而论，法律要么是实际的法律，即关于这一情形的一个已在过去作出的判决；要么是可能的法律，即对一个将来判决的预测"。[2]

还有一个法律现实主义者泰勒（Richard Taylor）更是断言，就法律的存在方式而言，"任何具体案件中的法律不是成文法、普通

---

1　Frank, *Law and Modern Mind*, pp. 50-51.

2　Frank, *Law and Modern Mind*, p. 51.

法（common law，即一种判例法——笔者注），也肯定不是某种不成文的自然法。精确地说，它是司法判决本身……对当事人来说，法律是其法律义务的陈述，这一陈述仅仅是司法判决。当事人的法律义务是与判决的宣布相伴而生的并且直至永远，只有在另外一个司法判决宣布后才能撤销"。[1] 针对美国纽约州法院在里格斯诉帕尔玛一案中的判决，泰勒说：

在此我们关注的不是法院的判决是明智还是愚蠢……我们倒是想问这些问题：在上诉审判决之后，埃尔玛·帕尔玛对遗产的法律权利是什么？在判决后，其他继承人对农场是否具有所有权？这两个问题完全取决于这个问题：对当事人来说法律是什么？对这一问题的回答是无可争议的。在这一问题上的法律并不是制定法（statute，即立法机关制定的规则——笔者注）宣布的内容，因为在这里，有关的法律是一回事，制定法则是另外一回事。有关的法律也不是明确的来自普通法的原则。它完全见于法院大多数人的意见，而且完全是由这一意见构成的。[2]

将法律看做法院的具体判决，意味着法律只是一些官员鲜活的行为事实，而不是一种规则体系；法律是一种活的制度，而不是一套死的规范。法律现实主义者的确认为，法官和行政官员等实际

1　Richard Taylor, "Law and Morality". *New York University Law Review*, 43 (1968), p. 627.
2　Taylor, "Law and Morality", p. 626.

上对法律案件的所作所为，就是法律本身。卢埃林说："在我看来，那些司法人员在解决纠纷时的活动，就是法律本身。"[1]以这种方式，法律现实主义者用"行动中的法律"取代了"文本中的法律"，从而用"社会学"的观察替代了"政治学"的透视。

法律隐藏于法律官员裁决的活动。如此说来，研究这种活动的过程便是至关重要而又生动有趣的。格雷以为，一般规则之类的东西是法律的渊源，因而，这类渊源对官员的裁决活动具有首要的意义。霍姆斯讲过，时代的迫切要求、政治道德理论、法官共有的偏见等，要比一般规则来得更为重要。而弗兰克认为这些观点都还是不足以说明问题的，他认为法官的个性才是怎样强调都不为过的基本要素。法官的个性，包括了他的特征、性情、偏见和习惯。"假如法官的个性是法律审判中的决定性因素，那法律就可能要依恰好审理一个具体案件的法官的个性而定。"[2]

弗兰克颇有信心地说，统计资料已经无情地支持了这一观点。就说美国1914年至1916年对纽约市治安法院几千个轻微刑事案件处理的调查中人们可以发现，治安法官在处理同类案件中所显示的差异，已经达到令人震惊的程度。有546个被指控酗酒的人被送到了一个法官的手里，这名法官只释放了一人，判处其他人有罪，而且处罚不轻，有罪的比例占99%；而另有673个被指控酗酒的人交由另一个法官处理，其中竟有531人被宣告为无罪，有罪的比例居

---

1　Karl Llewellyn, *The Bramble Bush*. New York: Oceana Publication, 1981, p. 3.

2　Frank, *Law and Modern Mind*, p. 120.

然才占 21%。在扰乱秩序行为的案件中，一名法官吝啬地释放了
18% 的人，而另一名法官则大方地释放了 54% 的人。这些数字表
明，审判是因人而异的，它反映了法官的脾气、个性、教育、处境
等独特之处。[1]

## 023 从"规则的解释"走向"社会学的观察"

法律现实主义者说，法律一定是行动中的法律，而不是文本
中的法律。这个理论的出发点和目的地在某种意义上都是"社会
学"的观察。如果我们真是特别关心法律的实际影响，我们势必会
小心翼翼地观察那些社会官员的一举一动，他们抓人、罚款、搜
查、封家、训诫、宣布无效、正式登记、划拨财产……这些都是
实实在在的，我们对其自然不会像对"白纸黑字"的规则那样怠慢
或视而不见。所以，法律现实主义者中的一位元老宾厄姆（Joseph
Bingham）说：

如果我们将法学视为与任何科学类似的研究领域，那么，我们
就必须从法律教师、法律学生、法律调查员或律师的立场去看法
律，他们从事于探索决定法律是什么的权威意见。这些人，不是作
为政府机构的人员而行为。他们的研究，并不构成法律领域的外在

---

1 Frank, *Law and Modern Mind*, pp. 34-43.

现象的组成部分。相反，他们正是从外部并且因而就是从自己将提出完全客观、系统划一的观点的立场上，对这一领域进行研究。[1]

## 024 国家法的实际作用

初学法律者很容易将注意力集中在立法者或者法院那样的机构的活动，如果这些机构制定了一条规则或者提出了一个判决根据（即判例法所说的规则），这便是法律产生的最明显的标志。前面说过的"政治学观点"就是这么看法律的，因而最适合法律初学者的感觉。现在，我们提出一个典型的社会学问题：当立法者和法院大笔一挥制定了规则或作出了判决，社会究竟会发生什么？

从两个方面来看问题：第一，白纸黑字的规则到了法律适用者那里有什么结果；第二，这些规则到了平常百姓那里会有什么作用。对前一个问题，法律现实主义者会非常肯定地告诉我们，社会有时出现了只有法律适用者才"生产"法律的奇妙现象；对后一个，法律现实主义者没说什么，可是他们提醒我们注意平常百姓肯定会关心具体的法律判决，因为，只有判决才会对百姓发生直接的作用，这倒等于是从另外一个角度讲，规则对平常百姓没有什么作用。

其实，没有法律现实主义者的提醒，也有学者看到了"白纸黑

---

1 Joseph Bingham, "What is Law". *Michigan Law Review*, 11 (1912), p. 10.

字"规则的另一方面的作用是有限的。

如果从一个人一生所遵循的行为规则，以及整个社会所主要依赖的规则来看，与权力和法院直接联系在一起的规则好像并不是发挥主要作用的规则，倒是那些与之没有直接联系的规则发挥了主要作用。其实，每个人都会发觉，日常生活总是与学校、公司、医院、俱乐部等社会组织规则联系在一起的，人们最关心的往往就是这类规则，而不是立法者或者法院制定的"白纸黑字"的规则。在实际的社会中，前者的影响远远超过了后者。

所以，奥地利学者埃利希（Eugen Ehrlich）说：

人的行为规则和法官判决法律争议所依据的规则，可能完全不同，因为人们并不总是根据在解决他们争议时所适用的规则而行为。法律史学家，肯定会认为法律是人的行为规则，谈论在古代和中世纪，婚姻、夫妻、父母和子女在家庭中共同居住所依据的规则。他会告诉我们，财产是个人所有或共同所有的，土地由地主或交租金的佃农来耕种，或由服劳役的农奴来耕种，契约是如何成立的，财产是如何继承的。如果有人要求一个刚从外国回来的游客讲述他们结识的那些人民的法律时，就会听到同样的事情。游客会讲述诸如婚姻习惯、家庭生活、契约成立的方式，但会很少谈到诉讼审判所依据的规则……后一种规则的确也是一种行为规则，但仅仅

对很少人即被委托适用法律的权威者来说，才是行为规则……[1]

换句话说：

一个行为规则的确不仅是人们习惯地调整其行为时所依据的规则，而且也是一个他们应当如此行为所依据的规则。但是，认为这个"应当"是专门或主要由法院来决定的，则是一个十分错误的推论。日常经验与此恰恰相反。当然，没人否认司法判决影响人们的行为，但我们首先要问一下，这真实到什么程度，以什么情况为转移。[2]

## 025　国家法底层的或者旁边的民间规则

相传20世纪初，英国发生过两起小孩误吃非食物物品而死亡的案子，其中一个案子提到，一个小孩在夏日跟随父母去公园游玩。到了中午，父母有些疲倦，就对孩子说，你自己去玩吧，我们要休息一下。一会儿，小孩钻进了一个院子，那里长满灌木丛，抬头可以见到各类果实。但是，那些果实有几类是有毒的，越好看的越有毒。孩子不知道，摘下一个最漂亮的果实两口吞了下去……没过多久，孩子口吐鲜血不省人事，被送到医院后证实

---

1　Eugen Ehrlich, *Fundamental Principles of the Sociology of Law*. trans. Walter Moll, Cambridge: Harvard University Press, 1936, pp. 10-11.

2　Ehrlich, *Fundamental Principles of the Sociology of Law*, p. 11.

已经中毒死亡。父母将公园的所有者——一家公司告到了法院，要求巨额赔偿。[1]

另外一个案子说，一个小孩跟着母亲到另外一个公园游玩。当时，公园用一些彩色塑料物质制作了许多假的水果摆在公园进口处，小孩看到后很想咬一口。凑巧的是，也是在中午，他的妈妈自己在休息时，他便跑到公园的进口处拿起一个像葡萄的"水果"就往嘴里塞……由于塑料有一定的硬度，"水果"正好卡在细嫩的嗓子上，孩子"被卡死"了。当妈妈的也一样来到了法院。

两个被起诉的公园老板都认为自己是没有责任的。可是法院认为被告的责任是不可推卸的；因为，第一，被告完全应该明白，那些漂亮的有毒果实或者其他不可食用物品制作的果实，对小孩是很有诱惑性的；第二，玩弄品尝这些果实对人们是有害的和危险的，这一点小孩肯定是不知道的，而对被告来说则是常识；第三，被告对果实没有采取有效的围栏措施。在判决中，法院承认已有的"白纸黑字"规则并没清楚说明被告应负的责任，但是，法院认为可以发现社会中存在着大家从不否认的一个规矩：每个人对小孩都负有一种特殊的责任，这个规矩在本案中是理解"白纸黑字"规则的基础。

上面两个案件作为例子，说明即使白纸黑字的规则是明确的，有时理解运用它也无法离开社会中已经存在的规矩秩序。这好像也说明，日常的小规矩秩序要比"国家的"大规则秩序更加重要。

---

1　Taylor v. Glasgow Corporation, 1922 S.C. (H.L.)1; [1922]1 A.C. 44.

另一方面，我们还可以发现，许多人虽然有时老老实实地结婚生育、信守契约、不偷不抢、依时还债，以至这些义务行为好像都是来自"国家式"的"白纸黑字"规则（因为这类规则时常规定这些内容），但是实际上，他们可能并不知道自己的社会中存在一个"国家的"规则。人们在做那些事的时候，"作为规则，有关法院实施强迫的想法甚至还没有在人们的脑袋里出现过"。[1] 显然，行为动机是复杂的。也许有人认为如果不履行义务，恐怕就没有面子了，被人笑话，或者让人觉得太没有信誉不值得一交；有人认为如果不履行义务，就会失去已有的地位，就会得到一个为人不老实、手脚不干净的名声，或者被固定的社会圈子所抛弃。此外，我们也能常常看到，即使发生了纠纷，纠纷的最后解决往往是在官司之外实现的；而不是像律师一类的法律家所希望的那样，由法院来解决。因此，埃利希更为相信"国家的"规则远远不是那么影响广泛的。

## 026 "活的法律"

埃利希特别喜欢使用这样一个说法——"活的法律"（lebendes recht）。他告诉我们，在社会中活生生地存在着一种民间规章或者惯例的秩序；这种秩序生生不息，实在是和我们的习惯交织在一起

---

1 Ehrlich, *Fundamental Principles of the Sociology of Law*, p. 21.

的，有时就是我们习惯的一部分，它才是真实的"活的法律"。"尽管活的法律没有在国家法律条文中规定下来，可是它是主宰生活本身的法律……它不是法院裁决法律纠纷时承认有拘束力的文件的一部分，而仅仅是当事人在生活中实际遵守的一部分。"[1]

依照正常的理解，"活的法律"应该是相对"死的法律"而言的。但是在埃利希的词语中几乎没有发现"死的法律"之类的修辞。不论怎样，讲"活的法律"，就不免意味着边沁和奥斯丁特别强调的"白纸黑字"规则是死的。有意思的是，"活的法律"还意味着法律现实主义者的法官具体判决式的"法律"也没有多大的生命力。"活的法律"不仅要比立法者的规则，而且要比具体判决来得更有意义。如此，早在法律现实主义运动产生影响之前，埃利希已经把"具体判决式的法律"挤向了理论边缘。

"活的法律"肯定会把我们引入另外一种法律思想的视域中：仔细观察平民百姓日常生活里的一切，法律就在其中。所以埃利希宣布："不论什么时候，法律发展的重心既不在立法和法学，也不在司法判决，而在社会本身。"[2]美国学者塞尔兹尼克（Philip Selznick）也赞同地提到：将法律放在"国家"权力圈中仔细打量，只"会使社会学的分析贫乏而又内容空洞，因为，应该允许运用法

---

1　Ehrlich, *Fundamental Principles of the Sociology of Law*, p. 497.

2　Ehrlich, *Fundamental Principles of the Sociology of Law*, preface.

律概念来研究人的行为受明确的制定规则管理的任何场合"。[1]这倒使人们容易想起 18 世纪法国思想家孟德斯鸠阐述法律精神的经典言语：

> 法律应该和国家的自然状态有关系；和寒、热、温的气候有关系；和土地的质量、形式与面积有关系；和农、猎、牧各种人民的生活方式有关系。法律应该和政制所能容忍的自由程度有关系；和居民的宗教、性癖、财富、人口、贸易、风俗、习惯相适应。最后，法律和法律之间也有关系，法律和它们的渊源，和立法者的目的，以及和作为法律建立的基础的事物的秩序也有关系。应该从所有这些观点去考察法律。[2]

> 法律不是一种纯粹的"权力作用"。[3]

当然，埃利希似乎没有孟德斯鸠那样的雄心，要在宇宙天地万物之间追寻法律的踪迹。可是他的确要在社会的广泛关系中，挖掘另外一个法律世界，这和孟德斯鸠的思路倒是大同小异的。而且，他也肯定会赞同这样一种看法：单独的立法者就像人在大海里航行

---

1 Philip Selznick, *Law, Society and Industrial Justice*. New York: Russell Sage Foundation, 1969, p. 7.

2 孟德斯鸠：《论法的精神》，张雁深译，商务印书馆1982年版，第7页。

3 孟德斯鸠：《论法的精神》，第311页。

一样，"他可以驾驶他所乘的船，但改变不了船的结构，他既不能呼风，又不能使他脚下的大洋息怒"。[1]

埃利希的"活的法律"，对正统的法律思想来说可是异端邪说：社会中的那些民间规章或者习惯之类的东西居然也成为法律。对此，我们自然会提出一些问题：这是不是混淆了法律和其他一类的秩序，或者是使用"法律"一词不当？虽然说在实际社会中，对人们行为有更多影响的是那些所谓的"活的法律"，可是这能否成为我们一定要将那些东西叫作"法律"的理由？

## 027　"活的法律"与"国家法律"的冲突

19世纪英国有个法律史学家叫梅因（Henry Maine）。他说，法律的发展是一个逐步进化的缓慢过程。边沁和奥斯丁描述的国家式的主权立法机构，是一种人们在近现代才熟知的对象，其写下的规则，也是一种人们在近现代才开始十分熟悉的规则。仅仅是在法律制度演进的较晚阶段，这类立法机构和规则才出现在社会中。后来的立法机构及其规则和远古时期的权威机构及其规则，是迥然不同的。前者不仅以权威的集中化、一体化作为前提，而且要以"明确规则秩序"的观念——即认为社会要有基本明确的规则定纷止争、规矩方圆作为前提。在法律制度的"幼儿"时期，可以看到各

---

1　托克维尔：《论美国的民主》，董国良译，商务印书馆1997年版，第184页。

种形式和机制的具有法律要素的制度。这些制度，并没有边沁和奥斯丁所说的立法机构和规则。

比如在古代东方规则制度中，部落首领指挥一切，任何拒绝服从都会引起惩罚。部落首领可以建立军队、征收税赋和处置俘虏，但是却从未存在过什么近现代的立法机构和所谓的白纸黑字规则。在那些法律制度中，人们也从未产生普遍的明确规则秩序的观念，而只有再简单不过的权威观念或者习惯观念。所以，我们最好不要将法律的形象局限在近现代的"国家式"规则。[1]

当然，奥斯丁本人曾经提到过，国家可以用默许的方式认可习惯的法律效力。[2]可以认为，如果乐意，国家既可以废除那类规则秩序和习惯，也可以吩咐下属权力机构，借助社会公共力量将这些秩序和习惯"硬性摊派"给其他社会成员。这类例子，恐怕是不胜枚举的。

联想一下可以看到，埃利希的观念和梅因是十分接近的，只是埃利希是在现实领域里，而梅因是在历史领域里，要为遭人轻视的民间规章和习俗建立一个学术上的名声，要为它们争个"法律"的名分。

我们会感觉到，对那些民间规章和惯例之类的东西，有时政府官员或者国家主权者的确是不屑一顾的。民间的规章和惯例在一些

---

1　Henry Maine, *Lectures on the Early History of Institutions*. New York: Henry Holt and Company, 1987, pp. 375-386.

2　Austin, *The Province of Jurisprudence Determined*, pp. 28-29.

情况下的确依赖政府或者国家的承认。如果是这样，将它们称为
"法律"似乎是不妥当的。可是，孟德斯鸠早就讲过，国家规则是
立法者创立的特殊的和精密的制度，而风俗和习惯是一个国家一般
的制度，风俗和习惯具有极强的生命力。在这个意义上，"如果用
别人的风俗和习惯去改变自己的风俗和习惯，就要好些"。[1]所以，
埃利希总是想到，"活的法律"是必须要受到重视的。

　　而且，在"国家式"的规则旁边看看就会发现，"活的法律"
是无时不有、无处不在的，甚至在边沁和奥斯丁总是提到的立法
者、法官和律师这些法律家的中间，都可以发现"行规"一类的行
为规则。比如，立法成员发表意见为了具有说服力，总会依据其他
立法成员习惯的表达方式；法官为使判决具有可信度，并得到同行
的认可，也会遵循其他法官尤其是上级法官习惯的排列证据的方
式；而律师在和委托当事人打交道的时候，就律师费和代理服务之
类的问题，也会遵循类似生意场上的习惯规矩。如果不遵守这些
"行规"，就会被淘汰出特定的圈子从而被人遗忘。这也是令人生
畏的惩罚。[2]根据这些情况，好像不管政府或者国家怎样对待"活
的法律"，它们仍然可以逍遥自在地游荡于社会之中，不断控制人
们的各类行为。

　　埃利希实际上正是以此为理由，推出了"活的法律"的概念。
以主权者对"活的法律"是否认可的态度作为依据似乎不能说明

1　孟德斯鸠：《论法的精神》，第310页。
2　Ehrlich, *Fundamental Principles of the Sociology of Law*, p. 68.

"活的法律"概念的不当。

尽管如此，埃利希的"活的法律"还是不能让人完全接受下来。我们可以注意到，当埃利希提出"活的法律"如何要比"国家式"的规则更为重要的时候，一个出发点是"实际的效果作用"。这是说，之所以将民间的规章惯例之类叫作"活的法律"，是因为它们对人的影响远远超过了"国家式"的规则。可是这一出发点，在某种情况下可以导致令埃利希自己失望的另外一个结论。

这另外一个结论就是：尽管可以看到，法院有时会用"活的法律"来充实国家规则，而且，肯定又可以发现，"活的法律"有时会和"国家式"规则发生矛盾；发生矛盾后，"活的法律"总会慢慢让位于"国家式"的规则。

比如，在买卖生意领域里，拿回扣或者佣金可以说是一种商业惯例。为了促成一笔生意，买卖双方的代理人或者中间传递信息的"经纪人"，总要付出精力，因而他们时常认为要笔"收入"是理所当然的；买卖双方在生意做成的时候，也认为这是可以接受的。但是，有的国家在有的时期，就是不那么"通融"，认为回扣或者佣金是必须予以禁止的，并且在"国家式"的规则里订立惩罚条款。在这个时候，能够预期，毕竟人们容易担心国家规则的惩罚，所以，久而久之，商业惯例就会逐步消失，至于这类惯例消失后是否有损经济的发展，则是另外一个问题。在这里，只能承认国家规则的影响远远超过了商业惯例。我们甚至可以设想，如果国家兴致上来了，发现许多民间规章或者惯例是需要废除的，从而在国家规则里作出了废除的规定，那些民间规章和惯例的命运在法院那里是可想而知的。不论怎样，谁都关心"实际的效果作用"，因而不会在民间规则与国家规则冲突的时候仍然"以卵击石"，因为这样做的后果是不堪设想的。

所以，真要拿"效果作用"来作为一个标准，有时又可以得出埃利希"活的法律"远比国家规则来得脆弱的结论。这样的话，把民间规章及惯例之类的规则叫作"法律"，恐怕又是有名无实。

## 028　怎样区别法律和其他社会规则?

当然，如果不用"实际的效果作用"作为判断的标准，而仅仅是把民间的规章或者惯例直接叫作"法律"，那么，埃利希遇到的难题便是如何区别法律和其他社会规则。不论怎样，我们使用词语都有一个习惯，就是总把"法律"一词描述的对象看作与某些东西不同；起码我们认为，它与"习惯"一词描述的对象就是有所区别的，与"礼仪"一词描述的对象也是有所不同的，与"道德规则"一词描述的对象更是有差异的。非说"习惯""礼仪""道德规则"或者"民间规章惯例"之类的就是法律，好像等于硬说"鸡""鹰""雁""鹅"等词语描述的对象就是"鸭"一样，实在有些让人不易理解。

前面我们提到过的霍布斯、边沁、奥斯丁、格雷、霍姆斯、弗兰克等，虽然说对法律的理解各有不同，可是大致上还是教人可以看出法律与其他社会规则之间的区别是什么。实际上，当他们描述自己的法律思想的时候，主要目的之一就是想要找到法律的独特之处，以示法律在"相貌"上有何与众不同的标记；这是说，他们也想告诉我们："男人就是男人，女人就是女人"，"老人就是老人，小孩就是小孩"，根本不能把这些统称为人的人混为一谈。即使他们的理论有这样的问题、那样的毛病，可是还是将"法律"界限的说法明确地提出来了。

从孟德斯鸠开始，这个传统早已节外生枝。在那本人们津津乐道的《论法的精神》一书里，孟德斯鸠在第 1 页就指出：

> 从最广泛的意义来说，法是由事物的性质产生出来的必然关系。在这个意义上，一切存在物都有它们的法。上帝有他的法；物质世界有她的法；高于人类的"智灵们"有他们的法；兽类有它们的法；人类有他们的法。[1]

对这句话，不论作什么解释，有一点是清楚的：只要是实际存在的"秩序"就可以称之为法。后来一些偏爱"广泛的社会秩序"的学者像埃利希一样，继承了孟德斯鸠的路线，不断将新的东西塞进了"法律"一词的口袋里。比如，波兰裔人类学家马林诺夫斯基（Bronislaw Malinowski）说，法律不是一种独立的社会制度，而是

---

1　孟德斯鸠：《论法的精神》，第1页。

弥漫于任何的现实社会包括原始部落生活中的制度。[1]美国学者巴肯（Michael Barkun）以为，原始社会就已经有了法律，这种法律尽管没有现代社会的正式制度，可是也顺利地运行于人们的行为之中。其中的"调解"制度，是十分有意思的。凭借这种制度，人们和平有序地解决矛盾克服危机，因而应该承认，没有政府和制裁的法律是存在的。在社会的共同规范中，法律比比皆是。[2]而美国另外一个法学家富勒（Lon L. Fuller）的观点就更是叫人"耳目一新"了，他讲："法律是使人的行为服从规则治理的事业。"[3]当然，埃利希及其之后的学者，并没像孟德斯鸠那样"非常广泛"地将"自然界的规律""兽类的物竞天择的法则""上帝的训诫"也划入法律的版图。

孟德斯鸠、埃利希、马林诺夫斯基、巴肯和富勒这类学者，似乎不大在乎"区别"的问题，可是不在乎并不等于这个问题能够自动消失。其实，反对埃利希"活的法律"以及其他"扩张性"的法律概念的一个重要理由，就在于人们总要谈论"区别"的问题。显然，就埃利希个人来说，如果允许他可以将"法律"一词用于民间规章或者惯例上，便看不出有什么理由阻止其他人将"法律"一词描述的对象再扩大一步，甚至像孟德斯鸠那样"非常广泛"地扩

---

1　Bronislaw Malinowski, *Crime and Custom in Savage Society*. London: Kegan Paul, Trench, Trubner & Co., Ltd., 1926, p. 59.

2　Michael Barkun, *Law without Sanctions*. New Haven: Yale University Press, 1968, p. 92.

3　Lon L. Fuller, *The Morality of Law*. New Haven: Yale University Press, 1969, p. 106.

大。而无限扩大的结果,最终是无法知道"法律"究竟为何物。所以,美国学者科恩(Felix Cohen)不客气地指出:"在埃利希的术语里,法律本身与宗教、伦理习俗、道德、礼仪、礼貌、风尚和礼节混淆不清。"[1] 美国另外一名学者弗里德曼(Lawrence Friedman)则担忧地说:

解决两个孩子为了一个蛋卷冰激凌、一本画书或一只球的争吵的父亲不算法律制度的一部分,这不是因为其工作本质上是非法律性的,而是因为如果他的工作也算"法律",则法律制度就不可能有有意义的界限了。[2]

当然,埃利希也曾暗示过,法律的独特之处在于:在一个组织内它被感到具有极大的或者基本的重要性。[3] 但是这好像还会引起更多的麻烦。在一个经济组织里,头等重要的事情是很多的,至少包括了"积极营利",那么,"积极营利"是否也可以说是法律的问题?反过来说,一个经济组织里还有一些被埃利希称为"活的法律"的东西相对来说倒是不重要的,比如,秘书成员要尽忠尽职,比起股东成员有权知道重大决策,就是不太重要

---

1  Felix Cohen, *The Legal Conscience*: Selected Papers. New Haven: Yale University Press, 1960, p. 187.

2  弗里德曼:《法律制度》,李琼英、林欣译,中国政法大学出版社1994年版,第11页。

3  Ehrlich, *Fundamental Principles of the Sociology of Law*, pp. 167-168.

的，这样，只能说前者不属于法律了。按"活的法律"概念的原意，这肯定是一个"组织行规"，因而是"活的法律"。"极大的""基本的""重要的"，都是相对的词语。用它们做"区别"的标准自然是徒劳无功的。

实际上，如果想要区别法律和其他社会规则，埃利希以及从孟德斯鸠开始的一系列学者的思路，只能是没有很多希望的思路。

## 029 "合法"与"非法"的用词习惯

区别"法律"与其他社会规则，还不仅仅是一个防止把"鸡""鹰""雁""鹅"都叫作"鸭"的问题。在实际生活中，我们习惯使用"合法""非法"等日常用语，如果没有一个大致清楚的区别，我们怎样说一个行为是合法的或者非法的？

现在假设一种情况。在一个不太发达的社会里，政府明确规定男人只能娶一个女人结婚，并且"张贴告示"予以公布。政府说，在该社会的所有男人都要遵守这个规定，否则就要遇到严厉的惩罚。这个告示已经公布了相当长的一段时期，许多地方都已经是"规规矩矩"，可是，有那么一个地方，数百年来民间都有一个惯例，只要男人娶了一个女人之后久不生育，而且原因是女方没有生育能力，那么，男人就可以娶第二个女人，依此类推。这个地方绝大多数百姓觉得这是非常合理的，看见男人因为女方缘故不能有后代，都会同情、支持男人另外娶第二个女人。

在这个社会里，可不可以谈论一个"合法""非法"的问题？

在后面那个地方，有的男人有娶第二个老婆的机会而不去娶，有的娶了第二个又娶第三个，怎样评判他们的行为？显然，如果按照埃利希他们的说法，个别地方的惯例是一种"活的法律"，那么，在这里将特别难以使用"合法""非法"一类的词汇，难以判断谁是合法的谁是非法的。有时甚至只能得出"既合法又非法"的奇怪结论。因为，在那个小地方，人们可以认为符合了惯例的就是"合法"（符合了"活的"法律），同时认为这又违反了政府的"告示"，从而是"非法"。

这就不奇怪为什么有批评者这样认为：

某人收到一个来自税务机关的通知，要求他交纳1万元的收入税，如不履行就有受罚危险；当天，同一个人又收到来自一个臭名昭著的匪帮头目的通知，要求他在一个指定地点存放1万元钱，否则他将被处死；他还收到第三封信，一个朋友请求他大力捐献资助。从社会学上说，纳税通知与勒索信有何区别，这两者与友人来信又有何区别？显然，不仅从法学观点来看，而且从社会学观点来看，这里存在了三个不同的现象……[1]

---

1 凯尔森：《法与国家的一般理论》，第197页。

概而言之，语言的习惯总会控制我们将"鸡"和"鸭"分开，将"合法"与"非法"分开，不分开有时就会无所适从。为了主张一种看法而使鸡鸭混淆，合法变成非法，恐怕就让人难以接受了。

## 030　确定"活的法律"的困难

从"合法"与"非法"的用词习惯再往深想一步，还能发现一个更为令人头痛的问题：查找埃利希望所说的"活的法律"看上去似乎是可能的，实际上也许是十分困难的。

依照埃利希的讲法，要找到一个"活的法律"也即民间规章或者惯例，就要观察日常生活中的行为规律，看看人们实际上到底是怎样做的。现在，我们试着在上一小节说的社会里观察一下有关男性婚姻的"活的法律"，看是否可行。假如我们观察的工具毫无问题，的确可以顺利地看到所有人的行为，并且得到了一个观察结果：在那个社会中，除了那个"特殊"地方（允许男人娶小纳妾的地方）之外，所有男人几乎无一例外地"老老实实遵守规则"，他们自然而然地只娶一个妻子，哪怕是没有子女也绝不违反规定。他们这样做，倒不是单纯因为政府贴出了那么一个"告示"，而主要是由于在多年来的生活中，形成了这样的行为方式。他们以为，这样是对妇女的尊重，也是男女平等的体现。这些人就社会整体来说是绝大多数的。针对这个观察结果，埃利希肯定会说，社会整体行为里即使没有政府的"告示"（国家的法律），也依然会有民间的惯例（"活的法律"）。

接下来，我们再进入到那个"特殊"地方，又可以顺利地得到一个观察结果：当地绝大多数男人都是反其道而行之的，正像我们上面说过的，他们习惯于在"条件具备"的情况下娶小纳妾，认为这是理所当然的惯例。针对第二个观察结果，埃利希恐怕也会承认那是"活的法律"。

到此，我们等于是在一个社会中见到了两个内容截然对立的"活的法律"，而且，假如我们看到的结果是社会中大致一半人依照前一个惯例行事，而另外一半人是依照后一个惯例行事，那么，"截然不同"引起的困难就更大了，如何确定谁是真正的"活的法律"？无论怎样，总不能说矛盾的两个民间惯例在一个社会里都是"活的法律"吧？

## 031　开辟新的思路：认识"好人"

弗兰克、卢埃林等法律现实主义者，将法律从"白纸黑字的本本"中独立出来，并把它放进法官的嘴里或者官员的行动中。他们说，要想知道法律是什么，不应该看霍布斯、边沁等人讲的"白纸黑字规则"，而应该看掌握裁决大权的官员的言谈举止。这样一来，法律便失去了明确性和普遍性。而埃利希等"泛规则主义"者，也将法律从"白纸黑字"中释放出来，只是不仅把它放在官员的一言一行里，而且把它放在平常百姓的日常活动里。他们也宣布，要想知道法律是什么，不应当看"白纸黑字的文本"，而要观察社会里形形色色的人物的各种行为，法律规则就在这些行动之中。如此，埃利希等又以"社会学"的技术，恢复了法律的明确性和普遍性。

埃利希等恢复明确性和普遍性的代价太大了，因为他们绝对地坚持社会中的各类民间规章、惯例以及其他秩序规则都是法律，从而使人们根本无法认识法律的面孔，不知道法律和其他东西的区别究竟在哪里。

"社会学"观察这条道路是不是山穷水尽了？

当然不是。为了避免法律现实主义者和埃利希等人的困境，同时，也为了避免重蹈霍布斯、边沁、奥斯丁等人的失败覆辙，从而保住"社会学"的基本风格，英国法学家哈特（H.L.A. Hart）开辟了另外一条道路。在这条道路上，哈特第一步抛弃了霍布斯、边沁、奥斯丁以及法律现实主义者预先假设的"人性恶"前提（只注意坏人），第二步躲开了孟德斯鸠、埃利希等人导致的不能区别法律与其他规范的理论障碍。在这条道路的终点，哈特让我们看到了"社会学观察"的新层次的结论。

在前面，我们谈到过"政治学"透视的法律思想有一些要害的毛病：针对社会阶层的"金字塔顶"（统治者）来说，它无法说清强暴者（或匪徒）的要求和主权者的命令之间到底有什么区别；针对社会阶层的"金字塔底"（被统治者）来说，它无法说清"有义务做什么"和"被迫做什么"有什么区别；而且，无法说明制定规则的那些人自己遵守规则的情形，无法解释放弃权利的行为的自愿性，更为困难的是无法解释那些具有举足轻重地位的法官，是如何在不可能存在强制制裁威逼下自觉适用规则的行为。这些要害毛病体现在"强制"和"制裁"两个词上。将法律看作一种强制性的命令，看作怎样也不能离开"制裁"，便意味着人人——特别是被统治者——总没有"自觉自愿"的时候，这样，人性当然是负面的；另一方面，法律现实主义者的法律思想要么直接承认"坏人"的视角，要么暗中强调法律的强制要素，这同样是暗示了人性的失败。

承认人性恶论，等于否认了怀有"正面心态"的好人对于法律分析的意义。不奇怪，"政治学"的法律思想和法律现实主义的法律思想的一个企图，就在于区别法律和其他社会规则。两种理论设想，如果将视线集中在好人，自然不会得出法律具有强制性特征的结论，而没有强制性特征，法律也就无法使自己更为清晰地区别于其他社会规范。可是这个企图的代价，就是上述的要害问题。

于是，哈特希望首先确立"好人"对法律分析的恰当意义。

在纷然杂陈的社会行为中，可以看到许多具有一定规律性的行为模式：每天晚上散步、喜欢聊天、定时品茶、周末听戏、准时上学、按时递交财务报表、进教堂脱帽沉默、每天做苦役、重要场合衣冠楚楚……这些行为模式之间有什么区别？怎样分类？

有人认为，其中可以分成两种基本行为模式：一是习惯行为，二是规则行为。两者的区别在于前者表现出没有外在的他人"要求"，而后者则有这种"要求"。一般来说，像每天晚上散步、喜欢聊天、定时品茶等，就是一类习惯行为模式，当人们日日如此的时候，并没有什么人在旁边郑重其事地宣布"你应当这样做""你必须这样做"。而准时上学、按时递交财务报表、进教堂脱帽等就不同了。我们可以发现，准时上学是因为学校作出了明确的规定，按时递交财务报表要么是公司老板提出了这样的要求，要么是政府制定了这样的规章，而进教堂脱帽肯定是教会很早就明确定下规矩了。当然，假如又有人明确地要求"你必须晚上散步""你必须说话风趣""你必须定时喝茶"，那些习惯行为也就变成了规则行为。对于规则行为，"要求"是外在于行为者的，这是说，"要求"是非行为者向行为者提出来的，而提出者本身不一定具有这样的行为模式。

不过，这种回答忽略了一个问题：行为者自己到底是怎样想的？有时，准时上学、按时递交财务报表、进教堂脱帽的确是出于被迫的缘故，因为有人觉得读书没有意思，交财务表太麻烦了，而进教堂脱帽是多此一举，从而不得已而为之；可是有时，人们这样做完全不是由于被迫，而是由于"自觉积极"的心态驱使的结果。不仅如此，有的"自觉积极"的行为者，还会向另外的行为者提出这种"要求"，因为他觉得，这"要求"是不折不扣的"正确""正当"，其他行为者违背了"要求"便应当受到谴责。

当某个学生总是迟到，不准时上学，某些学生就会认为这是不对的而且应该受到批评，同时会认为，对其惩罚一番具有正当的理由；当一个公司职员没有依时上交财务报表，某些公司职员就会认为这是应当受谴责的；而当有人进教堂不脱帽时，有些做祷告的人便会认为，这是对上帝的不敬，同样应当受到谴责。在规则行为模式中，这类持"批评"观点的"好人"一定是存在的。

哈特提醒我们注意，正是因为有那么一些持"批评"观点的"好人"的存在，所以才能正常谈论习惯行为模式和规则行为模式之间的区别。如果只知道规则行为模式里有被迫的心态，而不知道还有"积极的主观态度"，就会混淆规则行为模式和另外一类被叫作"被迫"的行为模式。在被迫行为模式里，人们仅仅是出于恐惧的缘故，来做一些有规律性的事情，例如每天做苦役。

根据这种看法，将规则行为模式的特点理解为存在着一类外在的他人要求，与行为者的自愿态度没有任何关系，等于是承认了规则行为都是被迫的，等于将规则行为模式完全等同于被迫行为模式。哈特相信，这是霍布斯等人"强暴式解释法律"失败的关键。

对于规则行为模式来说，虔诚心理行为者的"批评"意念是在行为者头脑中表现出来的或说"内在的"，而行为的规律性是外在的。没有"批评反省"性质的内在主观方面，我们只能看到习惯行为和"匪徒逼迫式"的被迫行为。行为者自己积极地批评反省，而不是其他人的"要求"，才是规则行为以及规则本身存在的根据。哈特说，在所有规则行为模式中，都可以发现"好人"的积极态度。

在象棋一类的体育比赛中，就可以发现那些棋手都是非常遵守规则的。他们显然不是以外在观察者可观看到的那种方式，仅仅具有移动棋子的习惯。其中大多数人，对每一个移动棋子的行为，都有一个反省性质的批评态度。他们不仅自己以比赛规定的方式移动棋子，而且对所有有关下棋的动作"具有看法"。当有人不遵守规矩或者不服从裁判的时候，那些"看法"就会以"批评""指责""要求"的方式表现出来。这些可以称作"好人"的棋手，会使用这样的"规范性"语言："你不应该这样下棋""他对你的批评没有错""你应该服从裁判""这样才是正确的"。[1]总而言之，"任何社会规则的存在，包含着规则行为和对作为准则的规则行为的独特态度之间的结合"。[2]

在哈特那里，"批评反省"的态度太重要了，它决定了规则是否存在。没有这种态度，规则也就无从谈起。而这种态度就是人们容易忘掉的"好人"的一个品格。法律当然是一种规则；既然是一种规则，那么，里面就有一个"好人"的态度的存在问题。

哈特特别地提醒人们注意，得到了"好人"的概念，就可以卓有成效地区别"有义务做什么"和"被迫做什么"，说明放弃权利为什么那样轻松，制定法律规则的主体和法官那样的官员怎样自觉地遵守和适用一般法律规则。根据这一概念，如果一个人认为有义务纳税，是因为他感觉到纳税是正确的，否则便是错误的，其心理

---

1　Hart, *The Concept of Law,* p. 55.

2　Hart, *The Concept of Law,* p. 83.

状态和"被迫"的感觉丝毫无关；制定法律规则的人遵守法律规则以及法官自觉适用法律规则，是因为他们具有同样的"好人"心态。而债权人依据权利规则对债务人说"钱不用还了"，这既是自愿乐意的又是有理由的。概言之，有了"好人"的介入，法律的规则行为模式和一般的被迫行为模式可以说是一清二楚了，而"政治学"的法律思想，应该寿终正寝。

针对法律现实主义者霍姆斯对"坏人"的嗜好，"好人"的概念可以有效地提醒人们注意另外一类人是如何对待规则的。"好人"，尤其是那些具有"好人"心理的法官，绝对不像法律现实主义者所设想的那样与"坏人"是同类的，他们自觉遵守"一般性的要求"，是因为具有"批评反省"的主观态度，相信这样做才是正确的。而"好人"的概念，又能区分具有"良好心态"的规则行为和习惯规律的行为。哈特设想，法律现实主义者仅仅盯住法官外在行为的一个症结，就在于只看到了"习惯式"的行为规律。他们没有意识到，规则行为与习惯行为存在着基本区别，习惯做什么并不意味着具有内在的积极态度。法官喝茶、谈笑、看电视，是一种习惯行为，但是在固定时间审查案子的证据则是规则行为。

此外，"好人"的理论模型如果可以成立，那么，就有理由认为一般性的、普遍性的法律规则是存在的。法律现实主义者讲法律规则只在天堂里，不在现实中，理由之一在于，法官这种人总是背离制定法和判例里的"白纸黑字"规则，而且，极为强调，如果法官乐意，就可以将通常所讲的法律规则弃置不顾。可是，在规则行为模式中，具有积极"批评"态度的"好人"是不会这样对待规则的。

## 032 好人的态度·义务

从义务的角度来看，至少要存在某些好人的积极反省态度，否则，规则的行为模式无从谈起，规则因而也是没有根基的。反过来看，某些好人的正面心态决定了规则落地生根，而规则落地生根，便意味着把义务套在了人们的身上。当出现纳税义务的时候，是因为某些纳税人觉得纳税是应该的、正当的，他们会对偷税漏税的行为表现批评反应的态度，他们自己纳税，是因为自己就有积极的反省态度。从哈特的理论可以推出这个结论。

可是，这里存在着一个问题：为什么没有积极态度的，其他持中间立场的人或者"坏人"仍然具有义务？有些人虽然纳税了，但是并不具有积极的心态，他们也许认为，不纳税就会遭遇惩罚，所以迫不得已去交税。有些人也许干脆想"不管那么多了，交就交"。他们的义务仅仅是因为有些纳税人认为应该如此的缘故？有的时候，有人反对纳税，是因为认为纳税是错误的、不公正的，他的心理并不在于偷税漏税、损公肥私。他的确认为，政府征税是一种变相的盘剥，因而在道德上是不可理喻的。不管这种想法对不对，这类人被迫纳税的确是一种可以理解的"无可奈何"。在这种情况下，仍然能认为"好人"的态度是其交税义务的根据？

有些问题是更有争议的，会使这类冲突更为严峻。比如，对于

"安乐死""堕胎"之类的事情，反对者和赞同者可谓是长久地唇枪舌剑，有的时候甚至达到了水火不容的地步，而我们总是难说谁是谁非。支持一方，就等于在道德上没有令人信服的根据压制了另外一方。在这种情况下，能说反对者的积极态度足以成为赞同者不得如此行为的义务根据吗？如果可以，理由又是什么？

哈特理论的确暗含着一个想法：某些人认为"正确"这一观念本身，足以成为其他人的义务根据，哪怕这些人是社会中的少数。他说，社会义务主要在于大多数人的"好人态度"；换句话说，社会法律义务假如已经出现了，那是因为大多数人自觉遵守了一个规则。[1] 而在某些场合下，也许大多数人并没有自觉自愿的态度，只有少数官方成员才有这样的态度，可是社会的法律义务依然是存在的。[2] 这种说法就明白地表达了这样一个意思：有的时候，只要掌握权力的官员认为是"有理"的，那么社会大多数人便没有理由不服从由此产生的法律义务。如果是这样，义务的根据表面上看是由于"好人"的积极态度，而实际上有时倒是由于权力的决定作用。如果权力可以起决定性的作用，哈特的"好人"理论转来转去似乎在一定条件下又回到了"政治学"理论的"暴力"一说。

这样分析，从反方向说明，有些义务还的确是与"被迫"存在着密切联系。就被迫义务来说，边沁、奥斯丁等人的看法不是完全错误的。

---

1　Hart, *The Concept of Law*, p. 113.

2　Hart, *The Concept of Law*, pp. 59, 114.

## 033　法律的独特要素

哈特提出"好人"概念的目的，是要抑制法律思想领域里肆无忌惮的"强制暴力"观念的蔓延。其成效可以说是可观的。但是，"好人"的概念即使可以说明规则的特点，也还是不能彻底说明法律规则的特点。因为，道德规则、习俗规则、礼仪规则等同样是规则，反映它们内容的行为模式也包含了"好人"的积极态度。法律规则与它们的区别是什么？霍姆斯强调"坏人"视角在法律思想中的意义，也是担心，"好人"的概念使法律显得没有意义，不能使法律区别于道德。埃利希那样的"泛规则主义"对"强制暴力"的法律也没好感，埃利希说：

在法律作为国家所维护的强制秩序这个概念里，有三个成分无论如何都是要加以排除的……这三个成分是：法律由国家创立，法律构成法院或其他审判机关判决的基础，法律是因为这些判决而来的强制基础。它们都不是法律概念的要素。[1]

可是这样批判的结果，反过来却使埃利希自己都无法说清楚法律和其他社会规则的区别究竟是什么。哈特知道这里隐藏的"悖论怪圈"。

---

1　Ehrlich, *Fundamental Principles of the Sociology of Law*, p. 23.

哈特指出，法律规则和非法律规则的区别，在于前者包含了官员一类的权威人物的"积极态度"所接受的"次要规则"（second rules）。法律规则的存在，依赖官员的积极态度，透过这种态度去观察，就可以清晰地看出次要规则，从而分辨法律规则和其他种类的规则。

现在我们解释一下"次要规则"。如果我们把所有的规则都拿来看一下，就可以发现规则的种类是千奇百怪的。有的规则会讲不得侵占他人的财产；有的会讲只能一夫一妻；有的会讲签订契约以后依然可以修改，只要双方都是自愿修改的；有的会讲在立法机关允许的情况下，政府机构可以制定行政规章；有的则讲上级法院的判决可以作为下级法院加以遵循的判例……我们从不同角度可以对这些规则作出不同的分类，而有一种分类是最为普遍的：义务规则和权利（或权力）规则。义务规则告诉你不得做什么或者应该做什么，而权利（或权力）规则告诉你可以做什么。如果喜欢的话，可以像有些专家那样，把权利（或权力）规则叫作授权规则。第一个例子和第二个例子就属于义务规则，它们讲的就是应该做什么和不得做什么。而后面的例子，差不多都是属于权利（或权力）规则，它们都说可以做什么。哈特认为：

前一类规则设定义务；后一类规则授予公共权力或者个人权利。前者涉及人们的行为的活动或者变化；后者具有不仅引起人们行为活动或者变化，而且引起创立或者改变责任或义务的作用。[1]

后一类规则就是哈特时常提到的"次要规则"。

不过，笼统地这么解释"次要规则"，恐怕还是不能区别法律和其他东西。比如，在道德领域里，不仅存在着道德义务，而且还存在着道德权利，这样说来怎样看出法律与道德的区别？所以，哈特又在授权规则里挑来挑去，找到了一些在道德领域里怎样都不会出现的规则来详细解说"次要规则"。

现在，我们假设一个像原始社会那样简单的社会，里边只有一些义务规则，比如"说话要讲诚信""不得谋杀"等。用这种方式看看哈特怎样详细解说。

不难看到，在这么一个社会里，义务规则至少存在着三个不足：第一，人们容易对它的内容是什么或者它的精确范围是什么产生疑问，比如，"说话要讲诚信"包括哪些内容？当两个人说好了要一手付钱一手交货，"说话要讲诚信"包括不包括"付全部钱和交全部货""按时付钱交货""在对方说话不讲诚信的时候依然付钱或者交货"等内容？如果付了一部分的钱或者一部分的货、因为特殊情况推迟了付钱给货、在对方违约了的时候依然给付钱物，算不算是已讲诚信？在不治之症的患者同意的情况下，用没有痛苦感觉的方式让他"安息"，或者自己在不舒服的情况下堕胎，叫不叫作"谋

---

1 Hart, *The Concept of Law*, pp. 78-79.

杀"？第二，义务规则的变化发展以及取舍完全是习惯性的，人们在主观上是无法控制的（如果想要控制的话），比如，如果想让人们接受安乐死，接受堕胎，只能等待人们日复一日年复一年慢慢地改变习惯；第三，当出现纠纷的时候，比如一方付钱一方却没有交货，有人坚决认为堕胎就是谋杀，那么谁来解释说明"说话要讲诚信""不得谋杀"的含义，谁来确定争议者的权利义务？

我们再来假设，后来，这个社会的确是进化了，出现了另外一套规则弥补了这些不足。首先，新的一套规则规定了在哪里去查找"说话要讲诚信"和"不得谋杀"的具体内容和范围，这两条义务规则到底有什么效力。其次，新的规则规定了像安乐死和堕胎之类的行为什么时候必须被人接受，"要讲诚信"什么时候没有用了。再次，新的规则规定了一个权威，比如今天我们说的法院，可以解决纠纷。

出现了这样一套新的"次要规则"，哈特说道，法律的要素就出现了。法律就是这套新的规则和一般义务规则的相互结合。[1]不信的话你可以仔细想一想，在道德领域里就不会出现这样一类新的次要规则。

在这些携带"法律要素"的次要规则中，有一个叫作"认可规则"[2]，它是尤其重要的。正是这个规则弥补上述第一个不足。因为，它可以回答法律是什么，可以确定某种渊源——比如立法者制

---

1 Hart, *The Concept of Law*, pp. 77, 79.
2 Rule of recognition，国内有人翻译成"承认规则""确认规则"。

定的规则或者法院提出的判例——是否成为法律的渊源，并且对一个法律制度什么时候是存在的提供了一个标准。之所以将它叫作"认可规则"是因为，这个规则表现了在"好人"的态度里出现了对"什么是法律"的认可。

在下面这些话中我们可以看到"认可规则"最为明显的两个例子："凡是国家议会所颁布的就是法律"；"一个规则是一个法律制度的规则，当且仅当这个规则由立法机关颁布，或者来自立法机关颁布的规则。"

哈特告诫我们，千万不要将"认可规则"的存在方式等同于一般理解的法律规则。一般理解的法律规则是白纸黑字的，而"认可规则"既可以是成文的，也可以是不成文的，它可以以各种言语表述方式存在于人们的日常实践中。比如上面两个例子，就不一定是权威机构用纸写下的，或者由法院用判决方式宣读出来的，它们也许存在于人们的日常话语中。一个规则可以看作一个法律规则，正是因为"认可规则"确立了一个标准。但是，"认可规则"自己成为一个法律规则，倒仅仅是因为人们所具有的"积极态度"。换个说法，"认可规则"具有一种法律的性质，仅仅是因为官员和一般百姓在确定什么是法律的时候，自觉自愿地以它作为确定的标准，所以，"认可规则仅仅是作为法院、官员和个人在依据某种标准确定法律的时候，而从事的复杂但有正常一致的实践而存在"。[1]

---

1　Hart, *The Concept of Law*, p. 107.

在这里，我们要回忆起上面讨论过的"好人态度"。出现了好人的态度，才说得上规则的存在。不仅对义务规则来说是这样的，对授权规则来说也是这样的。而好人对"认可规则"的积极态度，就意味着法律开始出现了。好人的态度是非常广泛的，不仅在官员那里可以看到，而且在平常百姓那里也可以发觉。所以哈特讲到，法律的存在"必须满足两个必要的条件：第一，人们必须服从那些根据法律制度的最终效力标准而具有效力的行为规则；第二，官员必须实际上接受法律制度里说明法律效力标准的认可规则……作为共同的、公开的官方行为标准"。[1] 不过，哈特基本上强调了官员的积极态度的最终意义：即使大多数人没有理会"认可规则"，但只要官员"正常一致"地接受它，法律也是存在的。[2]

这就表明，在官员"正常一致"的积极态度中，我们可以观察一个决定性的"认可规则"；而在"认可规则"的内容里，我们可以观察法律的内容是什么了。到了这里，一个新的、不同于埃利希理论的"社会学"观察式法律思想诞生了，它还大致躲避了无法区分法律和非法律的困惑。

## 034 观察行动和观察态度

如果我们仔细观察一下的话，可以发现法律现实主义者和埃利

---

1 Hart, *The Concept of Law*, p. 113.
2 Hart, *The Concept of Law*, p. 114.

希的"社会学观察"集中在了行为者的"行为"上，而哈特强调了行为者的"态度"。前者告诉我们：最好是看看人们做了什么；而后者却说：最好是注意人们想了什么。

为了说明他们之间的区别，我们考察一个小案子。

1948 年 11 月 20 日，有三个美国人一起去打猎。一个叫萨莫斯，一个叫泰斯，另外一个叫西蒙森。萨莫斯是一个非常老实的人，而泰斯和西蒙森则是比较机灵的。那天，三人约好一起外出打鹧鸪。由于打这种鸟一定要分工合作，有人负责把鸟哄起来，有人负责射击，泰斯和西蒙森便对萨莫斯说，他们两个人射击水平是比较好的，哄鸟的任务只能由萨莫斯担当起来。萨莫斯同意了。鹧鸪有个习性，一定要特别靠近哄打它才会飞起来，如果在草丛中，人们很难看清它的身影。这样说来，萨莫斯在哄鸟的时候就会冒风险了。事故终于发生了。当萨莫斯哄起一只鹧鸪的时候，泰斯和西蒙森双双举枪射击，不幸的是，一颗子弹打中萨莫斯的上嘴唇，一颗子弹打中了萨莫斯的眼睛。嘴唇的问题是不大的，几天以后便长好了，但是眼睛却彻底失明了。[1]

怎么办呢？大家只好一起来到了法院。

可是，有个很重要的问题是无法解决的。这个问题不仅萨莫斯不知道，而且两个射手也不知道：究竟是谁枪里的子弹打中了眼睛？只要学习过法律的人都知道"民事赔偿责任"这个概念。这个

---

1　199 P. 2d 1, 33 Cal. 2d 80 (1948) (en banc).

概念包含了几个颇为紧要的条件，其中一个就是：受害人的损失与侵权人的行为存在"直接因果"关系。这里"直接因果"关系的意思是讲的的确确是侵权人的行为造成了损失。如果查来查去，不能发现损失与侵权行为有直接的因果关系，那么侵权人的意识中再有怎样的恶意，也不存在赔偿损失的问题。依此推论，萨莫斯必须确切地证明是谁的子弹打中了自己的眼睛，才能要求赔偿。他不能要求泰斯和西蒙森一起赔偿，因为，毕竟是一颗子弹打中的，两个人一起赔偿显然是不当的。恰恰是根据这个理由，一审法院判决萨莫斯败诉。法院指出，萨莫斯必须要举证表明到底是谁的子弹打中了他的眼睛。

我们在旁边可以看出，一审法院的判决固然是有道理的，但是对萨莫斯来说可能太不公平了。萨莫斯当时受伤了，根本不能立即有所反应以判断究竟是谁的子弹打中了自己的眼睛。二审法院同情萨莫斯，不管以往的条条框框，作出了这样一个判决：因为两个被告是共同有过错地向原告方向开枪的，所以，两个被告必须证明不是自己的子弹打中的，否则，只能共同赔偿。由于两个被告不能自己证明自己，终于被判共同承担责任。[1]在后来的许多案子中，法院时常遵循了一条原则：赔偿责任不一定要以侵权行为和损失之间存在着直接因果关系作为条件。

对这个小案子，法律现实主义者会认为，我们要观察法院在判

---

1    199 P. 2d 1, 33 Cal. 2d 80 (1948) (en banc).

决过程中的一举一动，法律就在这一举一动之中。如果一审法院判决后当事人没有上诉，法律就在一审的判决行动里；如果上诉了就在二审的判决行动里。埃利希会认为，法院的行动固然是重要的，可是民间的行为活动是更为重要的，我们是不是可以这样考虑：因为民间总是希望以类似的"共同责任"的方式来解决这样的纠纷，而且在其他方面的日常活动中出现的类似问题，也的确是以这种方式解决的，所以，法院的判决行为还是受活生生的社会行为影响的。而哈特则会认为，我们需要看看法院的态度是什么，通过法院使用的语言词汇，我们可以发现一审法院和二审法院对以往法院判决的"行为规律性"——通常怎样判决，有什么态度。一审法院依循了以往的规矩，但是二审法院没有。而在二审法院判决以后，法院又形成了一种新的"行为规律性"。这其中的态度或者"想法"才是最重要的。

　　"社会学"的观察方法在这两个思路——即观察行为和观察态度上早已分道扬镳。曾经有一段时期，社会学特别喜欢模仿自然科学的方法。在这段时期人们都在提出一个问题：为什么社会科学不能像自然科学那样观察研究对象？正像自然科学家研究行星、花鸟、风雨、光线、沙漠、猫鼠一样，社会科学的学者也能研究人类社会才是。自然科学研究的东西，看得见摸得着，所以，社会科学也要研究看得见摸得着的东西。然而如果这样的话，恐怕就只有人的行为可供研究了。法国社会学家迪尔凯姆的确极力提倡，"要把社会事实作为物来考察"。[1]他说：

> 一切行为方式，不论它是固定的还是不固定的，凡是能从外部给予个人以约束的，或者换一句话说，普遍存在于该社会各处并具有其固有存在的，不管其在个人身上的表现如何，都叫作社会事实。[2]

我想，法律现实主义者和埃利希的"社会学"观察的精神气质，和迪尔凯姆是一脉相承的。他们都把视野主要集中在了"人做了什么"上。

后来，有人发觉，人的行为和人的动机信念的关系是十分紧密的。人做了什么和一般动物做了什么总是不同的。观察动物仅仅需要观察它们的行动，因为它们只有本能。但是人就不同了，他除了本能之外还有思想、观念等独特的精神世界。仅仅观察人的行为，是不是把人和一般动物等同起来了？其实，恰恰因为观察者和被观察的社会群体以及个人都是人类，都有着相通的精神世界，所以，从人的头脑观念中去理解人的行为一定会有收获。这不是说人的所有行为都是理性的故而存在了统一性，而是说，从理性的模式理解人的行为是十分有用的。[3]

---

1 迪尔凯姆：《社会学方法的准则》，狄玉明译，商务印书馆1995年版，第35页。
2 迪尔凯姆：《社会学方法的准则》，第34页。
3 Roger Cotterrell, *The Sociology of Law: An Introduction*. London: Butterworths, 1992, p. 12.

　　从下面的具体例子中我们也可以看出，仅仅观察行为而不去理会动机如何，可能根本无从了解行为的意思是什么。假如遇到一群人闭目围圈而坐，单纯的观察可以得出什么结论？他们也许在排练一个节目，也许在亲密地谈心，也许仅仅是木然地发呆。单纯观察除了所看到的之外，是毫无所获的；而得到了他们活动目的的信息，才会真正理解他们坐在那里是什么意思。

　　基于这类想法，早在 20 世纪初，德国学者马克斯·韦伯就颇有创意地提出：社会学的关键在于根据行为者主观呈现的意义来理解社会现象，而不在于仅仅观测可以观察到的行为规律。[1]韦伯毫不犹豫地切开了自然科学和社会科学的方法连接，他告诉我们需要注意，社会科学的任务是深入到个人的主观理智中，是窥视社会行为的动机，这样的研究注定截然不同于自然科学所从事的研究。这是说，我们不能"理解"细胞的行为或者行星的运转，因为它们没有动机、想法之类的主观东西，从树上往下掉落的苹果本身也并没有牛顿的重力观念；可政治或者宗教的行为就大不相同了，人们自然具有与政治或者宗教相关的观念，他们主张"民族主义""阶级斗争""原罪""赎罪"之类的观念去采取某种行动。他们的行动，也的确只有通过这些观念才能给予说明，这些观念或者想法，作为一种推动力量的的确确参与了行动者的行为。

　　韦伯曾经说过更为具体的例子：发脾气、劈柴和打猎。他的意

---

1　Max Weber, *Economy and Society*. ed. Guenther Roth and Claus Wittich, Berkeley: University of California Press, 1978, p. 8.

思是讲，只要根据一个人面部愤慨的表情的观察，我们就可以知道他在生气这样一个事实。当观察樵夫劈柴或者猎手瞄准动物的时候，我们获得了另外一些事实，仅仅观察这些行为，便足以明白什么事情正在进行之中，但是，要理解它们为什么在进行，恐怕就要理解那些人的动机了。一旦发现樵夫是为了赚钱，养家糊口，或者为了借干活来发泄脾气，就可以在新的一层意义上恰当地理解劈柴行为；同样，如果知道了猎手为了吃还是为了运动而狩猎的时候，也就可以对打猎行动有了一层新的恰当理解。所以，"当我们涉及'法律''法律秩序''法治'的时候，我们一定要严格地注意……社会学研究的是社会中实际上发生了什么，因为存在某种场合，即社会成员相信秩序的效力并且使自己的行为顺应这一秩序"。[1]

英国社会学家温奇（Peter Winch）赞同韦伯的观点，故而也以为，一个研究"宗教的历史学家或者社会学家，如果希望研究清楚他正在研究的宗教运动的意义，并且理解支配这种运动参与者生活的思想观念，他自己就必须具有某种宗教的感情"。[2]而"'理解'……是把握人们所说所做的要点和意义。这一观念远离统计和因果律的世界，它更为接近主观表达的领域，更为接近联系主观表达领域各个部分的内在关系"。[3]我们显然可以看出，在思想嫡传

1　Weber, *Economy and Society*, p. 1213.

2　Peter Winch, *The Idea of a Social Science*. London: Routledge & Kegan Paul, 1958, p. 88.

3　Winch, *The Idea of a Social Science*, p. 115.

谱系上，哈特是韦伯和温奇的后人，其实，在哈特自己的书里完全可以见到哈特赞赏温奇想法的地方。[1]

不过，对于韦伯和温奇的说法，我们会想到一个比较不易克服的困难。如果观察者和被观察者之间存在着一些十分重要的文化差异，他们之间的思维方式和观念内容迥然相异，那么，观察者怎么能够理解被观察者的动机观念？在一个原始部落里，一群人围地而坐，当我们不断地观察进而得出他们可能是木然呆坐的结论的时候，他们自己也许认为这是再重要不过的敬神祭祖或者祈求老天保佑的行动。而当我们认为这对生活来说毫无意义的时候，他们可能认为，这对生活是举足轻重的。这样的话，"理解"就会发生"误解"；而如果会发生误解，倒不如只观察"围地而坐"这个行为更为可靠一点。

另外一个比较不易克服的困难是：观察者怎能证明实际上已经掌握和理解了行动者的主观态度？观察者如何证明围地而坐的人是排练一个节目，是亲密谈心，还是木然呆坐？如何证明樵夫劈柴是为了养家糊口，还是为了发泄？如果真的误解了，又如何觉察？韦伯不厌其烦地讲，观察者必须以某种外部的、行为的尺度去检验他的理解。可是，假如行为者的行为才是其内在主观状态的最终检验，观察者恰恰就应该全神贯注于外在的行为，而忘掉内在的主观问题。这样，我们又回到了这个结论：只观察"围地而坐"这个行

---

1 Hart, *The Concept of Law*, p. 242.

为更为可靠一点。

对于这些困难，不知法学家哈特会怎样解决。

当然，笔者无意在此非要为两种社会学的方法辩个清楚明白，指出哪个方法是正确的，而仅仅是希望指出在法律思想里，法律现实主义者和埃利希走入了一条社会学观察的道路，而哈特开辟了另外一条社会学观察的道路，他们由此得出了彼此大有区别的法律思想的结论，他们分别依赖的社会学的基本方法，在根底层面上也是存在严重分歧、相互竞争的，并没有显示出哪个已经把握住了通往绝对可靠的目标的航向。

## 035 法律中的行动与行动中的法律

在"社会学"观察思路的内部，我们可以看到一个不大不小的矛盾对立；在这个思路之外，我们也可以觉察另外一个不大不小的争论。

像从色拉叙马霍斯到奥斯丁那样的"政治学透视"的学者，在编织自己的法律思想图画的时候，并不是没有注意到社会中活生生的法官、一般百姓对"白纸黑字"规则的态度和行为。这些规则制定出来之后，法官可能在实际中对其不屑一顾，百姓可能依然在习俗道德世界中我行我素，或者虽然说法官以及百姓的整体行为中存在着一致性，可是这种一致性也可能在基本层面上与"白纸黑字"的规则相去甚远。对这些"不正常"的现象，热衷"政治学"视角的学者当然是看在眼里记在心上。他们并不否认这些现象可能存在或者已经存在，那么，他们是如何描述这些现象的？

我们肯定会经常听到这样的说法："法官可以实施自由裁量权来灵活地处理案子""法官不能偏离一般的法律规则自行其是""一般规则是有效力的，但是也许没有实际的效果""一般百姓总会规避法律规则"……这类说法，正是那些热衷"政治学"视角的学者用来描述"不正常"现象的日常话语。换句话说，那些学者可以这样认为："社会学"观察的理论实际上说明的是法律世界中的一种现象；这种现象的存在，并不等于我们有理由认为法律不存在于一般性的"白纸黑字"的规则之中，而存在于官员或者百姓的一般行为之中。用前面那些句子说法，依然可以把这种现象说清说透。

现在接下来的问题是：如果这些句子说法与"社会学"观察的说法所描述的是同一个现象，那么，后者有什么理由认为自己的说法才是有道理的？这个问题是颇为重要的。因为，假如后者没有什么理由，那么后者不过是在简单地用"Y是猫"的方式来对付前者的"X是猫"，双方的不同似乎是"没有意义"的不同，后者的挑战也是"没有意义"的挑战。

但是，我们可以觉察，"政治学"视角的学者使用的那些句子说法有一个隐蔽的假设前提：我们可以知道一般"白纸黑字"的规则的确切意思是什么。当说"法官可以实施自由裁量权来灵活地处理案子"，等于暗中在说："白纸黑字"规则的确切意思世人都知道，只是按照这个确切意思断案是不太合适的，所以，法官有权灵活地处置；同样，当说"一般规则是有效力的但是也许没有实际的效果"，等于在讲：一般规则的意思也是清楚明白的，只是在社会中可能遭到了人们的冷落，故而无法发挥应有的实际作用；对于"法官不能偏离一般的法律规则自行其是"，我们也可以看到其中具有这样的意思：一般规则的内容已经是明确的了，法官偏离这样的规则没有正当的理由；而对于"一般百姓总会规避法律规则"的描述，我们也会看到它的意思是：一般百姓都知道法律规则的内容，只是想方设法躲避法律的约束。

如果真是可以知道一般"白纸黑字"规则的确切意思，那么，社会学观察的说法就是不可信的，而政治学视角的句子说法才是可信的。如此说来，我们就有必要首先看看，是否可以知道白纸黑字规则的确切意思。

为了探讨这个问题，我们先看三个英国法院的判例。

第一个判例。英王威廉四世（William IV）时代，有规则规定：如果想在皇家法院对一些船东提出诉讼（action），就要提前一个月作出通知。不久以前，英国法院在审理一个小案的时候遇到了解释这条中"诉讼"一词的麻烦。说起来，"诉讼"一词在今天是非常容易理解的。按照字面的一般含义，它就是一般所说的"官司"，当然包括了所有法院审理的官司。可是，伦敦上诉法院法官厄舍尔勋爵（Lord Esher）另有"高见"，他说："诉讼"（action）这个词不能适用于当今的海事法院的诉讼程序，因为，海事法院的诉讼程序在威廉四世时代叫作"讼案"（suit）或者"诉案"
（causes）；而且，也没人把海事法院叫作皇家法院，或者归入皇
家法院的行列。[1]于是，规则的意思就由厄舍尔的说法来决定了。

　　第二个判例。1967 年，英国颁布了一个称作《堕胎条例》的
一般规则。里面规定，在某些情况下已经注册的医护人员可以给孕
妇打胎。那个时代，英国的堕胎方法只有两个：外科手术和宫内堕
胎。由于技术上的要求，这两种方法都需要持有医生执照的医师在
场才能运用。大概是 1971 年以后，宫外堕胎方法出现了，宫外堕
胎方法当然不同于前两种方法，而且，它的一个特点是需要运用一
种药物做长达 30 小时的引产。30 小时当然是较长的时间，如果医
师一直在场可就太辛苦了，于是，英国卫生与社会保障部宣布，只
要医师开始了堕胎过程，并且有了"批准"的明确表示，护士就
可以将余下的手术做下去。显然，这类宣布与《堕胎条例》有些出
入，它等于是同意护士有的时候可以单独给孕妇打胎。这样，十
分认真的皇家护理学院将卫生与社会保障部告到了法院，要求法院
判决被告收回自己的讲法。经过几轮官司，原告与被告最后都来
到英国最高司法机构上议院，等待大法官的最后意见。上议院大法
官们非常肯定地说：《堕胎条例》没有提到宫外堕胎术，也不可能
提到后来才出现的新技术，然而条例的目的自然是在于使"循规蹈
矩的"堕胎自由化，我们没有看出宫外堕胎术与这一点存在什么矛

1　Robert Cross, *Statutory Interpretation*. London: Butterworths, 1987, p. 49.

盾。大法官们的想法是：新技术没有和规则的条条框框发生冲突。这样，《堕胎条例》的意思又由解释者的说法来决定了。[1]

第三个判例。1835 年，英国制定了一个《公路条例》，使用了一个叫"修剪"的词。在一个有关公路旁边的树木修剪的小案中，这个词引起了争议：有人说，"修剪"就是砍掉树木的旁枝；有人说，修剪是截去不整齐的顶端；还有人说，前面两个说法都是不对的，这个词是指既砍旁枝又截顶端。一般来说，"修剪"的普通意思的确是指"既砍又截"，可是，英国法院在这里非要坚持不能依循大众百姓的普通理解，相反，修剪行业对它的专业理解才是定案的根据。而依照园林专业的看法，砍掉旁枝与截去顶端是完全不同的，只有"砍掉旁枝"才是准确的"修剪"的意思。如此，"修剪"就成了法官所说的"修剪"。[2]

在这三个判例中，我们可以发现，一般规则的意思和解释方法是关系密切的，解释方法有所不同，得到的意思也有可能是不同的。我们有什么理由说"其中的某个意思才是规则的原有意思"？在主张不同意思的各方来说，他们恐怕都认为自己理解的意思才是"真正的""正确的"，也是规则本身就具有的意思。在这种情况下，我们能否得到一个权威的裁判者，由他决定：规则的原来意思如何如何，而某某的解释和这意思是一致的？

我们很快会想到一个裁判者——规则的作者。大凡制定一个规

---

1　Cross, *Statutory Interpretation*, p. 50.

2　Cross, *Statutory Interpretation*, p. 59.

则，总要有一个作者，就像写一篇小文章，总会有一个人在那里写字，那个人一定会把自己的想法放在"作品"里。规则的原有意思就该说是作者设想的意思。这个想法初看起来好像是很可靠的，但是仔细考究一下，就会发现问题并不是那么简单的。

第一，"作者"解释以后，我们对他的解释难道不需要再解释了？假如需要再解释，那么，谁又能断定其中一个再解释是唯一正确的？第二，我们会发现，在制定一个规则——尤其是被人们叫作"法律规则"的规则的时候，作者通常不是一个人，而是一伙人；更为重要的是，我们总会发现他们争论来争论去，最后，规则的通过是以投票的方式来实现的。如此这般，我们能不能知道他们所有人的想法从而总结出一个"整体作者"的意思？在那些想法千奇百怪甚至互相矛盾的时候，找出一个决定规则意思的"权威"想法是否可行？第三，如果作者死了怎么办？像在前面提到的第一个和第三个判例里，规则就是上百年前规定的规则，作者早已是辞世作古，我们今人怎么可能再去询问"请教"？第四，就算作者依然是健在的，而且他们有可能给出一个一致的解释说明，以致我们天天都能够去讨教，我们还会遇到一个政治悖论：一方面希望把立法和司法分开，另一方面又允许立法者不断地解释从而让其将立法和司法合二为一。其实，当希望把立法司法分开的时候，我们是在希望避免"一人掌两权"的专制局面（因为立法者有可能根据自己的需要来解释规则），而立法者不断地解释势必导致两权合为一权。

这样看来，"作者"这个裁判者是不能让人乐观的，让他来确定解释出来的意思和规则的原有意思是否一致，人们心里恐怕还是会担心。而除了作者之外，任何一个自称是"裁判者"的裁判者又都无法避免本身就是一个解释者，他自己所想到的"规则原有意思"又无法避免是一个自己理解的意思。这样，"原有意思"这个概念本身在规则上不就成为虚构的了？既然没有什么"原有意思"，我们又怎样可以得到"白纸黑字"规则的确切意思？

把话说到这里，我们可以进一步理解"社会学观察"如此迷恋社会的活动和行为，绝不是毫无道理的。

## 小　结

"社会学的观察"，最为重要的企图在于把人们考察法律的视角从"无生气的文本"转向"有生气的行动"。

公元前19世纪，两河流域拉尔萨城市国家《苏美尔法典》第9条规定：如果牛伤害了他人栏中之牛，则应以牛还牛；欧洲中世纪《萨利克法典》第一部分第1条规定：凡是遵照王命，被传唤到庭而拒绝不到者，罚款600银币，折合15金币；英国1215年《自由大宪章》第23条规定：对于任何市镇或者个人，不得强迫其修筑河上桥梁，以往负责筑桥者除外。根据色拉叙马霍斯、霍布斯、边沁和奥斯丁那样的"政治学"观点，如果要研究拉尔萨城市国家的动物侵权法，就要注意《苏美尔法典》第9条的规定；如果想知道萨利克王国的法庭秩序的法律，就应该查阅上述《萨利克法典》的说法；如果想了解 13 世纪英国民权方面的法律，也不得不查看《大宪章》里的白纸黑字的规定。因为，法律就在这些文本之中。

可是根据法律现实主义者、埃利希和哈特那样的"社会学"观念，我们恰恰是要看看那时候的法院是怎样具体判决的；看那时候民间的行为规矩是什么，它和官方的行为规矩存在着什么关系；看整体上的官员的主观态度是什么样子。总之，"真实的"法律就在现实的人们的行为或者态度之中。

# 第三章 "规范学"的假设

人们常说，理论里面的东西，可爱的不可信，可信的不可爱。这可以试着用来说明"政治学"透视和"社会学"观察与我们一般人的感觉的关系。从一般人的常识感觉来说，"政治学"的理论还是比较容易接受的，和常识对法律的看法大体上是默契的，说它可爱是完全可以的。但是，分析思考一下，又会发现它还是不可信的，因为，正是和常识感觉太"默契"了，所以问题也是比较多的。就像古希腊人和许多没有任何科学知识的人深信太阳是围绕着地球而转一样，在经过科学的一番分析思考之后，感觉终于发现大错特错。与之不同，"社会学"的理论想来想去还是有些可信的，经过一番"探索"总会觉得其中还是有一些道理的。但是它和常识对法律的认识毕竟是差距太大了，所以又是不大可爱的。

"社会学"理论的另外一个主要"疑惑"之处，就在于不知不觉地使我们忘掉了"应当如何"的问题。法律的一切都在行为和态度之中，如此，我们还有什么必要去谈"应当如何"？我们只能谈论"将来会是如何"。然而，我们一想到或者一提到法律，有时就会想到或者提到"应当如何"的问题。如果认为存在一条法律，它规定"必须借钱还钱"，不论是在"行动"中还是在"文本"中，我们都会想到那是"应该"的。哈特已经发觉了这里的问题，所以在讲述自己的"认可规则"的时候，又在暗示被它决定效力的规则还是存在一个"应当如何"的问题，尽管在官员的一致性的行为中，才能开始观察并且观察到这个问题。

"应当如何"，实际上与人们常说的"规范"一词存在着很大的联系。奥籍法学家凯尔森（Hans Kelsen）相信法律就是一套"规范"的体系，里面所规定的就是"应当如何"的内容。所以，他要在"政治学"透视和"社会学"观察之间开辟一个中间道路，让法律在"应当"的王国里保持自己的纯粹性。

## 036　用"规范"的概念替换法律背后的"意志"

为了说明凯尔森的思路，我们再看看前面深入讨论过的里格斯诉帕尔玛案。在那个案子中，很重要的一个问题就是遗嘱的效力。帕尔玛的祖父生前立下了遗嘱，要把财产全部传给帕尔玛；遗嘱的手续是完备的，旁人因而也是没有任何疑问的。可是后来帕尔玛丧失了基本的道德观念，残忍地将祖父谋杀了，从而又使人们给帕尔玛的继承权打上了问号，并且引来了法官们不断的针锋相对的辩论。怀疑"继承权"的有与无，等于是怀疑"遗嘱效力"的有与无，因为不承认帕尔玛的继承权，等于否定了遗嘱内容的有效性。凯尔森并不关心法官们究竟是如何判决这个案子的，而是关心这样一个问题：遗嘱的效力是从哪里来的？

有人可能会说，遗嘱的效力是从遗嘱人的意志那里来的，遗嘱人有了愿望或者意志，从而使遗嘱的内容成为遗嘱人的意思表示。当然，我们有时还会以为，遗嘱的形式和过程符合了一些权威性的规定，所以"具有效力"了。

但是，凯尔森却设想，遗嘱的效力和遗嘱人的意志是根本没有关系的。在他看来，遗嘱的效力"一定不在于遗嘱人心中的心理意志行为，而是另有所在。即使遗嘱人方面的真实意志对遗嘱的效力是必要的，约束力也不可能属于这一意志……"[1]那么，为什么遗嘱效力与遗嘱人的心理意志是没有关系的？凯尔森的意思是：第一，我们显然可以发现，遗嘱人活着的时候遗嘱是自然有效的，同时在他死了以后仍然是有效的；第二，因而问题的关键是，在他死了以后他是不可能再有意志的，然而此时人们当然不会因为他不可能再有意志而认为遗嘱是无效的；第三，这就表明了遗嘱的效力来自另外一个地方。

在前面我们另外还谈论过一个古罗马的购房契约的例子。在这个例子里，一个青年和一个老人想就一幢房子做成一桩买卖。年轻人和老年人都很遵守规矩，签了白纸黑字的契约。但是谁知道一场大火烧了房子的一部分，两人因此都不知如何是好。现在，我们假设房子的那一部分没有被烧掉，而是老人反悔了，不想卖房了，这时候的契约是否仍然有效？[2]我们肯定会说：当然是有效的，既然

---

1 凯尔森：《法与国家的一般理论》，第34页。
2 参见第015小节。

双方有了意思表示，就要遵守承诺。

　　这个案子如果摆在凯尔森的面前，凯尔森同样不会关心法官将会如何判决，而是关心为什么那个契约是继续有效的。他还可能提出一个类似的问题：如果老人在契约签订后的第二天就去世了，那么契约是否依然是有效的？当然，谁都不会否认契约仍然是有效的，凯尔森也不会。可是进一步的问题是：为什么是继续有效的？如果认为因为契约的效力来自青年和老人的意思表示一致的意志，那么，人改变了自己的想法或者死亡了，意志还存在吗？如果意志不存在了，契约怎么还会具有效力？

　　凯尔森十分肯定地说：

　　为了要成立一个"有约束力的契约"，两人就一定要表示他们的协议，即他们关于某种相互行为的一致意图或意志。契约是双方缔约当事人的意志的产物。然而，即使在后来当事人一方改变他的意思而不再想要他在缔约时表示想要的东西时，这个契约还是被假定生效的。因此，契约就使这一方承担了违反其真实意志的义务，所以，约束力不在于双方当事人的"意志"；这种"意志"也不可能在契约已缔结后，继续"有效力"。[1]

　　在上面两个例子中，凯尔森是想说明心理学意义上的"意志"

────────────

1　凯尔森：《法与国家的一般理论》，第34页。

对于遗嘱和契约那样的"规范"的效力没有决定性的作用。对于这点，我们经过一番思考后也会赞同凯尔森的意见。但是，另一方面，我们和凯尔森一样不会忘掉另外一个问题：遗嘱和契约的有效也依赖一般人所说的"法律"的规定。但凡有点法律知识的人都会知道，遗嘱人死亡之后遗嘱就要执行，签约人反悔就要强迫其践约，因为，"法律"是这么规定的。所以，效力又来自"旁边"的规范——比如法律规定。在古罗马的房屋买卖一案中，"旁边"的"规范"就是古罗马的法律规则和查士丁尼的"圣谕"。如果凯尔森否定"意志"在遗嘱和契约效力上的意义，其目的在于提醒这后面一点，那么就和我们所想到的没有什么太大区别了。我们在说"意志"如何重要的时候（尽管不是很对），也知道旁边有个法律规定的问题。这样，有人自然会问：凯尔森的想法究竟具有什么特别之处？

凯尔森是非常有学问的，对遗嘱和契约里面的意志问题的"清理"，当然不会就事论事，而是别有一番"叙事策略"：试图清除法律背后的"意志"概念。他在深思这样一些问题：为什么一般人会以为意志决定了遗嘱和契约一类东西的效力？为什么色拉叙马霍斯、霍布斯、边沁和奥斯丁等人会以为法律背后存在一个主权者的意志？这样两个问题是否有点关联？

有的时候，人们容易以为，法律是被制定出来的，既然是被制定出来的，那么当然体现了制定者的意志，所以，意志决定了法律的约束力。凯尔森断定，正是因为法律看上去和遗嘱、契约一样是由人来制定的，所以，这些东西的效力都被看作来自制定者的意志。而且，即使发觉遗嘱、契约之类的效力还要依赖法律的规定，人们也还是不会怀疑法律自己的效力来自"意志"。可是：

> 法律规范的"存在"（即效力）并不是心理学上的现象。即使当那些创造了一个法律的个人已不再对这一法律的内容表示意志时，甚至当任何人都不对它的内容表示意志时，至少那些有权以他们的意志行为来创造法律的已不再如此时，法学家还认为这个法律是"现存的"（即有效力）。当那些创造法律的人死去已久并已不再有任何一类意志时，那个法律却还"存在"，这种情况的确是可能的并且实际上也往往如此。所以，纵使对立法来说，一个真实的意志行为是必要的，但有约束力的法律不能是立法者心中的意志。[1]

依照凯尔森的思路，如果认为法律的效力来自制定者的心理学上的意志，那么，制定者死了以后或者不再表示意志的时候，效力也就不存在了，可是，法律的效力从来就没有因为制定者的意思表示的停止而停止。

如此说来，人们认为法律的效力来自主权制定者的意志，就像误以为遗嘱和契约的效力来自订立者一样，是错误的。其实，正像遗嘱和契约的真正效力来自"旁边"的"法律"一样，法律规范的

---

1　凯尔森：《法与国家的一般理论》，第35页。

效力也是来自旁边的另外规范。"……法律要依靠立法程序的完成才开始出现，所以法律的'存在'（即效力）就不在于属于立法机关的个人的真实意志中"[1]。

于是，凯尔森引出了一个一般法律之外的规范的概念。

## 037  意志·默认·认可

"规范"的概念稍后再做分析。我们先讨论一下"意志说"的是是非非。

凯尔森反复提醒人们注意，不论制定者是死亡还是另有想法，法律的效力总会自在自为地延续不断。用一种较为理论的话来说，法律总是具有连续性的。霍布斯和边沁这样的"政治"敏感者相信，没有制定者的意志要求，法律的效力就像初生的婴儿断了奶一样必定是没有"存活"希望的，法律的连续性，只有在制定者的"意志"上才是一个有生存意义的概念。可是，这种观念不能说明一个情形——当约束立法者合法交接权力的法律是存在的时候而出现的政权"安全过渡"。假如一个立法者是个单独的个人比如君主，在他寿终正寝之后，其子孙继承了政治权力，那么，在继任者表现出自己的意志之前，"先王"制定的法律的效力一般都会依然如故。人们的确可以发现，"先王"制定的法律是由于一类约束权

---

1  凯尔森：《法与国家的一般理论》，第35页。

力继承的法律的存在，而继续有效力的。

　　自然，霍布斯、边沁包括奥斯丁等人自然也并非不知道他们的观念在此可能受到批评。为了应对这个批评，奥斯丁就曾经说过，我们不要忘记还有"默认"这个词。之所以前任君主的法律继续有效，是因为当国家的一些权力机构比如法院和其他政府部门再适用它们的时候，后一任的君主给予默认了。而且，就在前任君主依然健在，另有想法的时候，"法律制度"仿佛以习惯方式存在于社会中，也是由于被"默认"的缘故。比如，在说英语的国家，法院有的时候可以确立一个判例，让后来的法院或者低一级的法院"按老规矩办"，这叫判例制度。虽然可以说它和"真正的法律"距离很大，而真正的法律就是主权者颁布的普遍命令，可是，英语国家，尤其是曾有"日不落"光荣历史的大不列颠，却从来都对判例制度十分青睐，以致法院的这个习惯越发牢固。然而无论怎样，人们都不能否认判例的存在也是君主默认的结果。

　　讲来讲去，就是前任君主去世之后，只要他制定的法律仍然被适用着，该法律就可以认为是后任君主意志的"默认"表达。从这里还可以推出一个结论：只要后任君主愿意，他便可以删改废除"先王"时期的法律，重新制定颁布新的法律。[1]此外，在君主依然健在的时候，其他类似判例制度的习惯方式的法律的效力，也无不需要借助"默认"的力量。略加思考可以知道，"默认"这个

---

1　Austin, *The Province of Jurisprudence Determined*, pp. 212-214.

词，相当于我们现在所说的"认可"。

有了"默认"或者"认可"这些词，边沁和奥斯丁仍然可以认为，法律的效力离不开"意志"，哪怕是心理学意义上的意志。先人死后，如果后人将他的法律放在一边，他的法律怎么可能继续有效？即使就约束立法者合法交接权力的法律来说，只要后人作出了新的规定，它的效力也会像先人一样"寿终正寝"。像判例制度的存亡也不能逃脱历任君主的"意志"。就是遗嘱或者契约这类东西，如果不是他人——比如权力机关——在一旁"认可"，也不会具有我们时常接触到的约束力。所以，归根结底，"意志"仍然是法律效力的首要因素。

但是，如果我们再思量一下的话，还会发现"默认"或者"认可"这些词的使用依然不能化解凯尔森的理论进攻。因为，它们所表达的观念仍然具有似是而非或者模糊不清的地方。假设一名法官对一位新任国王说，他将依照100多年前的先王制定的规则来解决一个法律纠纷，新任国王不置可否；当这名法官自作主张处理了，国王还是一言不发。那么，这时的法律处理是否表现了国王的主权者意志？如果认为是，那么这类"默认"就会和"意志说"的基本意思不太协调，因为"意志说"总是暗含了一个明确性的概念，要表达意志，就要给他人一个明确的信息。国王一言不发，自然没有给法官一个明确的信息。在这种情况下，不论法官还是旁人，恐怕都不会知道国王到底是什么意思。反过来说，如果认为不是，那么那名法官的处理是不是"法律上"的处理？

实际上，在立法机关或者政府合法交替的过程中，像上面法官的处理并不是不存在的，而且，人们并不会认为这类处理不是法律上的处理。此时，仍然可以看到，法官适用的百年之前的规则的效力，的确是和新任国王的"意志"没有联系。这等于意味着，在某些情况下，看似具有"意志"因素的默认或者认可，事实上与"意志的表达"完全是不同的问题。

## 038 追踪法律的最终效力·询问义务的来源

现在，我们说一下凯尔森引出独特规范概念的另外一个思路：法律最终效力的追踪和义务来源的询问。

粗略研习过法律的人都知道，在确定什么规则是法律的时候，很重要的一条就是这个规则是否具有法律的效力；而要确定规则的法律效力，就要看看它是从哪里来的，是谁颁布的。所以，常人总会以为只要出自国家权威机构的"制定颁布"，一般而言就是法律了。可以说，这是最为常见的解决法律效力问题的方式。像霍布斯和边沁，也是这样"教导"我们的。

但是，法律的效力问题还有另外一个方面，即最终效力的问题，通过一连串的询问来追踪法律效力最终是从哪里来的。比如，在前面反复讨论的古罗马房屋买卖案中，年轻人和老年人因为买卖契约发生了纠纷，据说最后是法院判决年轻人败诉。现在，我们可以问，为什么法院的判决具有法律的效力？回答是：因为它是根据古罗马法律中的规则和查士丁尼在《学说汇纂》中的权威圣谕而来的；我们可以继续问：为什么古罗马法律中的规则和查士丁尼的权威圣谕具有法律效力？回答是：因为它们要么是古罗马立法机关颁布的，要么是古罗马立法机关承认的。我们可以再问：为什么立法机关制定颁布或者承认这个行为本身具有法律效力……显然，我们可以不断追问下去。[1]

有人可能会说，这有什么可问的？古罗马立法机关颁布或者承认这个行为本身具有法律效力，就是因为它是一个可以运用强制力的权力机器，不服从，它就要镇压你。如果还要追问为什么可以镇压，镇压的效力是从哪里来的，那么就是在追问没有意义的问题了。

我们肯定会发觉这种论说似曾相识。的确，边沁和奥斯丁的"政治学"透视的理论就是这样应对问题的。奥斯丁十分肯定地说：法律是一种命令，而"一个命令与其他愿望表示的区别，在于被命令者违背命令者愿望时就会受到后者的处罚。如果我违背你所表达的愿望就要受你处罚，我就受你的命令约束或者负有义务"。[2]但是，在前面第011、012小节，我们已经发现，如果暴力可以产生约束力，那么，匪徒那样的强暴者对他人的暴力威胁也可以产生约束力了，这当然是荒谬的，因为谁也不会认为匪徒的逼迫可以具有"法律感觉上"的约束力。所以，效力的追踪不能落在"暴力"事实上而结束。"一个盗匪要我交出钱来的命令是没有约束力的，

---

1 凯尔森：《法与国家的一般理论》，第130—131页。

2 Austin, *The Province of Jurisprudence Determined*, pp. 21, 22.

纵使这个盗匪实际上能强行实现他的意志"。[1]

其实，如果真要将法律看作一种命令，那么，"一个命令之所以有约束力，并不是因为命令人在权力上有实际优势，而是因为他'被授权'或'被赋权'发出有约束力的命令。而他之'被授权'或'被赋权'，只是由于一个预定是有约束力的规范性命令，授予他这种能力，即发出有约束力命令的权限……命令的约束力并不'来'自命令本身，而却来自发出命令的条件"。[2]这个条件就是另外"规范"的存在。因此，法律规范的"效力的理由始终是一个规范，而不是一个事实。探求一个规范效力的理由并不导致回到现实去，而是导致回到由此可以引出第一个规范的另一个规范"。[3]

凯尔森的理解是：既然以"暴力"方式解决"不断追问效力"是非常冒险的，而用"意志"的方式同样是有问题的，那么，就只能在一般法律规范之外的"规范"里寻找答案了。

效力问题在年轻人和老年人这样的当事人那里，就是一个义务问题。法院的判决如果有效力，那么，在案子上败诉的一方就有义务依照法院的决定行事，比如履行契约的规定。在这里，义务的产生不是因为法院像暴徒那样使用暴力威胁败诉一方，也不是因为法院这么说了就要这么去做，而是来源于服从法院判决的义务。凯尔森说：

1　凯尔森：《法与国家的一般理论》，第33页。
2　凯尔森：《法与国家的一般理论》，第33页。
3　凯尔森：《法与国家的一般理论》，第125页。

　　的确，在日常生活语言里，我们往往援用一个事实来证明一个规范是有根据的。例如，我们说："你不应杀人，因为上帝在十诫之一中禁止杀人。"或者一个母亲向她的孩子说："你应当上学去，因为你父亲已吩咐过。"然而，在这些陈述中，上帝已发出一个命令的事实或父亲已吩咐过孩子做某件事的事实，只不过是这些规范效力的表面理由。真正的理由是由于认为理所当然而被默认地预定了的一些规范。你不应杀人这一规范效力的理由是：你应服从上帝的命令这一一般规范。你应当上学去这一规范效力的理由是：子女应当服从他们的父亲这一一般规范。[1]

　　从法院本身来看，追问义务从何而来也是至为重要的。不断追问也可以导向规范的"自治世界"。这里的意思是说，假如在年轻人和老年人的官司中，法院的确是依照古罗马规则和查士丁尼的圣谕来断案的，而且这是法院的一项法律义务，我们又可以问：为什么法院有义务服从它们？当然可以回答说：因为古罗马有一项关于法院审判的规则是这样规定的。但是我们可以继续追问：为什么法院有义务服从有关审判的规则？回答也可以是：因为宪法是这么规定的。我们还可以追问：为什么法院有义务服从宪法……由此可见，问题也是可以追问下去的。

---

1　凯尔森：《法与国家的一般理论》，第125页。

　　在这里，与在前面不同，我们甚至都不能直接说法院因为背后有着暴力威胁才有不得不去服从的义务，因为在法院背后不可能存在暴力的威胁。[1]也因此，这种义务也就无法用"他人的心理意志"来解释，这样，思路依然是只给"规范"的概念留出了讨论的空间。

## 039　"规范"面面观

　　那么，"规范"的意思是什么？凯尔森说："规范"表示这样的观念，即"某件事应当发生，特别是一个人应当在一定方式下行为……"[2]而"只有借助于规范的概念与相关联的'应当'的概念，我们才能理解法律规则的特定意义。只有这样，我们才能理解法律规则及其与为自己行为而'规定'的、为自己订定一定行为方针的那些人之间的关系，以说明人们实际行为的规则来代表法律规范的意义……"[3]

　　这等于是说，在古罗马的年轻人与老年人房屋纠纷的案件中，被称为"法律"的白纸黑字规则和查士丁尼在《学说汇纂》中的圣谕，就是一类规范。这类规范表达了几个"应当"的意思：第一，

---

1　凯尔森：《法与国家的一般理论》，第30—31页。
2　凯尔森：《法与国家的一般理论》，第39页；Hans Kelsen, *Pure Theory of Law*. trans. Max Knight, Berkeley: University of California Press, 1967, p. 4。
3　凯尔森：《法与国家的一般理论》，第39页。

如果双方自愿签订了协议，协议便应当是有效的；第二，如果协议是有效的，便应当执行，而且在违约的情况下，应当对违约一方给予制裁；第三，如果房屋尚存"合理"的一半，那么房屋协议就应当执行。在许多被叫作"法律"的文本里，我们常常会见到禁止和制裁"盗窃""杀人""放火"等一系列暴力行为的规则。凯尔森以为，这些规则的意思是："如果这些行为发生了，就应当如何如何"[1]。当然，凯尔森笔下的"应当"并不限于描述一个义务，他说："根据习惯用法，'应当'仅仅对应于一个要求，而'可以'对应一个许可，'能够'对应一个授权……但这里'应当'一词包括了'可以'和'能够'。"[2]因为，毕竟在年轻人和老年人的纠纷案中，不仅可以看到他们两个人的义务，还可以看到他们的权利（胜诉一方），看到法院的义务以及法院的权力。如此这般，我们时常看到的权利、权力之类的规则也是"应当"的一个表现。

由于法律规范的效力与立法者之类的意志没有关系，法律规范就成为一种自成体系的规范系统，这个系统是一个倒立的"金字塔"，最底部是一个"基础规范"。凯尔森讲，法律体系大致来说是一个"动态的"体系，其中"基础规范仅仅是建立一定的权威，这个权威可以依次把创造规范的权力授予某些其他的权威"[3]。而"这一基础规范可以是这样一个规范：假定一个规范曾由议会所公

---

1 凯尔森：《法与国家的一般理论》，第48—49页。

2 Kelsen, *Pure Theory of Law*, p. 5.

3 凯尔森：《法与国家的一般理论》，第127页。

布或由习惯所创造或由法院所确认，且并不曾由议会的决议或通过习惯或相反的法院实践所取消，那么就应属于这一体系"[1]。

说到"基础规范"的表述内容，我们可能会想起哈特所说的"认可规则"。[2]的确，"基础规范"和"认可规则"是十分相像的，其内容既可以是成文的，也可以是不成文的。它们都和一般所说的白纸黑字规则是不同的，而且，都是大体可以用来确定什么规范可以成为一项法律规范。就"基础规范"的内容来说，同样要观察社会上的事实，看看人们实际上是如何做的。换句话说，"基础规范的内容是由事实决定的……因此，基础规范的内容就取决于一个秩序由此被创造和被适用的事实，取决于由这一秩序所调整的人们的行为大体上符合秩序的事实"[3]。而这里的事实，用一个较为专业的术语来说，就是"实效"（即实际的效果）。

不过，尽管基础规范的内容可以通过社会事实的观察来确定，但是，它的效力仍然是一个假设的结果。[4]而且，"基础规范并不是由造法机关用法律程序创造的。它并不是像实在法律规范那样由一个法律行为以一定方式创造的，所以才有效力。它之所以有效力是因为它是被预定为有效力的；而它之所以被预定为有效力，是因为如果没有这一预定，个人的行为就无法被解释为一个法律行为，

---

1　凯尔森：《法与国家的一般理论》，第128—129页。

2　参见第033小节。

3　凯尔森：《法与国家的一般理论》，第136页。

4　凯尔森：《法与国家的一般理论》，第131—132页。

尤其是创造规范的行为"。[1]

　　反过来看，其他法律规范的效力命运，恰恰决定于基础规范。说得更为细致明确一点就是：

　　规范之所以是有效力的法律规范就是由于，并且也只是由于，它已根据特定的规则而被创造出来。法律秩序的基础规范就是这样一个被假设的最终规则，根据该规则这一秩序的规范才被创造和被废除、才取得并丧失效力。"凡制造或出售作为饮料的酒精者应受惩罚"这一陈述，如果属于一定法律秩序就是有效力的法律规范。如果这一规则已在一个最终由于这一法律秩序的基础规范所决定的一定方式下被创造出来，它也并不曾在最终由同一基础规范所决定的一定方式下被废除，那么，它就属于一定法律秩序。[2]

　　另一方面，虽说其他法律规范的效力与人的意志没有实质性的关系，可是，它们又不能离开人的创制、修改和废除行为。因此，凯尔森特别强调，法律是一个"动态的"规范体系。所谓"动态"，是说规范体系之中夹杂了人的"创制"或者"废除"一类的行为。我们经常会发现，有人或者机关在那里草拟、制定、颁布、改变或者废弃一些规则，并且可以使法律规范具有各种内容；正是这些行为，使一个规范成了一个法律规范。"法律始终是实在法，

1　凯尔森：《法与国家的一般理论》，第132页。
2　凯尔森：《法与国家的一般理论》，第128页

而它的实在性在于这样的事实，它是为人的行为所创造和废除的，因而是不以道德和类似的规范体系为转移的。"[1]"一个动态体系的诸规范，只能由那些曾由某个更高规范授权创造规范的那些个人通过意志行为而被创造出来。"[2]

## 040　"假设"的理由

我们每天看见一些被叫作"法律"的规则，这些规则说："可以做什么""应该做什么""必须做什么""有权做什么""不得做什么"……我们总是在想，这些规则就是因为一些具有权力的人郑重宣布，从而成为我们不得不遵守的规则；这些规则的效力就是来自他们的意志。

可是，凯尔森另有情趣地分析出了效力与人的意志没有什么关系的结论。相反，效力却是来自另外的更为基本的"规范"。此时我们可以看到，凯尔森的惊人之举，便在于假设了一个不是人"制造"——常说的立法——的规范作为法律的最终规范。而他所以想要语惊四座，是因为担心不这样就容易掉进"无法解释创制法律规范的行为"甚至"强暴者和立法者（或主权者）不分"的陷阱里。

显然，在日常生活里，我们不仅会遇到各类"要求"或者"许可"，而且会遇到各类不同的人提出这些"要求"或者"许可"。

---

1　凯尔森：《法与国家的一般理论》，第129页。
2　凯尔森：《法与国家的一般理论》，第127页。

　　母亲会对孩子说："不得伸手向别人要东西"；老师会对学生说："要认真读书和完成作业"；一个公司的经理会对职员说："你可以代表我去签订一份买卖合约"；一个歹徒会对路人说："交出钱包来"；某个国家的议会宣布："从即日起同性恋者可以结婚"。这些表达，是否都是创制法律规范的表达？从"说话者"的地位来看，他们基本上都具有一些相对的优势，这些优势或者是权威性的，或者是制约性的，或者是力量性的。只要我们认为相对优势就可以"创制法律"，那么，那些"说话者"就都可能成为立法者了。但是，除了最后一个——也即某个国家的议会宣布"从即日起同性恋者可以结婚"——之外我们毕竟不会认为母亲对孩子、老师对学生、经理对职员、歹徒对路人，都可以成为法律创制及宣布的一种关系情景。尤其对那个歹徒来说，如果他也可以成为一个立法者，那就无法让人接受了，毕竟，我们认为那是一个罪犯。

　　为什么会这样？

　　因为，我们总会觉得这些人并没有运用"公共权力"去立法，觉得有一种相对优势并不意味着拥有了一种"公共权力"。公共权力的概念，不是优势者说自己有从而就有的一个概念。在我们的日常词汇里，"公共权力"时常意味着一项被授予的公共统治能力。当我们说，"议会有权宣布什么什么"，意思是说"议会被赋予了公共权力宣布什么什么"；而对母亲、老师、经理（歹徒当然除外），我们一般较少说"有权做什么"，即使说了，意思也在于"有权利或者局部权力做什么"："母亲有权利管教孩子""老师有权利指导学生""公司经理有权力（公司内的）授权职员去签订合约"。

反过来，假设基础规范的作用就在于授予或者赋予公共权力，由此就可以清楚地区别母亲、教师、经理与议会的"创制规则行为"了，也使歹徒行为与议会行为更加泾渭分明，毕竟，谁也不会认为，母亲、教师、经理可以具有公共权力，更不用说歹徒那样的人物了。

这么一看，凯尔森的"假设"还是很有说服力的。

不过，这里有一个问题需要深入分析：当出现一些"革命式"的社会变化的情形，例如一个所谓的政权从内部被彻底颠覆，像18世纪的法国大革命推翻了路易十六（Louis XVI）王室政权；或者从外部被另一个民族所征服，像古希腊最后被马其顿人所灭亡，在这种情况下，我们不会否认，新上台的统治者比如雅各宾人和马其顿国王他们所颁布的一系列规则依然是"法律"。在这里，好像不能认为，存在什么另外的一个基础规范授权他们可以立法，所以，其所颁布的规则就具有了法律的效力。要是这么认为，不仅雅各宾人、马其顿人听到后会感觉到莫名其妙，就连我们自己也会觉得太难理解了。

凯尔森知道这个问题，也知道这对他的"假设"一说威胁很大，所以，他作出了这么一个解释：基础规范在特殊情况下，比如革命式的变化，就会发生内容的根本转变。[1] 像在 18 世纪法国王室仍然在掌权的时候，基础规范就是"一个规范如果是由王室及其授权机构颁布的，便属于法国法律体系的一个有效规则"；而雅各宾人推翻王室政权后，基础规范变成"一个规范如果是新政府及其授权机关颁布的，便属于法国法律体系的一个有效规则"；而在古希腊人对马其顿人俯首称臣的过程中，基础规范也是如此改变的。

但是，这么解释不又等于变相承认：暴力方式可以最终决定一个规则的法律效力？这和奥斯丁那些"政治学"的命令理论不是有点殊途同归？

当然，凯尔森会指出，基础规范的内容的根本转变与"暴力方式"还是毫不相干的。因为，基础规范的实际效力，决定于社会整体行为在基本层面上与规范的内容相符合。[2] 就算雅各宾人将路易十六送上了断头台，马其顿人扫荡了古希腊人的"公民大会"，如果当地的大多数人仍然是遵循着老规矩，那么，新的法律秩序的效力还是可望而不可即的。换句话说，暴力的方式并不必然导致一个旧基础规范的消失，一个新基础规范的产生。

然而，尽管暴力方式并不必然导致一个新的基础规范的产生，但是，它的确是引发一场法律秩序转变的一个重要原因。如果没有那场"血腥"的大革命，法国也就不会出现后来的一个新的法律秩序；没有马其顿人的侵入，古希腊仍然会维系在旧的法律秩序周

---

1　凯尔森：《法与国家的一般理论》，第134页。

2　凯尔森：《法与国家的一般理论》，第134、136页。

围。而且，新的法律秩序，在初期有的时候的确是和暴力的镇压密切联系在一起的；而所以要镇压，就是因为大多数人似乎还没有体现出"合作"的态度。就根据这两点来说，我们怎样都很难讲，新的法律秩序的产生一定要有一个基础规范"授权或者赋权"的问题。相反，像奥斯丁他们那样直接认为法律的效力来自暴力的震慑，倒是显得简洁明快而且又具有说服力。有意思的是，正是因为奥斯丁的说法解释了某些暴力引出法律的情形，凯尔森面对这些情形，就无法逃避奥斯丁的"解释模型"，无论怎样不喜欢都是如此。

## 041　"应当"与"是"

针对基础规范这个对象，凯尔森使用了两个异常醒目的词——"假设"和"事实"。一方面，他说基础规范及其效力是需要假设的，它不可能从其他什么地方获得这种效力；另一方面，他又说基础规范的内容是由事实决定的，要想知道内容就要看看社会上的人们行为是个什么样子，即要看看法律秩序的整个实效。而且他不断地重复，因而给人这样一种印象：社会上的整体行为基本上如何（即"事实"），要比"假设"来得更为重要。因为，前者决定了基础规范到底具有什么内容。

前面提到过，哈特认为：法律的存在必须满足两个必要的条件，其中之一也是最重要的就是"官员必须实际上接受法律制度里说明法律效力标准的认可规则……作为共同的、公开的官方行为标准"。[1] 这也是在讲社会行为，尤其官员行为这个"事实"，是至关重要的。如果记得这句话，我们肯定会提出一个问题：凯尔森讲基础规范的内容决定于事实，同时又添加一个"假设"，是不是不如哈特对待认可规则那样直率？翻遍哈特的笔迹，看不到一处强调"事实"之后再添加一个"假设"。也许有人会问：认可规则的效力是从哪里而来的？不假设怎么能行？可是哈特早已思考清楚，他说这个问法等于是讲：我们可以假设但是无法证明"作为所有公尺量度的巴黎公尺线为什么具有标准性质"，这自然是没有意义的，[2] 巴黎公尺线的标准性质完全在于人们的接受，为什么要假设？

这里涉及凯尔森对"应当"和"是"的看法。

我们用例子来说明这个看法。传说在 19 世纪德国的一个邦——普鲁士，一个郡法院审理了一个比较棘手的刑事案件。被告人叫图伦兹，被害人是图伦兹的妻子，而案由是图伦兹强奸了妻子。说起来，在这个案件中妻子似乎是难以令人同情。由于她在外面藏有情人，逐渐对丈夫失去了感情，以至于在夫妻同房时总像是在无可奈何。后来，她明确地提出了不能再有性关系，可是图伦兹根本不管那么多，仍然是不客气地要求行房事。妻子只好告到法院。

法院把当时通行于全普鲁士邦的《普鲁士邦法》搬来认真地阅读了一番。这个《普鲁士邦法》是 1794 年颁布的；那时的普鲁士

---

1　Hart, *The Concept of Law*, p. 113.

2　Hart, *The Concept of Law*, pp. 105-106.

掌权人腓特烈大帝亲自主持了这部法律的制定。《普鲁士邦法》可以说是无所不包，刑事、民事、商业或者程序的规则内容，都在其中——可见，以至于全部条文竟有17000多条。法院不辞辛劳，仔细查找，终于找到了一条规定：夫妻双方不得拒绝对方因婚姻关系而产生的性权利，除非女方正在哺乳婴儿或者男方没有性的能力。法院据此认为，图伦兹根本不是强奸犯。

在凯尔森看来，这案件里的"应当"就是"妻子有做妻子的义务"，而"是"就是那个作为妻子的人实际上是怎样做的。"应当"指的是规范，而"是"指的是实际的事实。要想理解法律，就要在"应当"和"是"之间划上一道清晰的黑白界限。这意思是，"认为一个人'应当'在一定方式下行为这种说法……不意味着应当以一定方式行为的那个人实际上就这样行为。规范表示这样的观念：某件事应当发生，特别是一个人应当在一定方式下行为。规范丝毫没有讲到有关个人的实际行动"[1]。"说一个规范对某些人是有效力的，并不是说一些人实际上就在这种方式下行为，因为即使这些人并不那样行为，规范对他们也是有效力的。区别'应当'与'是'对说明法律是具有根本性的"[2]。

根据这样的观念，"社会学"观察的理论就是非常错误的了。因为，在这个案件中，"社会学"的理论特别要求我们看看所有那些妻子和丈夫实际上是怎样做的，看看法院实际上是怎样判决的，

---

1　凯尔森：《法与国家的一般理论》，第39页。
2　凯尔森：《法与国家的一般理论》，第39—40页。

而不去管腓特烈大帝制定出来的"应当"要求。可是，在图伦兹和他妻子的关系上，我们怎么可能不问腓特烈大帝及其立法者到底有什么意见？其实，如果仅仅停留在图伦兹和他妻子的关系上以及个别法院的态度上，我们一定会认为凯尔森的说法可信一些。倘若图伦兹就是不服从腓特烈大帝的权威规定，而且他妻子也是忍气吞声，个别法院在旁边也是熟视无睹，我们依然会认为腓特烈大帝"应当"的要求是有效力的，依然会认为这夫妻两人和个别法院都违反了法律的规定。我们会赞同凯尔森的这样一个说法：

> ……一个法律规则禁止偷窃，他规定法官必须惩罚每一个偷窃者。这一规则对所有的人，即"国民"，都是"有效力的"。这一法律规则尤其对那些实际上已进行偷窃并因而"违反"规则的人，更是"有效力的"。这就是说，这一法律规则即使在它缺乏"实效"的情况下，也是有效力的。正是在这种情况下，如果法律规则必须由法官加以"适用"，那么它就不仅对国民，而且对适用法律的机关，都是有效力的。即使偷窃者万一能逃脱，因而法官也就无法惩罚他并适用法律规则，但这一规则仍保留其效力。[1]

凯尔森意识到，如果不看清"效力"的问题，就会像主张社会学观察的那些人一样走入一个误区：混淆"应当做什么"和"实际

---

1 凯尔森：《法与国家的一般理论》，第32页。

做什么"。按照这个思路，效力问题应该和人们到底怎样行为没有什么关系。为了保持在"应当做什么"的问题上首尾一致的逻辑畅顺，使每一个"应当做什么"（即规范）和尘世的言谈举止划清界限，让它们自己成为一个自在自为的"效力家族"，凯尔森只好在基础规范的效力上作出一个假设。这也是"假设"的另外一个理由。

然而，假如普鲁士邦的大多数丈夫和图伦兹一样，各个法院对他们的行为也完全是睁一只眼闭一只眼，或者见一个放一个，再说腓特烈大帝的要求如何具有效力，我们自然会犹豫不决。此时，对腓特烈大帝的权力或者权威要划上一个问号，因为，有权力或者权威的话，法院就不会睁一只眼闭一只眼，或者见一个放一个。而对一个权力或者权威都是大打折扣的人所规定的一个要求，恐怕不能说它还有什么效力。这时候的腓特烈大帝的要求，和那些已有千年历史甚至被人遗忘的古巴比伦苏美尔人的法典，没有区别。而且，即使我们将这类要求视同上一小节说的"革命式"社会变化的牺牲品，也没有不合适的地方。

在这里，或者说在一个像普鲁士邦那样的社会里，一些个别的人或者法院自行其是、不顾"要求"这类情形，和大多数人、绝大多数法院自立规矩、抛弃"要求"这类情形，显然是不同的。对前面一个如何强调"效力"，自然让人听来有些容易接受；可是对后面一个还是一味说效力如何，尤其是对那个决定所有个别规范"命运"的基础规范，仍然是认为"效力是最根本的"，就让人觉得特别没有说服力了。此时，不仅决定具体规范效力的基础规范自己的内容出现了问题，而且，和图伦兹一案有关的具体规定也有了效力上的麻烦。因为，法院这样重要的机构认为基础规范的内容并没有这样的意思：凡是腓特烈大帝钦定的"要求"，都属于普鲁士邦法律秩序的一个规范，所有人都要遵守执行。凯尔森也知道其中的问题，故而拿出"事实"一词来说明基础规范的内容如何。

但是这么一来，好像又承认了，具体规范的效力取决于人们尤其是法院对基础规范的态度这个"是"（即实际行为），从而又与"社会学"信奉者的观点没有什么区别了，同时，还不能把"应当"和"是"一分为二。

## 042 效力的"原因"和"条件"

对于在图伦兹的案子上表现出来的基础规范"内容"的变化，凯尔森也知道，不论怎样辩说，都不容易躲避"社会学观察"的陷阱。因此，为了进一步说明自己的见解，除了用"事实"这个词之外，他还特别强调了"法律秩序的整体实效"这个观念。

在腓特烈大帝的普鲁士邦，肯定会有许许多多的像"夫妻间没有强奸可论"的具体规范。不仅在17000多条的《普鲁士邦法》里面，除此之外，肯定可以看到形形色色的教人"应当做什么""必须做什么""不得做什么""可以做什么"的要求。把那些规范要求放在一起，我们可以得到什么？凯尔森讲，得到的是一个国内

"法律秩序"，所以，可以认为"法律秩序是一个规范体系"。[1]
而在"法律秩序"这个概念上，凯尔森放心地告诉我们：

> 每个单独的规范，当它所属的整个法律秩序丧失其实效时，它
> 也就丧失了自己的效力。全部法律秩序的实效是该秩序的每个单一
> 规范效力的必要条件……整个法律秩序的实效是它的各组成规范的
> 效力的条件，而不是理由。这些规范之有效力并不是由于整个秩序
> 是有实效的，而是由于它们是在合宪方式下创造的。然而，它们只
> 有在整个秩序是有实效的条件下才是有效力的；它们之停止有效
> 力，不仅在于它们已在一个合宪方式下被废除，而且还在于整个秩
> 序已停止有实效。[2]

这里的意思是说，法律秩序整体是存在实效问题的，如果它有
实效，就为单个的法律规范的效力准备了一个条件；如果它没有实
效，单个规范的效力也就无从谈起了。当然，无论怎么说都是可以
的，就是不能说实效是效力的"原因"或者理由。可以想到，凯尔
森是在讲述一个中国人熟知的"鸡蛋孵小鸡"的寓言。鸡蛋要孵出
小鸡，一定要有个温度。这个温度就是一个必要条件。没有温度，
"冰天雪地"怎么可能孵出小鸡？而另一方面，鸡蛋所以可以孵出
小鸡，是因为它是鸡下的蛋，而不是石头。无论怎么努力，一个石

---

1　凯尔森：《法与国家的一般理论》，第124页。
2　凯尔森：《法与国家的一般理论》，第135页。

头也无法孵出一只小鸡来。这样，鸡蛋孵出小鸡就有了内在的原因和外在的条件。凯尔森也是这个意思：法律秩序的整体实效类似"温度"，基础规范类似一只"母鸡"，而一个具体法律规范的效力就类似一只"小鸡"。整体实效是"外在条件"，基础规范是"内在原因"，两者结合在一起就可以产生"效力"。

这么讲来，恐怕真是不易看出凯尔森的理论包含了什么破绽，但是，这里的"法律秩序"是一个集合的概念，它是由所有的单个法律规范所构成的（即规范体系）。在腓特烈大帝的普鲁士邦，法律秩序就是所有的《普鲁士邦法》不分里外地被叫作法律规范的那些规则的集合体。如果是一个集合体，那么，"法律秩序整体"究竟是指全部的法律规范，还是指主要的法律规范，还是指大多数的法律规范？

这个问题是十分重要的，因为，我们应当知道到底是全部的、主要的，还是大多数的法律规范的实效形成了个别规范效力的必要条件。

仔细思考一下，好像不会是全部的法律规范。假如是全部的，就会得出个别法律规范的实效也是自己效力条件的一个分子，而自己的实效决定自己的效力，不仅是凯尔森竭力反对的结论，而且在逻辑上也是一个不大不小的硬伤：一个东西的外在条件居然可以是它自己。

再想一下，好像也不会是主要的法律规范。因为，假如是主要的，那么，虽然可以顺利地讲次要的法律规范的效力是以主要的法律规范实效作为条件的，但是我们还要面对一个尴尬的问题：主要的法律规范的效力是不是以它自己的实效作为条件？如果回答是肯定的，刚才的逻辑硬伤依然出现；如果回答是否定的，就等于说主要规范的实效有时不能成为个别规范（即个别主要规范）的效力的条件。

再想一下，好像又不会是大多数的法律规范。假定是大多数，同样会出现一个难以解决的逻辑问题：大多数里面的一个"成员"自己的效力是不是以自己的实效作为条件（因为自己也是"大多数"里的一个分子）？

这样分析的结果，暗示了凯尔森的"法律秩序整体实效"是一个不大真实的概念，它和"温度"这个外在条件不同，后者是一个彻底的、在"小鸡"之外的一个条件，里面绝对不会有小鸡的因素。所以，无论我们怎样分析，断然不会得出一个"小鸡"是"小鸡"的外在条件的奇怪结论。如果"法律秩序整体实效"是一个不大真实的概念，那么，凯尔森等于没有解决"原因"与"条件"的关系问题，因而没有完全澄清"效力"与"实效"的关系。

说到这里，我们只好把那个"法律秩序整体实效"的概念看作一个对"社会学观察"的妥协企图。"社会学"的理论总会认为，一个规则是否真实，要视它在实际中的命运而定。倘若没人理会，没人注意，规则也就不应该具有规则的身份。凯尔森把这类观念视为法律思想中的"歪风邪气"，因为它非要将"应当怎样"与"实际怎样"的问题混淆，使得"法律"本身的形象失去了纯粹性。可是，"社会学"的支持者也不是没有理由的，他们抓住了法律思想中的一些难以梳理的关键问题，从而得以张扬。这反过来又使凯尔森不能太过分地否定"社会学观察"的基本理论。于是，我们就看到了他所讲的前一小节的"事实"这个解说，这一小节的"整体实效"的解说。

## 043 对图伦兹的社会组织式强制·"应当"

可以这样来说，凯尔森最喜欢"效力"这个词了，因为，它最能说明法律的"应当"性质。不过，再怎么在"效力"这个词身上打主意，还是不能非常有效地说明法律的独特性质。

再看图伦兹的问题。现在假设腓特烈大帝的《普鲁士邦法》规定：只要妻子不愿意，丈夫就不能强行夫妻房事。用凯尔森的术语来说，这个规定拥有约束力也即效力；它表明，丈夫在行夫妻房事的时候"应当"尊重妻子的意愿。我们可以想到，这样的"应当"不仅会出现在《普鲁士邦法》那样的实实在在的法律里，而且完全可能是那个时代的道德规范或者宗教规范。这样的话，一个问题就会出来了：法律规范和道德规范、宗教规范有什么区别？法律的独特之处是什么？

前面提到过，凯尔森讲，法律规范是一个动态的规范体系，因为里面有人的制定行为。但是制定行为能不能成为法律的一个独特标志？显然不行。像在礼仪规范、宗教规范里，我们都能发现人的

制定行为；而且，法律里的制定行为也是来自其他法律规范的"应
当"授权，自己也没有一个"决定性"的力量，在宗教规范里，制
定行为也有这个意思。这样，尽管凯尔森在"制定行为"上大做文
章，可是下不了决心把它当作独特标志。

怎么办？除了这个又想不出别的，于是，像许多法学家一样，
凯尔森到底还是重新拾起了"政治学透视"理论里的看家"本
领"：推出"强制"的概念。他说，"如果我们的研究限于实在
法，如果我们将那些一般被称为'法'的、过去和现在的社会秩
序加以比较，我们将发现它们有着为其他类社会秩序所没有的共
同的一个特征……这一特征是我们可以将法与道德、宗教这些其
他社会现象加以明确区别的唯一标准"，[1] 这一标准在于法律"是
一种强制秩序"。[2]


　　……如果我们将法律简单地界说为只是秩序或组织而不是一种
强制秩序（或强制组织），那么，我们也就失去了区别法律和其他
社会现象的可能性。[3]

尽管在古代巴比伦的法与今天美国法之间、在西非洲亚山蒂人
（Ashantis）的法与欧洲瑞士的法之间存在巨大差别，但这种强制
秩序，对这些在时间、地点、文化方面如此大不相同的人民来说，

---

1　凯尔森：《法与国家的一般理论》，第14—15页。
2　凯尔森：《法与国家的一般理论》，第19页。
3　凯尔森：《法与国家的一般理论》，第27页。

却基本上是相同的：都是这样一种社会技术，在相反行为时通过强制措施的威胁来促使人们实现社会所希望的行为。[1]

这表明，在图伦兹的问题上，法律规范与道德、宗教规范的区别就是：法律总要在一个义务的规定后面再规定一个"制裁"。图伦兹在"行夫妻房事"的时候，要尊重妻子的意愿，不得强迫，这是一个义务，否则便会受到惩罚。

这个标准自然可以使法律区别于道德，可是区别于宗教就不容易了。我们总会发现，在宗教的制度里"制裁"虽然不能说是比比皆是，但是有时也是清晰可见的。而且像在欧洲中世纪那个时期，宗教制裁的严厉程度已经达到令人发指的地步，比起古代"异常残酷"的法律制裁也是毫不逊色的。凯尔森知道这一点，故而声称法律制裁是一种社会有组织的制裁，而宗教制裁则不是那么回事。他说，"社会有组织的制裁是由社会所决定的一个人，以社会秩序所决定的方式，针对应就违反秩序的行为负有责任的那个人所采取的强制行为"[2]。

然而，怎么能说宗教制裁就不是一种社会组织的制裁？宗教组织当然是个社会组织，里面的制裁也从来都是经由特定的人员、经由特定的方式来作出的。看看中世纪教会的制裁，我们好像不能说那是一群毫无组织方式的乌合之众的制裁。反过来说，在那个时

---

1　凯尔森：《法与国家的一般理论》，第20页。
2　凯尔森：《法与国家的一般理论》，第21页。

期，人们所说的法律制裁恰恰还要经过教会的准许或者认可，这表明宗教组织有时要比法律组织还要严明。所以，有的学者指出，用强制来区别法律与宗教是不能成功的。[1]

说起"强制"，我们一定会记得前面几个小节对这个问题的讨论。凯尔森除了反复强调"制裁"是如何与"应当世界里的效力"连接在一起的，而与实际发生的惩罚没有什么关系之外，其他有关的说明辩护，都和"政治学透视"的理论相差不多。

## 小　结

为了对付"政治学透视"的理论，凯尔森不遗余力地切断法律与"心理学意义"上的意志的关系。为了对付"社会学观察"的学说，他坚决主张"应当"与"实际"是两个不同范畴领域的问题。在这种努力之下，法律大致被说成了一个纯而又纯的"应当世界"，而法律的效力则被说成了来自一个本身效力被假设的基础规范。凯尔森想说明，一个人，尤其是一个匪徒有意志叫别人做什么，绝不意味着出现了法律的"效力"或"约束力"；另一方面，不论社会上的人们再有怎样的行为习惯，也不意味着他人应当做什么，法律与实际的行为方式毕竟有着天壤之别。

可是，在拒斥"政治学透视"的意志说的时候，凯尔森又鬼使

---

1　David Lyons, *Ethics and The Rule of Law*. New York: Cambridge University Press, 1984, p. 54.

神差地将其"强制"说变相地加以利用；在批评"社会学观察"的行为决定说的时候，他又闪烁其词地将其"实效"的概念从"后门"请了回来。这样，纯而又纯的"应当世界"，或说"规范学"的假设，终究变得并不那么"纯粹"。

# 第四章　"解释学"的解释

　　凯尔森所提出的一整套的法律思想"新方案"，是想说明法律的独特要素。其实，前面讲过的各类学说，我已经不断地强调了，都有这个嗜好。不论是霍布斯、边沁、奥斯丁等人，还是格雷、卢埃林、埃利希、哈特这些人，都试图找到法律自身的独有品质。而他们在做这件事的时候，都以为自己可以站在一个外在的、客观中立的立场上而绝无主观观念的"影响"，就像自然科学家观察自然现象一样。凯尔森说：规范学的法律思想"也是'从外面'来研究法律的，并且它试图得出一个关于法律的'完全客观的'观点"。[1]

　　这个观念的意思是，我们可以作为一个外来的"观光"者，静静地、客观地在一个自己并不生活其中的社会里，观察异乡的活动和事件，品味它们的文化和旨趣。外来的"观光"者，由于自己是另外一个社会的，没有被对象社会文化的方方面面所"熏染"，所以，对象社会里的生活习俗、文化观念、制度安排、经济运行，无一不可以当作客观存在的"对象"予以解剖。当有意

---

1　凯尔森：《法与国家的一般理论》，第185页。

地"跳出"对象的圈子从外面反观对象的时候,就会得到"科学"的结论。

但是,美国法学家德沃金(Ronald Dworkin)却另有想法,说这样得出的结论,既是不可靠的,也是没意义的。他给出另外一个建议:像法律实践家一样,内在地——即在实践之中——来解释法律现象。

为了说明德沃金的独特的法律思想,我们再看一下凯尔森等人所讲的"客观观点"。

## 044 语词的通常用法

说起来,依照凯尔森等人的思路,要想找到法律的独特要素或者独有品质,就要在那些被称作"法律"的社会现象上查看一番。而这就牵涉了一个不易觉察的前提问题:有什么理由把一些社会现象叫作法律现象,另外一些不叫作?从古希腊开始,奥林匹克运动会是接连不断的,每次运动会里都有一些体育规则,为什么我们不把它们叫作法律?而非要把判了苏格拉底死罪的那些雅典条文叫作法律?这其中应该有个理由。

凯尔森给出了一个理由。他想,我们使用语词的时候,都会有一个约定俗成的习惯。像"书""树木""儿童""汽车""河流"等词语,我们都将大致地用它们来指称一些对象。尽管有时有点随意,可是总不至于将小孩说成是"书",将床说成是"汽车"。词的对象范围大体上被圈定了。"法律"这个词也是这样的。所以，日常"法律"一词的用法，就是把一些对象叫作法律的理由；否则便无法展开关于法律现象的对话交流了。凯尔森讲，为了确定法律的对象及其特点，"人们必须从'法'这一词的最可能广的用法出发"。[1]

正是在这个基础上，他又告诉我们：

古代巴比伦人所谓的法与今天美国所通行的法能有什么共同之处？一个在专制酋长领导下的黑人部族的社会秩序，也称为法的一种秩序，与瑞士共和国宪法，又能有什么共同之处？可是有一个共同的因素，足以证明这一术语是正当的，并使"法"这一词体现为一个具有高度社会重要意义的概念。因为这个词指的是一个强制秩序的特定社会技术。[2]

而边沁、奥斯丁、哈特这些人，也基本上赞同以词语的通常用法作为出发点。哈特就曾说过，不仅要注意"法律"一词的直接用法，而且要注意和法律现象有关的其他词语的用法。为此，他分析了日常语言中许多和"规则"相联系的语词陈述，比如，"我迫不得已才这样行为""我有义务这样行为""这个规则是有效力的法律规则""你这样行为是错误的""我发现在这个社会中人们遵守

---

1　凯尔森：《法与国家的一般理论》，第4页；Kelsen, *Pure Theory of Law*, p. 30。
2　凯尔森：《法与国家的一般理论》，第19页。

着一个规则""红灯亮时闯过线是错误的""我看红灯亮时那人停
车了"……[1]

在这些与规则有关的词语表述里，哈特分出了两个类别：一个
叫作"外在陈述"（external statements），一个叫作"内在陈述"
（internal statements）。所谓"外在陈述"，是指从外边的观察者
角度作出的表述。像"我迫不得已才这样行为""我发现在这个社
会中人们遵守着一个规则""我看红灯亮时那人停车了"，就是外
在陈述。这类陈述，表明说话者对规则没有一个"积极"的态度；
他们说话的时候，好像"不应该"遵守规则，或者"事不关己高高
挂起"。与此相反，所谓"内在陈述"，是指从行为者自己的头脑
所思所想的角度来作出的表述。像"我有义务这样行为""这个规
则是有效力的法律规则""你这样行为是错误的""红灯亮时闯过
线是错误的"，就属于内在陈述。这类陈述，表明说话者和规则之
间存在着一种"息息相关"的联系，表明说话者对规则怀抱着一个
"积极负责"的态度。如果自己或者他人违反了规则，说话者的心
理将会出现一种类似道德反省的自责，或者道德批评的谴责。

恰恰是以那些"内在陈述"作为出发点，哈特分析出了规则直
至法律规则得以存在的真正理由。[2] 他说，"内在陈述"才是法律
语境里面表明规则存在的正常用法，因为，像"外在陈述"那些言
语，要么不能区别于"强暴情景"中的用语，比如"我被迫把钱交

---

1 Hart, *The Concept of Law*, preface.

2 参见第031、032小节。

了出来"，要么看不出说话者和法律有什么真正真实的关系，比如"我看红灯亮时那人停车了"。概括来说，可以而且应该通过日常语言正常用法的"窗口"，分辨客观存在的法律现象，确定哪些是可以叫作"法律"的社会现象。[1]

然而，就凯尔森和哈特的语词通常用法观点来说，它也许是靠不住的，或者说可能会引起不小的争议。

按照凯尔森对通常用法的理解，法律可以说是一类强制秩序，这等强制秩序是一种"效力自我传递"的规范体系，它的效力与实际的强制力量，比如镇压、制裁，和制定者的心理意志，比如想要规定什么，没有关系。这样说明，的确不仅能够解释国内法，而且能够解释日常语词所表达的国际法。尤其对国际法来讲，它从来就没有一个像国内法律制度那样的制裁机构；在国际社会中，即使存在着国际法院之类的审判组织，这种审判组织的手里也没有制裁的手段和机关，可是它始终表明了制裁"应当"发生，因而是有效力的。而且，即使可以认为国内法存在一个自上而下的制定机关，表达了一个意志，但是在国际法中，就没有办法看到这么一个机关，这么一个意志，用心理学上的立法意志也没有办法说清楚国际法的效力。用"应当"而非"实际的暴力"来表达强制，用"应当"而非人的意志来说明法律的存在，自然会让人觉得比较容易接受。

---

1　Hart, *The Concept of Law*, preface.

不过，像边沁、奥斯丁却以为，语词的通常用法可能不是凯尔森所理解的那种情形。像孟德斯鸠、梅因、埃利希则会说，不仅"国际法""原始法"，而且"自然法""教会法""宗法""家法"和"礼法"，也都属于"法律"一词日常使用的范围。

这就涉及了语词日常使用的空间和时间的文化差异的问题。在不同的历史时期、地理区域，语词的用法存在着很大区别。欧洲中世纪的"法"一词，充满了宗教的意味，那个时期的世俗国家还是一个并不引人注意的组织实体，人们虽然讲到国王的命令是法律，但更会以为教会宣布的规则才是重要的大法；到了19世纪，世俗国家却成了名副其实的"王中之王"，"朕即国家法律"一说已经使教会的规则黯然失色，人们倒是倾向于将一切法律归之于国家的明文制定。而恰恰就在19世纪，法国人说法律就是正规的立法机关的"作品"，英国人不仅将议会的"作品"，而且将法院的"作品"都列为法律家族的一员。甚至早在17世纪的时候，英国人就已经开始推出"判例法"这个词了，或者直接把它叫作"法官法"（judge-made law）。

说到这里，可以大致地看到，为什么边沁、奥斯丁、孟德斯鸠、梅因、埃利希会有不同于凯尔森的描述。结论似乎是这样的：语词通常用法的观点，并不那么稳当。

对哈特的日常语言正常用法的分析观点来说，可能会遇到一些类似的问题。

就"我迫不得已才这样行为"这个陈述来说，哈特的观点是：其与法律规则的存在是没有实质联系的。可是，与"强暴情景"有些类似，并不等于这种陈述和法律是不存在关联的。比如，"我只好服从法院的判决，将房屋交给那个原告，否则法院会强制我搬出房屋的"，"我实在不想交税，可是不交的话就会被罚款"，这些陈述，都显示说话者和法律有着密切的联系。即使在法官那类官员的语言表述里，我们也可以看到类似的不大情愿的陈述，比如，"还是按照上级法院的意思来判案吧，不然的话，上级法院一改判对我们下级法院就不太好了"。在这里，认定与法律的存在没有任何联系，就难以让人接受了。其实，在社会中，毕竟有些人服从法律规则是不大情愿的，因为，法律没有符合他们的利益、愿望和要求。不能认为，这类陈述无法说明部分的法律现象。因此，人们可以争论什么用法才是与法律有关的正常用法。

此外，在前面第006小节，我们还讨论过"公园禁止车辆入内"的例子。在那个例子里，一个规则被假设为禁止一切车辆入内。现在，我们在这里将问题进一步地设定为：当公园里出现了急需救治的病人或者发生了大火，救护车和救火车是否可以允许入内？根据语词的通常用法，救护车和救火车当然属于"车辆"，所以只好被拒之公园门外。但是，许多人会以为，为了救人救火，恐怕不能这般"断然"拒绝。在这里，更多的人会主张首先救人救火，倒不在乎规则是否被违反了，语词的通常用法，反而似乎容易被人忘得一干二净。

由此可见，无论用凯尔森的"法律"一词通常用法的方法，还是参考哈特的与法律有关的日常语言的正常用法，都不能让人没有顾及地将一些现象叫作法律现象，将另外一些不叫作。就在确定法律对象的时候，人们都会展开一些争论。

## 045 "实证"的策略：寻找法律的"出处"

确定了什么属于法律对象之后，凯尔森以及上面讲过的那些人，觉得可以稳妥地建立一个"客观中立"的法律科学了。这些人，由于主张法学观察和分析的客观中立，便被一般的法律思想史学家赋予了一个正式的"绰号"：实证主义。在后面，我们再详细解说法律实证主义的意思以及功用。[1]此时，先了解一下实证主义者的一个策略：寻找法律的"出处"。

"出处"涉及这么一个问题：法律是从哪里来的？或者这样来表述，一个规则从哪里出来以后就可以叫作法律了？打个比方，一堆铁矿经过钢铁厂的冶炼，就变成钢了，我们可以说钢铁厂的冶炼是钢的"出处"。一群学生从大学毕业了，就变成大学毕业生了，我们可以说大学毕业是大学毕业生的"出处"。实证主义者不断追求的就是要找到这么一个法律的"出处"。霍布

---

1 参见第069小节。

斯、边沁、奥斯丁就把主权者发布命令这个行为看作法律的"出
处"，只要是主权者郑重地颁布或者认可了一条普遍性的命令，
一条法律也就产生了。卢埃林、弗兰克把法院的判决看作法律的
"出处"，如果法院宣布了一个判词，法律也就在其中了。哈特
和凯尔森虽然说对这些人的说法不以为然，但是也各自为我们介
绍了一个"出处"：认可规则和基础规范。哈特声称，只要来自
"认可规则"的认可，一条小规则毫无疑问地便成了一条法律规
则。凯尔森则说，只要来自基础规范的授权，制定规则的行为就
成了制定法律的行为，而一条小规则也就成了法律家族的一员。
埃利希尽管没有清晰地说出这个意思，但是也大致体现了这么一
个思路。

　　"出处"从另外一个角度来看，就是"确定标准"，也即确定
什么东西可以划归另外一类东西的标准。找到一个"出处"，等于
找到一个"确定标准"。大学毕业对大学毕业生是一个"出处"，
同时也是大学毕业生身份的一个"确定标准"。运用这个标准，可
以清晰地分辨谁是大学毕业生。霍布斯、边沁和奥斯丁也是这么思
考问题的，他们既把国王议会之类的立法者的明文制定看作法律的
"出处"，又把它视为法律身份的一个确定标准。依赖这个标准，
可以轻松地断定什么规则是法律规则。卢埃林、弗兰克、哈特和凯
尔森同样是这样思考问题的。实际上，我们前面讨论过的所有学
说，都在争论这个"出处"或者"确定标准"到底是什么，同时又
不约而同地认为存在这么一个东西。

现在，假定他们可以顺利地确定哪些东西是法律现象，并没有遇到上一小节所说的困难，看看他们观察到的所谓"出处"或者"确定标准"是否仍然会有些困难。

当看到一个物品，其外观像桌子，而我们又想确定它到底是不是桌子，那么，要考虑哪些问题？显然，要看它的形式、结构，还要看它的出处。如果它有三只以上的"腿"（当然一般是四只"腿"），有一个平台架在"腿"上并且可以支撑在那里，又是通常出于木工之"做"，大体就可以确定它是桌子了。

可是，要不要考虑它的用途？如果不知道它可以用来干什么，它对人而言的"目的"是什么，能够确定它就是桌子吗？有的东西也有类似的外形，也是大致出于木工之手，可是却用于其他目的，比如支撑、游戏、睡觉等。当被用于另外的"目的"的时候，我们是不是更为乐意把它叫作架子、玩具或者床，而不叫作桌子？的确，仔细思考一下就会发现，假如不知道它的用途，不知道它可以用来伏案书写或者就餐品茶，就会对它有一个模糊的认识，很难确定它是属于桌子一类的物品。

这么说来，考虑法律的时候，也不能丢掉对法律的"目的"的理解。如果只知道法律的形式、结构和"出处"（那些实证主义者尤其爱说形式、结构、出处），而不知道它的目的，对它的理解自然是片面的。而要知道它的目的，就要理解它的内容；理解它的内容，就无法避免对它应当是什么或者应当具有什么内容有个理解，因为，我们容易思考"应该有什么目的"这样一个问题。在这个意义上，美国法学家富勒讲，在确定法律的特性的时候，我们恐怕不能抛开"法律应该怎样"这样一个标准，而仅仅提到"出处"。[1]如果一个规则被立法者制定出来，仅仅具有"观赏"这么一个目的，那么，把它叫作法律将是十分困难的。

这是有道理的。不过，对待这个批评，实证主义者可以这样认为，虽然说在思考桌子的性质的时候，我们总会思索它应该具有的用途，也即制造它的目的，而且，对桌子的理解总是会从"结构""出处"到"用途"，从"用途"到"结构""出处"，可是，对于曾经被认为是桌子的东西，即使它失去了用途的功能，例如无法在上面写字、吃饭或者放置物品，或被人们移作他用，是否的确没有理由认为它不是桌子？恐怕不能这样说。一般来讲，如果它仍然保持了原有的特定形式、结构，我们不会否认它桌子的"资格"或者品质。我们会说：这是张桌子，但是被人拿去当作玩具或者床了。倒不会因为被拿去干别的，便以为它就不是桌子了。换句话说，还是可以撇开"用途""目的"之类的问题，仅仅从外观和"出处"来理解桌子。

在这里，实证主义者的意思是说，假如的确可以稳妥地确定哪些东西是法律现象，那么，在这些对象中找一个"出处"或者"确定标准"这样一个思路，似乎不应当受到太多的怀疑。

---

1 Lon L. Fuller, *The Morality of Law*. New Haven: Yale University Press, 1969, p. 11.

## 046 观察者的"目的"

然而，实证主义者的进一步解释，存在一个不易被人觉察的假设前提：观察桌子的人没有特定的文化背景，而且，他们和被解释说明的桌子之间好像没有实践上的关系。这是在讲，不论观察者怎样解释说明桌子的"目的"，结果都不会有特定的文化印记，而且，观察者也可以不具有任何的责任。

现在，我们把观察者还原为一个真实的、有特定文化背景的观察者，并且对解释说明的结果负有一定的责任。

可以想象，在这种条件下，观察者就会带着自己理解的"目的"来理解桌子的"目的"，会提出各种实践上的理由来支持自己的解释结论。他也许会认为，不能用作书写、就餐的物品，或者被用来睡觉、玩耍、放置其他东西的物品，一概不能叫作桌子，而只能叫作另外一类物品，比如"床"。因为，这样的解释和他所在的文化氛围十分协调，这种文化氛围特别注意实用的价值和意义，强调"为了什么"是首要的思考目标；同时，这么解释说明，也符合对他的责任要求，因为责任可能要求他应该特别注意物品的实用性，比如，他是一个物品管理员的话，他所具有的责任就是如此。

这表明，在具体真实的文化背景下来设想一个观察者，这个观察者也就完全可能是紧紧围绕"用途""目的"之类的东西，来解说桌子的问题。

如果不能撇开"目的"，而且"目的"不仅仅是桌子本身"用途"的问题，还有观察说明者主观理解的"目的"的问题，那么，实证主义者设想的"出处"或者"确定标准"的计划就会落空。当观察一条规则是否为法律的时候，就不仅要看看"出处"，而且要想想那条规则的"目的"，整个法律的"目的"。更为重要的是，这个"目的"可能就是我们自己理解的目的，而不是对象本身的"目的"，因而它就和人的价值观念联系在一起了。再加上人人都会有一些独特的文化背景、特定的责任，这样就会使解说出来的"目的"多种多样。

说到这里，可以发现，实证主义者试图在那些被叫作法律的现象里客观中立地找出一个"出处"或者"确定标准"，似乎是不会成功的。

## 047　具体法律背后的潜在原则

"出处"或者"确定标准"这样的概念，除了会遭遇"目的说"这个困难之外，还会遭遇"具体法律背后的潜在原则"这个困难。

我们先用一个例子说明什么是"具体法律背后的潜在原则"，并且看一下这些原则是不是法律的一部分，然后，再看看这个困难到底意味着什么。

1960 年，美国新泽西州高等法院审理了一个汽车合同纠纷案（*Henningsen v. Bloomfield Motors, Inc.*）。原告是一对夫妇，丈夫叫克劳斯·亨宁森，被告是一家汽车公司。亨宁森夫妇买了一辆汽车。一个周末，汽车在路上因为零件的故障突然失控，撞向路边的一个广告标志，夫妇两人受了伤。于是，夫妇两人到了法院，认为汽车公司负有责任，要求赔偿医疗费和其他损失。汽车公司认为自己没有任何过错，拒绝承担责任。而且，在法庭上，汽车公司颇为沉着地把购买汽车的合同摊开，指着条款说道：对不起了，这里清楚地规定，汽车公司的责任仅仅限于更换有瑕疵的汽车零件，其他概不负责。汽车公司宣称，可以向亨宁森表示道义上的歉意和慰问，但是赔偿问题只能依照合同办理。[1]

按照一般的具体法律理解，合同签订了，而且是自愿的，那么再有什么不公平的地方也是没有办法的，法院只有按照合同的约定来处理案件。但是，法院最终判决亨宁森夫妇胜诉。法院指出：第一，契约自由不是毫无限制的、一成不变的原则，即使是签了字的合同，也不能无条件地成为束缚双方的一条"锁链"；第二，在美国这样的社会里，生产人们广泛使用的、必需的、复杂的、有潜在危险的产品——比如汽车——的商号，对产品可是负有特殊的责任，这是说，就算是主观上没什么过错，也要对出现的问题承担一点责任；第三，法院是公平的"殿堂"，无论怎样，都不能允许别人利用法律把法院当作不公平的工具加以利用；第四，当一个人别有用心地利用另一个人经济上的必然需求进行"交易"的时候，法

---

1　32 N.J. 358, 161 A. 2d 69 (1960).

院就应当拒绝帮助前者。[1]

在这里，法院所说的恐怕都可以叫作"具体法律背后的潜在原则"。可以这么认为，在常人一般所讲的具体法律规则里，或者在法院长期以来形成的各种判决里，都可以看出许多潜在的原则。就法院第一个理由来看，肯定能够发现，许多具体的法律规则和法院判例都有一些限制契约绝对自由的东西（比如每日劳动12小时的雇工合同无效）。虽然在亨宁森的案子上，法律规则或者判例没有明确规定这类买卖合同有无效的地方，但是，在那些限制性的法律条文规定里，可以抽象出一个原则：在一定情况下，比如歧视、显失公平等，契约就不是绝对自由的，它不能成为权利或者义务的主张的根据。对法院第二个、第三个和第四个理由，我们也都可以分析出一些潜在的原则。

针对亨宁森这个案子，法院的判决根据显然不是那些明确规定下来的规则或者判例，相反，倒是法律制度或者体系里面潜在的一些原则。而所谓的"原则"，就是那些相对于具体规则和判例而言较为抽象化、较为一般化的准则。像"平等地对待每一个人"，就是一个例子。潜在的原则就是并未被人们明确加以规定，而在具体规则和判例背后可以理解、"挖掘"出来的原则。

那么，这些潜在的原则是不是法律的一部分？

---

1　关于法院在判决上的详细说明，可以参见原判决，载：http://www.courts.state.ny.us/reporter/archives/riggs_palmer.htm，或者Ronald Dworkin, *Taking Rights Seriously*. Cambridge: Harvard University Press, 1977, pp. 23-24。

　　这个问题是非常重要的。因为，在亨宁森的案子里，法院的确是依照这些原则来审理案件的。按照一般观念，法院进行判决的时候应该依照明确具体的一些规则，而不是抽象化的、不太清楚的、没有明确规定的原则。可是，在实际的断案过程中，由于明确具体的规则总有这样或者那样的"不方便"，没有办法直接地适用，法院也就只有常常依照原则来审判案子了。在这个事实面前，我们首先似乎不能坚持认为法院就是不对的，说"法院应该保持沉默而不应该依照什么原则来审判案件，否则就是僭越了立法权力"。如果一定要说法院是错误的，恐怕就要剥夺法院的解释法律的权力了，毕竟，许多规则都需要法院的解释，才能用到具体的案子上。而剥夺法院的解释权力，让立法者自己来解释，一方面会使立法者面对数不胜数的解释难题，不堪重负；另一方面也像我们在前面不断提到的使司法权和立法权不知不觉地合二为一了，这又与分权的观念是冲突矛盾的。所以，还是不说法院不对的为好。

　　有了这个事实，就要面对两个选择：要么将潜在的原则说成法律的一部分，从而把亨宁森案子里的法院审判说成是"依法审判"，要么将潜在的原则剔除在法律之外，说它们不是法律，从而把法院的审判说成是"自由裁量"。像前面讲过的一些实证主义者比如边沁、奥斯丁、哈特和凯尔森，大多以为法律仅仅是由那些具体的规则构成的，绝对不包括什么潜在的法律原则。这样的话，当很难直接适用这些规则的时候，法院就有了"自由裁量权"

（discretion），也即酌情处理的权力。[1] 它既可以考虑那些潜在的原则，也可以不考虑，换句话说，潜在的原则对它是没有约束力的。所以，在亨宁森的案子里，当法院用了潜在的法律原则的时候，这完全不是适用法律，而是运用"自由裁量权"。

根据这个说明，法院可就不是"依法办事"了。

但是，如果把法院说成没有依法办事，就会引出一些政治上的重要问题：为什么法院可以这样？是谁给了法院这样的"准立法"的权力？法院通常不是民选的机构，怎么能有类似立法的权力？"一个社会应当由大多数公民选举的，并且对公民负责的人治理。一般而言，法官不是被选举的，他们事实上也不像立法者那样对选民负责。因此，法官制定新的法律的时候，就很可能危及了这个公理"。[2]

不仅如此，这样还会出现另外一些让人难以应对的问题：法院这样溯及既往地判决，对当事人公平吗？"法无明文规定即不为罪"是常理。在没有法律的情况下还要判决，对败诉一方来说就是"不知者也怪罪"，这就没有公平可言了。亨宁森案里的汽车公司，根本就不知道法律已经说或者会说合同那样签订有不对的地方，这不是使它非常冤枉？此外，溯及既往的话，谁还知道自己现在的行为将来是合法的还是非法的？按照现时的判决汽车公司败诉，汽车公

---

1　例如，参见Austin, *The Province of Jurisprudence Determined*, p. 163; Hart, *The Concept of Law*, pp. 121-150。

2　Dworkin, *Taking Rights Seriously*, p. 84.

司吸取了"教训",和别人签了一份不同的合同,那么,汽车公司怎么能知道今后法院是不是又认为合同不公平?法律要是这个样子,就太令人失望了,而且,谁都将无法安排自己将来的事务。

当然,边沁、奥斯丁、哈特、凯尔森他们会说:没有办法,这是代价,世界上没有两全其美的事情。但是这么无可奈何,总不是一个令人满意的答案吧?无论怎样,一般百姓并不希望法院可以具有这样的权力。

这般讲来,假如反过来认为法院是在"依法审判",认为潜在的原则实际上就是法律的一部分,这样,会使所有与"法治"有关的理论烦恼烟消云散。

此外,特别重要的是,在理论上假如认为潜在的原则不是法律的一部分,对法院没有什么约束力,那么,就会得出一个令人难以理解的奇怪结论:具体的规则也不是法律的一部分,或者说对法院也是没有约束力的。因为,第一,法官这些人在法律适用中改变、撇开具体法律规则的情况是时常发生的,这是事实;第二,他们在法律适用中有的时候运用作为具体规则和判例的"背景根据"的潜在原则,有的时候不运用,这与运用具体法律规则的情形完全没有实质性的区别,也许只有少许的、量的区别(实际上也是计算不清的);第三,如果认为,法律适用者可以运用,也可以不运用"背景根据"这种情形表明这些"背景根据"不具有法律的约束力,因而不是法律,那么同样可以认为,具体法律规则不具有法律的约束力,因而不是法律。

　　然而，显然可以看出，人们从不因为法律适用者有时改变、撇开了具体法律规则，从而认为具体规则对他们不具有约束力，因而不是法律。这么看来，似乎也没有理由认为原则等"背景根据"不是法律。所以，美国法学家德沃金说："除非我们承认至少某些原则（即作为具体规则和判例的背景根据的潜在原则——笔者注）对法官是有约束力的，要求他们作出具体判决，否则便没有或者几乎没有什么规则，可以说成对他们是有约束力的。"[1] 这样，在亨宁森的案子里，我们还是有理由将潜在的原则看作法律的一部分，从而轻松地认为"法院是在依法审判"。

　　到了这里也就可以发觉：如果那些潜在的原则是法律的一部分，那么，实证主义者不断强调、坚持的"出处"或者"确定标准"，就会遇到十分强有力的理论阻碍，因为，人们很难用"出处"或者"确定标准"来确定潜在原则的法律"身份"。

　　为什么？

　　因为，潜在的法律原则存在着几个特点：

　　第一，它们没有一个明确的标记。和一般具体的法律规则不同，它们很难在一些固定的法律文本中查找。像亨宁森案子里那些潜在的原则，我们并不能够清楚地发现它们，因为，它们好像是潜藏于明确具体的法律规则之中。在亨宁森非常倒霉的日子，美国的各类具体明确的法律规则都没有说"契约自由不是一成不变"的原

---

1　Dworkin, *Taking Rights Seriously*, p. 37.

则，或者"合同即使签了字也不能无条件地成为束缚当事人的硬性义务"；相反，人们只是在某些具体规则和判例里，发现它们隐隐约约地存在于那里。

第二，正是因为潜在的原则没有明确的标记，所以，如果想去寻找它们，就要对具体的法律规则和判例进行仔细的"研究思考"。换句话说，用一种"查找"的方式是不能发现它们的，而只能用具有洞察力的"理解""解释"的方法才能抓住它们。在亨宁森的案子里，法院说"当一个人别有用心地利用另外一个人经济上的必然需求进行'交易'的时候，法院就应该拒绝帮助前者"，法院说的是一个原则，这个原则是法院通过对许多法律具体规则和判例的理解和解释而获得的。面对亨宁森和汽车公司的尖锐对立，法院不仅会思考其中的纠纷在直接有关的法律上到底意味着什么，而且会想到许多其他类似的判例和间接相关的法律规定，并在其中"理解""解释"潜在的法律原则。不用具有洞察力的"理解""解释"的方式，显然无法"抓住"那些原则。

第三，"理解""解释"潜在的原则，就是要在一系列具体明确的法律规则和判例中挖掘探寻，于是，完全有可能根据不同的规则系列和判例系列获得不同的潜在原则。当获得不同的潜在原则的时候，就需要用选择的方法来确定哪个可以用作解决案子的法律依据。亨宁森案里的法院，根据许多限制"契约绝对自由"的法律具体规则和判例，"理解""解释"出了"契约自由不是一成不变"的原则，而法院也完全可以根据另外一套具体规则和判例获得不同的原则。比如，在一系列肯定契约自由的法律规则和判例中，当然可以"理解""解释"出"契约自由必须要受到尊重"的潜在原则。其实，在纷然杂陈的具体法律规则和判例中，完全可以获得许多不同甚至"相互竞争"的潜在原则。针对亨宁森案子里法院说出的几个原则，人们当然可以根据不同系列的具体规则和判例，获得与之不同甚至"相互对立"的原则。这样，法院就会面对一个选择、平衡原则的问题。这是说，潜在的原则并不像具体规则或者判例那样，被法院要么适用要么不适用，要么是有效的要么是无效的。反过来，当我们将一个原则列入"法律原则行列"的时候，只是讲法院要"把它当作支持一方或者另一方的理由加以考虑"。[1]

　　这三个特点表明，那些实证主义者设想的所谓客观存在的"出处"和"确定标准"，不能用来确定潜在原则是不是法律。像奥斯丁说的"主权者发布命令"这个"确定标准"，只能说明被制定出来的明确的具体法律规则，说明不了这些规则背后的潜在原则。因为，潜在原则的存在和"主权者发布命令"是没有关系的；人们不是通过主权者的命令，而是通过深层的理解、解释来获得它们的；通过主权者的命令形式的外表，是不可能发现那些潜在的原则的。同时，"主权者发布命令"这个事实，也无法作为区别法律性质的潜在原则和非法律性质的潜在原则，因为"命令"只能表明"有效还是无效"，这对具体的规则是非常适合的，而各个原则之间的关

---

1　Dworkin, *Taking Rights Seriously*, p. 16.

系不是"有效还是无效"的关系，而是"不同"或者"相互竞争"的关系，"命令"当然不能说明后一类的关系。

对哈特的认可规则来说，也是如此。"认可规则"可以有效地说明具体、明确规则的法律性质，但是不能说明潜在的原则。"凡英国议会颁布的规则就是法律"是一种"认可规则"，它怎么可以说明潜在的有时甚至不太清楚的原则？我们用这个"认可规则"，怎么可以分辨明确具体规则背后的原则？在亨宁森案那样的审判里，法院根本就没有用这类"认可规则"来确定什么原则是法律原则，什么不是，从而以此来确定"什么是法律"。法院所做的是在不同甚至竞争的原则之间作出选择，而不是根据"认可规则"来确定谁是有效的，谁是无效的。

## 048 帕尔玛案里的"理论争论"

对于"出处"和"确定标准"这样的概念，如果再多费一些心思，还可以找到更为具有批判力的东西：法律实践中的"理论争论"（theoretical disagreements）。

什么是"理论争论"？

为了说明这个问题，我们再提一下前面两章讲过的里格斯诉帕尔玛案。在那个案子里，法官格雷（Clinton Gray）和法官厄尔（Robert Earl）就帕尔玛是否有权继承遗产展开了激烈的争论；争论中包含了各种可以论证双方法律主张的"理论"资源。案子的主角帕尔玛谋杀了被继承人，当时的《遗嘱法》对此没有明确的法律规定，于是法官们只好充分论证自己的法律观点。

在格雷法官的论说中，可以发现，不仅有具体问题的分析说明，而且有抽象原则的阐述论证。格雷法官指出，虽然死者如果知道了帕尔玛想要谋财害命，可能会把遗嘱修改从而将遗产送给两个女儿，可是这仅仅是一种猜测，因为，也许死者就是具有这样一个执意的想法：财产无论如何只能交给帕尔玛。格雷讲这个问题的时候，是在说明具体的问题。另一方面，格雷还说，惩罚要有明文规定才行，帕尔玛要承担刑事责任是没有问题的，但是这不意味着他要遭受民事处罚（即剥夺继承权），因为，《遗嘱法》根本没有说到要这么处罚。以明文规定作为依据处罚，是一个基本的法律原则。当这么说的时候，格雷是在用潜在的抽象原则论证具体的问题。[1]

在厄尔法官的论说中，也可以发现具体问题的分析说明和抽象原则的阐述论证。厄尔法官提到，白纸黑字的《遗嘱法》虽然没有明义规定剥夺谋杀者的继承权，可是我们解释《遗嘱法》的时候，一定要想想立法者遇到这类情况将会怎样规定。想象立法者会允许帕尔玛以谋杀方式获得继承权，这太荒谬了。厄尔法官这么讲的时候，是在分析说明具体的解释问题。同时，厄尔法官还说，以往的美国具体的制定法和判例都隐隐约约地展现了一个基本原则，也即不能因过错而获得利益；法院判决案子的时候，怎能不顾这个原

---

1　Dworkin, *Law's Empire*. Cambridge: Harvard University Press, 1986, pp. 17-18.

则？当这么说的时候，厄尔法官也是在运用抽象的原则来论证具体的问题。[1]

显然，我们可以发现，法官在争论一个具体问题的时候，一定会依赖一些比较抽象甚至更为抽象的法律原则，而且，他们是在运用这些抽象的原则来争论，换句话说，他们之所以争论，是因为他们对抽象的原则具有不同的看法。这一点是非常重要的。

我们现在可以再往深层方面展开讨论。当对抽象的原则具有不同的看法的时候，法官实际上是对抽象的一般法律理论具有不同的看法。像格雷法官竭力主张法无明文不处罚这个原则，是因为，他头脑里想的是这样一个一般的法律理论：法律是由立法机关写下的白纸黑字构成的，除非立法者展现了另外的意思表示，否则，就得在白纸黑字中找寻法律的含义。厄尔法官对这不以为然，他总想着许许多多具体明确的法律规则和判例背后的背景原则，因为，他头脑里也有一个一般化的法律理论：法律不仅包括白纸黑字的规则和判例，而且包括了背景的法律原则。这样说来，在争论具体问题的时候，两个法官等于是在运用不同的法律原则相互对抗，进而运用不同的一般法律理论"你争我夺"，他们最终运用了不同的法律概念理论——法律是什么——来争论。他们的争论，不仅是具体的、实践的，而且是抽象的、理论的。

这种对抽象原则和一般法律理论的争论，都是有点抽象的味

---

1 Dworkin, *Law's Empire*, pp. 18-20.

道，所以，我们可以像德沃金那样把它叫作"理论争论"。[1]

那么，"理论争论"是如何使"出处"或者"确定标准"的实证主义观念处于更为危险的境地的？

就帕尔玛这个案子来看，我们可以再次思考一下哈特的"认可规则"的观念。根据哈特的意思，在帕尔玛案里，如果想知道什么是法律，就应该观察一下大多数人尤其是官员群体接受了一个什么样的"认可规则"。"认可规则"内容的表述，可以是"凡美国州（如帕尔玛案发生的纽约州）议会明确制定的规则是法律"，也可以是"凡美国州议会、政府明确制定的规则和法院的判例是法律"，也可以是别的什么内容。假如纽约州大多数人尤其是法官和行政官员群体，接受了其中一个，那么，从这个"认可规则"就可以推断出什么才是有效的具体法律规则。在有些情况下，即使是官员之中的大多数而非社会的大多数接受了一个"认可规则"，确定法律的标准也是存在的。概而言之，只要存在着大多数人或者官员"接受"行为的一致性，就可以准确真实地在其中观察到一个"认可规则"，从而确定什么是法律。[2]

可是，在帕尔玛这个案子上，我们发现了激烈的争论；而且可以想象，纽约州的大多数人都会对它争论不休，起码有些人会站在帕尔玛及其代理律师的立场上说话，有些人会站在死者的两个女儿的立场上说话，而有些法官会站在格雷法官的一边，有些法官会站

---

1　Dworkin, *Law's Empire*, p. 5.

2　参见第033小节。

在厄尔法官一边……人们的立场分歧可能是非常普遍的。第一，他们之间的争论，都是暗中在抽象的原则和一般法律理论的层面上互不相让（至少我们可以觉察这样的问题）；第二，争论的缘由，最终也是因为对抽象的原则和一般的法律理论存在着不同甚至矛盾的看法，甚至对"法律是什么"这样最为抽象的概念存在着不同甚至矛盾的看法；第三，对抽象的原则和一般的法律理论，争论也是非常容易产生的；第四，这种最为关键的、抽象的、关于法律的"理论争论"是在争论的过程中浮现的，当没有关于法律的具体问题争论的时候，我们很难甚至没有可能发现实践中的"不同甚至矛盾的抽象理论"，其比前面讨论过的"潜在法律原则"是更为隐蔽的。

在这个意义上，我们因而就更难通过"客观观察"来看到一个社会，比如纽约州的社会中存在着一个"认可规则"。[1]

话说到这里，我们可以意识到，由于在社会中，各种各样的人对许多法律问题会产生一种争论，而争论本身不仅是具体实践的，而且还是抽象理论的，特别需要强调的是这种抽象理论不是预先可以客观观察到的，这样，在他们的日常法律实践中，根本不能发现一个"认可规则"那样的确定法律性质的"出处"或者"标准"。再详细地说明一下的话，那么，根据哈特的描述，"认可规则"是

---

[1] 此外，哈特说的那类"认可规则"，看来看去本身就很像一般的法律理论。"凡美国州议会明确制定的规则是法律"，在哈特的叙述里叫作"纽约州的认可规则"，而在别人看来，就可以是一个一般的法律理论，因为它表达了一个有关法律概念的理论。因此，进一步说，这在另外一个方面可以看出在帕尔玛这样的案件里，人们十分容易对这样的法律概念理论产生不同的想法，也即很难达成一个"认可规则"。

在"内在观点"式的"态度"中才能观察到的东西；而在各种人的"内在观点"中我们只看到了"理论争论"，没有看到一致性的"看法"，于是，"认可规则"也就不存在了。其实，另一方面，"认可规则"在哈特的理论中也是一种表述"法律基本概念"的东西，比如，"凡是英国议会制定颁布的规则就是法律"；这样，当人们出现"理论争论"的时候，实际上等于是没有达成一个一致的"认可规则"。

## 049  对具体判决结果没有争议的案件

在亨宁森和帕尔玛的案子里，另外一个很重要的问题是这样的：法官们都对具体的判决结果有不同的意见。刚才谈论的那些反对认为存在着"出处"或者"确定标准"的理由，似乎都是以这个作为出发点的。这是说，提出反对理由的人总是注意着"具体判决结果的争议"。假如对具体的结果没有争议，是不是就可以说，潜在的法律原则没有什么作用了？法官们所运用的具体规则或者判例背后的"背景根据"是一样的，因而不存在"理论争论"了？因此可以非常稳妥地在法官实践或者社会之中，找到一个"出处"或者"确定标准"？

假设在帕尔玛的案子里，帕尔玛并没有杀害祖父，而是在祖父病死的时候自然而然地依照遗嘱继承了遗产，而病死的被继承人的两个女儿还是不接受，一定要和帕尔玛争夺遗产，那么，法官对具体的判决结果都不会有不同的意见。因为，显而易见，《遗嘱法》规定得清清楚楚，死者的遗嘱又完全符合法律规则的具体规定，最为重要的是帕尔玛没有任何过错，此时还说两个女儿有部分的道理可以在法院里争一争，那就是有些不可思议了。

不错，如果案子的情形的确如此，当然就不存在"具体结果"的争议。大家都会认为帕尔玛的继承权是无可置疑的。但是，这可不意味着潜在的法律原则就不存在什么作用，也不意味着法官们所用的"背景根据"完全一样；更不意味着可以没有任何障碍地在社会实践中找到一个"出处"或者"确定标准"。因为，格雷法官和厄尔法官依然可能继续保持着自己关于法律原则的"理论见解"，从不同的法律原则出发，得出相同的具体判决意见。

为说明这个问题，我们看一下另外一个真实的、尽管对具体判决结果没有异议但是却仍然具有"理论争论"的英国案件——麦克洛克林诉奥布莱恩案（*McLoughlin v. O'Brian*）。在那个案子里，三个不同等级的英国法院对具体的判决结果毫无异议，可是它们依然表现了"理论争论"。

1982 年的一天，一个叫麦克洛克林的英国妇女在家里准备晚餐，当钟表正好指向 6 点的时候，一个急促的电话使她心惊胆战。她觉得，这时候应该是丈夫和孩子们回来吃饭的时间，响的应该是门铃而不是电话。她有一种不祥的预感。果不其然，当她拿起电话的时候，一个人说："太太，您现在必须马上去医院，您的先生和4 个孩子都在医院抢救，下午 4 点钟出了车祸！"麦克洛克林立即开车来到了医院。一进急救室，她几乎昏了过去。丈夫和孩子们个个血肉分离，尤其是最小的一个孩子，因为伤势过重已经死亡了。麦克洛克林受此刺激，精神倍受打击。时隔不久，麦克洛克林就将肇事司机奥布莱恩起诉到了法院，除了要求他赔偿各类直接损失之外，还要求他赔偿自己的精神损失。麦克洛克林说，她在精神上的伤害是永远不能痊愈的，没有什么打击可以超过亲眼看见家人的惨状而受到的痛苦刺激！[1]一位律师不辞辛劳，在浩如烟海的英国法院从前的判决汇编中找了一批支持麦克洛克林的"判例"。在那些判例中，类似的精神伤害都获得了可观的赔偿。

　　但是，在初审中，当法官"阅读"这些判例和眼前的麦克洛克林案的时候，总觉得有些什么问题。法官们发现，以前判例中的精神伤害都是"现场发生"的。这就是说，精神受刺激者无一例外是在当时事故发生的现场即时看到惨状的发生，而麦克洛克林是在事故发生之后两小时受到刺激的，不是在现场，而是在医院。比如，以前一个判例是这样说的：一名妻子在丈夫车祸死后立即赶到现场并且马上看到了丈夫的尸体，原告因此获得了精神赔偿。[2]而在另外一个判例里，原告在发生火车相撞后立即赶到现场抢救伤员，虽然说原告与任何伤员都没有亲属关系，但是在抢救的过程中精神深受刺激（因为目睹了血肉横飞），因而被判获得赔偿。[3]

---

1　*McLoughlin* v. *O'Brian* (1983)1 A.C. 410.

2　*Marshall* v. *Lionel Enterprises Inc.* (1972) O.R. 177.

3　*Chadwick* v. *British Transport* (1967) 1 W.L.R. 912.

以前判例与此案存在的不同意味着什么？

初审法官说，虽然麦克洛克林一方找了不少的判例，可是那些判例不能作为本案的判决依据。因为，显然可以发现，麦克洛克林的案子和以前的判例存在着"关键事实"方面的区别。判例的关键事实有：（1）被告主观上存在过错，我们可以强烈地指责他们；（2）被告确实有疏忽大意的地方，做事有失误；（3）被告的行为的确造成了损害；（4）原告的精神受了刺激；（5）精神刺激几乎都发生在事故现场。而在麦克洛克林的案子里，麦克洛克林精神受刺激并不是发生在事故的现场，而是在事故两小时之后的另外一个地方——医院，这个案子缺少了第5项"关键事实"。在初审法官那里，这个区别可是太重要了。因为，他们以为，这表明麦克洛克林精神受刺激对被告奥布莱恩来说是"不可合理预见的"；而在以前的判例里，对别人的精神刺激对被告来说是"可以合理预见的"（因为经过正常思考可以预先知道会发生什么）。初审法官讲，必须要考虑英国普通法（一种由一系列判例构成的判例法）的一个重要原则：疏忽行为者仅仅对自己可以合理预见的伤害负责任。最后，初审法官作出判决，宣布麦克洛克林的案子和以前的判例不是类似的案件，故而不能遵循前例的"说法"，驳回了麦克洛克林的诉讼请求（如果类似就要遵循前例）。

麦克洛克林当然是不服气的，将案子上诉到了上诉法院。上诉法院的法官依然说，麦克洛克林的要求属于无理纠缠，故而维持原判。不过，这里的法官却说初审法官的法律推理的理由是不对的。因为，对被告奥布莱恩来说，麦克洛克林的精神伤害仍然属于"可以合理预见"的范围，当麦克洛克林作为妻子和母亲冲到医院看到血肉分离的亲人，当然会因为看到惨状而受到刺激。麦克洛克林的案子和以前的判例的确不是类似的案子，可是"相互区别"的理由，不在于是否"可以合理预见"，而在于"政策"问题。

因为，第一，以往的判例对精神伤害的赔偿责任设立了某些严格的限制条件，这是说，如果承认精神伤害赔偿的范围可以无限扩张，包括那些没有或者几乎不在现场亲眼看见事故而产生的精神伤害赔偿，那么，就会刺激、鼓励各种与精神伤害赔偿有关的官司诉讼，使法院讼满为患，并且使判决标准无从把握。第二，诉讼的膨胀和判决标准的失控，反过来又会使真正在现场目睹事故而遭受精神伤害的案件不易举证查清，从而拖延了对其赔偿的时间。第三，不限制一下的话，会给那些"试图利用法律"的人提供机会，让他们寻找医生来假证自己的实际上并不存在的精神伤害，到头来不公正地加重了被告的赔偿负担。第四，这么一来，还会增加社会责任保险的成本，使驾驶车辆和其他技术操作的价格上涨，最终使经济上拮据的人没有办法为此支付成本，并且使经济发展颇为依赖的交通等技术，倒成为阻碍经济发展的因素。

麦克洛克林自然还是不服气的，将案子进一步地上诉到了英国上议院（有的时候这个院做的正是其他国家最高法院做的事情）。岂料，在上议院那里依然是一个败诉的结果，上议院也是驳回上诉，维持原判。有趣的是，像上诉法院不赞同初审法院的法律理由一样，上议院里的"大法官"也提出了不同于上诉法院的"相互区别"的理由。

他们之中有的说，在某些情况下，"政策"式的理由说得过去，但是在麦克洛克林的案子里却不是那么令人信服。诉讼数量的增加，不会对法院的审判产生严重的影响，而且，即使在类似麦克洛克林案子"几小时之后目睹惨状"的案件中，法院也有能力区分真正的精神伤害赔偿要求和虚假的赔偿请求。这些"上议院大法官"还提出了这么一个问题：如果麦克洛克林的姐姐在澳大利亚几个星期或者几个月之后听到悲惨的消息而受到刺激，那么，这个姐姐是不是可以获得赔偿？这意味着，关键问题是如何区别真正的请求和虚假的请求。另外一些"上议院大法官"则说，法官根本就不应该考虑"政策"上的理由，而应考虑"政治道德"（political morality）上的理由（即法律上的平等对待理由）。如果对奥布莱恩来说，麦克洛克林的精神伤害是可以合理预见的，便不应该以"政策"为理由判决麦克洛克林不能获得赔偿，而应该依据"平等对待"的道德原则，承认麦克洛克林的法律权利。换句话说，认定麦克洛克林的案子和以往判例就是类似的。在这种情况下，讼满为患和社会责任保险成本的增加，不管怎样对社会整体来说是不适宜的，都不能证明驳回麦克洛克林的请求是正当的。就算这种"政策"理由的推论，对立法修改来说非常具有说服力，而对法官来说，仍然不是一个真正的法律推论。法律推论，不会也不应该将以往法律制度承认并且实施的法律权利和义务弃置不顾。麦克洛克林的诉讼理由不能成立，是因为她的案子和以往判例是"相互区别"的；而"相互区别"是因为基本事实存在着不同。[1]

显然，在这个案子里，英国三个等级的法院都没有给麦克洛克林一个宽慰的"说法"，相反，它们都以为麦克洛克林不能获得赔偿。可是，它们各自判决所依赖的"背景根据"的原则和法律理论，就是迥然相异的。就在"背景根据"上，我们可以发现它们的独特的政治道德"理论"姿态，对法律的基本认识的"很大差异"。在这里，"理论争论"依旧是非常激烈的。

如此说来，即使当法官们对具体判决意见没有争论，在他们的实践中照样可能是无法发现一个"出处"或者"确定标准"。

## 050　法律在解释中完成

哈特和凯尔森那样的实证主义者告诉我们，在社会中，一些人尤其是法律官员中可以观察到一类"认可规则"或者"基本规范"的东西，有了这东西，我们就有了一个确定什么是法律的标准，并且从而找到我们叫作"法律"的东西。可是现在我们已经发觉，事实似乎并不是这样的。"……假定在所有法律制度中会

---

1　*Chadwick v. British Transport* (1967) 1 A.C. 410.

有某种共同被承认的基本标准确定哪类准则为法律，哪类准则不是法律，是错误的"。[1]

那么，法律到底在哪里？我们怎样发现它？

德沃金果断地说，"理论争论"表明，法官没有，也不大可能接受一个所谓客观中立的"确定标准"，但是，"理论争论"又恰恰表明他们是在解释、论证具体的法律是什么。"理论争论"清晰地揭示，法官是在用自己的政治道德姿态和自己理解的"背景根据"原则或者一般法律理论，来建构一个法律权利义务的王国，正是在"理论争论"的过程中，人们在解释法律是什么，从而使法律具有了解释的性质。

德沃金指出：

法律具有解释的性质……法官通常承认有义务推进而不是抛弃他们参与的实践……当他们以我所说的理论方式进行争论的时候，他们的争论是解释性的争论。不仅是在微观上，而且是在宏观上，他们争论什么才是与案件有关的法律实践的最完善的解释。[2]

因此，在里格斯诉帕尔玛的案子里，帕尔玛的命运取决于具体法官的解释信念。如果法官都像格雷法官那样认为最完善的解释要求他们不去理会立法者的意图，而是紧紧恪守《遗嘱法》的

1　Dworkin, *Law's Empire*, p. 46.

2　Dworkin, *Law's Empire*, p. 87.

白纸黑字，那么，他们就会支持帕尔玛独占那份遗产；反过来，假如法官都喜欢厄尔法官那样的态度，非将立法者的"合理意图"贯穿始终，那么，他们就会支持被继承人的两个女儿收回那份遗产。[1] 在麦克洛克林的精神损害赔偿案子里，麦太太的命运是同样如此的。

　　由于法官们在确定什么是法律的时候，并没有依赖一个所谓的客观标准也即"出处"，这样，我们就发现了一个法律形成的"解释过程"。这是说，法律最终是经由解释而确立的。从法律的成分上看，因为法官在确定法律的具体内容的时候，运用了各种潜在的法律"背景根据"原则和一般法律理论，并且依赖了自己的政治道德姿态，所以，法律不仅包含了明确的法律规则，而且包含了潜在的法律原则、法律理论，包含了法官的政治道德姿态。

## 051　内在参与者的"看法"

　　如果法律特别依赖格雷法官和厄尔法官那样的人的解释，那么，我们自然会提出一个问题：在第二章第 017 小节说到的学者格雷——不是里格斯案里的格雷法官——也说过，法律特别依赖法官的解释，法官说什么，法律就是什么。这样的话，德沃金的讲法与格雷存在什么区别？

---

1　Dworkin, *Law's Empire*, p. 87.

这是一个比较重要的问题。

学者格雷说，在帕尔玛的案子里，格雷法官和厄尔法官他们解释的《遗嘱法》以及以往的判例等，都是法律的渊源；不仅如此，而且这两位法官所依赖的"法律原则""道德观念"之类的东西，也是法律的渊源。正是在这些渊源的基础上，他们解释出了一个自己理解的法律规则。所以，法官说什么，法律就是什么。

但是，格雷在讲述这样一个法律思想的时候，试图告诉我们一个确定什么是法律的"客观"标准。他的意思和哈特、凯尔森一样，是想给我们一把"客观"的尺子，来把某些东西划在法律范围之内，把某些东西划在法律范围之外。这把尺子的内容是：法官所说的就是法律。而且，他还有一个弦外之音：格雷和厄尔那样的法官在思考法律的时候，也会或者也应该将这把尺子当作"确定标准"。

德沃金的意思与这个思想存在着很大区别。当向我们详尽分析格雷法官和厄尔法官的所作所为的时候，德沃金是想提醒我们注意，在实践中，格雷法官和厄尔法官不可能把"法官说什么，法律就是什么"这个说法，当做确定什么是法律的尺子或者标准。在帕尔玛案的判决过程中，法官们根本就没有认为这个说法是重要的，他们激烈地争论，因为他们对"确定什么是法律的标准"存在着根本性的分歧。所以，学者格雷再怎么煞费苦心地说明"法官说什么，法律就是什么"，告诉法官格雷和厄尔他们这就是法律，他们依然是坚持自己的观点。在这里，我们可以清晰地发现，德沃金与格雷的讲法的确是不同的。

　　另一方面，把德沃金的意思再引申一步，我们就会发现，只要在实践中为了解决具体问题，而在解决具体问题的过程中，参与者都想说明自己的观点是正确的，那么，无论是谁，都不会接受一个客观中立的所谓"确定标准"。在帕尔玛的案子里，不仅格雷法官、厄尔法官自有一套，而且帕尔玛、死者的两个女儿、他们的律师，都会自有一套。在麦克洛克林的案子里，不仅英国三个法院的法官想到了不同的"一般法律理论"，而且麦克洛克林、被告奥布莱恩和他们的律师也想到了各自的"一套理论"。因为，很明显的一个事实是，在案子的纠葛中，所有参与者都有自己的社会角色，都有自己的价值观念、政治道德姿态和以往的文化背景，都会以这些作为根据来思考"怎样判决案子才是正当的"。就算是那些号称是"法律理论家"的人，当参与到帕尔玛的案子和麦克洛克林的案子里的时候，也会用自己的自圆其说的理论和价值姿态，来坚持自己的观点。

　　这又引出了一个对法律家来说"必须认真对待"的问题：法律家自己津津乐道的所谓客观的法律理论或曰所谓"确定标准"，究竟有什么作用？当法律家把自己当作无所不知无所不晓的"上帝"，告诉别人只有他说的才是"客观的法律真理"的时候，别人是不是在实践中依然把自己当做决定自己法律见解的"上帝"？

　　德沃金沉静地告诉我们，无论是凯尔森的"法律一词的通常用法"、哈特的"日常语言的正常用法",还是静静地观察一个"出处"或者"确定标准"的设想（如学者格雷、边沁、奥斯丁、埃利希），都在社会的法律实践中显得"苍白无力"。因为，实践中的法官、其他法律家甚至一般平民百姓，基于自己的价值观念和道德姿态，从未大致地选择一个共同的"确定法律的标准"。当你告诉他们"法律是这么回事或者那么回事"的时候，他们依然是另行其道，依然根据自己的政治、道德和法律观念来看待法律，至少，这是非常可能的。

这意味着，以往一切法律理论的出发点都是有问题的。因为，它们都设想站在一个客观的、外在观察者的立场来谈论"法律"，得出一个像自然科学那样的所谓"法律科学"的结论。而实践中的实践者可是没有这般"宏大志向"的，他们根本不是在"客观地观察"，而是主观地积极参与。每个实践者都具有特定的文化背景，都具有特定的价值姿态；他们没有，也不可能站在一个"客观的"立场上选择一个"客观的"法律理论。总而言之，所谓客观的"法律科学"（讲社会中的法律如何如何），实际上告诉我们的只是一种幻象。

这里另外涉及一个有关的问题：前面讲的那些法官，如格雷法官、厄尔法官、英国初审法院的法官、上诉法院的法官以及上议院的法官，他们所用的"背景根据"原则或者"一般法律理论"，和法学家如奥斯丁、埃利希、哈特、凯尔森所主张的一般法律理论，是不是同一个东西？

通常来说，我们容易认为，格雷法官和奥斯丁这样的法学家是不同的。格雷法官要解决的是具体实践问题：帕尔玛有没有权利继承遗产。而奥斯丁要解决的是抽象理论问题：法律在理论上是怎么回事。前者和后者不一样。前者一般并不在意法律的性质、特征或者概念一类的抽象问题，而后者一般则不大关心帕尔玛是不是有权继承遗产。

应该认为，当研究抽象理论的时候，奥斯丁的确不大关心帕尔玛的"具体问题"。可是，仔细研究格雷法官和厄尔法官的争论就可以发现，不论是否自觉，格雷法官总是在使用一般的法律概念的理论。事实上，任何一个法律实践者在判断帕尔玛的命运的时候，都会在潜在的"一般法律观念"的引导下，思考这一具体问题。当"寻找发现"具体的法律的时候，他已经预先设定了一个一般的法律概念。为什么格雷法官一直坚持应该以《遗嘱法》的白纸黑字为具体法律内容的依据？因为，他认为，法律是指那些权威机构制定的明确规则。而这正是法学家奥斯丁所说的"一般法律概念"。

这样看来，格雷法官这样的法律实践者头脑里的"背景根据"或者"一般法律理论"，和奥斯丁那样的法学家所讨论的一般法律理论，并不存在实质性的区别。

根据这样一个思路，德沃金告诉我们：

　　法律哲学家对任何法律推论必须具有的一般性问题，对任何法律推论必须具有的解释基础，具有不同的意见。我们可以将硬币翻过来。任何实践的法律推论无论怎样具体或者局限，都预设了法理学提供的那类抽象基础。当对立的抽象理论基础相互对抗时，一种法律理论总是接受一个而拒绝其他。所以，任何法官的意见本身就是一篇法律哲学，即使这种哲学隐而不露，即使显而易见的推论充满了条文引证和事实罗列。法理学是审判的一般部分，是任何法律判决的无声序言。[1]

由于实践中的"一般理论"和理论中的"一般理论"没有实质性的区别，再加上实践者总会坚守自己的"背景根据"原则和理论，从而导致"理论争论"层出不穷。德沃金便演绎了他的一个进一步的结论：我们最好是采用一个内在——即在实践中——参与者的"看法"看待法律现象，即需要体会格雷法官和厄尔法官那样的实践参与者的"看法"。这是说，法律家的"历史学家式的感受只有包含一个参与者的感受，才能是更为具有说服力的。因为，只有具有一个参与者的理解，具有自己的对法律实践中的确证的好坏的感觉，他才能将法律理解为确证的社会实践"。[2]

在这里，"确证"的意思是讲，法官那样的实践者在解释法律的时候，都是在证明自己的观点是对整个法律实践的最佳解释，证明自己的观点的正当性。

---

1　Dworkin, *Law's Empire*, p. 90.

2　Dworkin, *Law's Empire*, pp. 13-14.

假如法学家应该像法律家那样看问题的话，那么，法学家就应该证明自己的法律理论的正当性，证明这种理论是对法律实践的最佳解释。换个讲法就是：内在地——即像在实践中——积极负责任地解释法律。如此来说，我们在提出一个法律理论的时候，就不应该把自己放在一个外在的"客观中立"的上帝立场上，而是应该把自己融入内在的法律实践之中。当我们真是像一个法官那样的实践者提出一个"法律讲法"时，这个讲法自然对实践者会有一个实际的意义。

当然，如果格雷、边沁、奥斯丁、哈特、凯尔森这些法学家非要采用一个"外在观察者"的"看法"，那么，他们建构的所谓"客观描述"性的理论只能为格雷法官、厄尔法官和英国麦克洛克林案子中的法官以及其他社会角色那样的法律实践者所不睬，因为，那种理论在实践中是毫无意义的。[1]

## 小　结

德沃金的理论给我们提供了一部分法律现象的生动说明。在这部分现象里，可以发现不仅格雷法官、厄尔法官和英国三个法院的法官会激烈地争论"具体的法律是什么"，"确定法律的一般标准是什么"，而且，在法院之外的一般老百姓，包括帕尔玛、麦克洛

---

1　Dworkin, *Law's Empire*, pp. 13-14.

克林、奥布莱恩以及他们的律师，只要是积极参与到法律实践中去，也都会或者至少可能争论"具体问题"和"抽象问题"。只是在争论抽象问题的时候，是以隐蔽的和"暗含的"方式来展开自己的主张和见解。这样一来，我们自然会感觉到德沃金的理论，对以往的许多法学讲法提出了有力的挑战。

# 第五章　两种法律秩序

在前面一章的结尾，我们提到了德沃金的一个重要观点：无论实践中的法律家还是理论中的法学家，实际上都在而且也应当尽力地证明自己的观念是对整体法律实践的最佳解释，证明自己法律理论的正当性。德沃金的另外一个意思则是，不仅法律家、法学家是并且应当是这样的，而且在社会实践中参与法律活动的其他各类人，也是并且应当是这样的。

但是，问题可能是非常复杂的，其复杂性另外会牵引出一个必须深入讨论的问题。

在本书的引言那里，我们不断地提到了克力同这个人物，而且将其当时的思想和苏格拉底的思想对照起来进行了分析。现在，我们需要经过德沃金的思路线索，重新回到他们两人。苏格拉底认为自己具有服从古雅典法律的义务，所以选择了死亡。他对法律的态度可以说是类似德沃金所说的状况。但是，克力同是有所区别的。克力同喜爱苏格拉底，同情他的遭遇，尤其认为这样一位了不起的哲学家"遭遇这样的法律对待"是十分不公正的。克力同因而根本没有积极地像德沃金所说的那样去看待——包括解释——古雅典的法律和审判。虽然承认古雅典的国家式规则是法律，可是他还是认为并不存在一种服从它们的义务，更不用说去证明自己的观念是对这种法律规则的最佳解释。

这就会使我们有些困惑地想到一个问题：法律和义务是连接在一起的，怎么可以在承认法律的时候而不承认法律所带来的义务？

这里涉及西方法律思想的一个历史悠久的独特观念：用一种应当的"法律"来评判现实的"法律"。克力同虽然没有提到一个"应当"的规则批判古雅典的国家式规则，可是，在他的态度里却隐含着一个意思：现实的法律如果不符合或者违反了一种更高的东西，那么，其也就失去了法律义务的意义。假如古雅典的国家式规则符合自己的"应当如何的标准"，克力同就会陷入极为矛盾痛苦的境地：一方面他会觉得国家式规则是神圣的故而应该遵守；另一方面，他又会为尊师益友苏格拉底"陷入法网"而深感不安。但是，毕竟古雅典的国家式规则在克力同看来太糟糕了，和自己没有觉察的"应当标准"相去甚远，所以，克力同不仅没有矛盾痛苦，而且可能恰恰就是不承认这种法律所设定的义务。

## 052　希腊悲剧《安提戈涅》

其实，早在"苏格拉底的审判"一事之前，至少就有一个要比克力同更为"坚定明确地"否定现实法律的人物出现了。这个人物就是希腊悲剧家索福克勒斯笔下的安提戈涅。

安提戈涅是个姑娘，她有一个哥哥叫波吕涅刻斯。在底比斯城发生的一场战争中，波吕涅刻斯战死了，不过是作为一个背叛祖国的人而战死的。国王克瑞翁认为波吕涅刻斯完全是个叛徒，所以，把他暴尸城下。国王宣布，谁也不得哀悼波吕涅刻斯，不得埋葬他的尸体，任凭乌鸦和野兽啄食他的身躯。克瑞翁说，这是一条具有普遍约束力的国家法令，任何人都有服从的义务。不仅如此，克瑞翁还派人看守尸体，授权看守者只要发现有人偷去埋葬，便一律用乱石将偷者砸死。

可是，安提戈涅记得哥哥临死前说过：亲爱的妹妹，我希望你把我埋葬在家乡的土地上，请求愤怒的家乡人原谅我（背叛祖国），至少满足我的埋葬家乡这一遗愿。所以，尽管知道了国王克瑞翁颁布的"法令"，安提戈涅还是在众目睽睽之下勇敢地来到了波吕涅刻斯的尸体前，按照宗教仪式，在他哥哥的尸体上撒下三壶泥土以示安葬。

看守的士兵把安提戈涅抓了起来，带到了国王克瑞翁的面前。说起来，安提戈涅还是克瑞翁的外甥女，而波吕涅刻斯则是克瑞翁的外甥。国王怜悯地看着外甥女，说："你真是个蠢孩子！怎么样，这件事，你究竟是承认还是否认？"没想到外甥女倔强地昂起头："我承认！"克瑞翁接着说："知道吗，你已经违反了我颁布的法令。"可是安提戈涅却更加激昂地说："是的，我知道。可是这个法令不是不朽的神发布的。而且，我还知道一种法令，不分现在和过去，它都是永远有效的。尽管没人知道它来自哪里，但是凡人不能违反它，否则就会引起神的愤怒。正是这种神的法令，促使我不能让我母亲的儿子暴尸野外。你以为我是愚蠢的，而骂我愚蠢的人才是愚蠢的。"

克瑞翁恼怒地喊道："你以为你的顽强精神不可屈服吗？告诉你，落到别人强有力的手中，就轮不到你这般傲慢！"安提戈涅反而平静地回答："为什么还要拖延杀死我的时间？！我的名字不会因为我被杀而受到玷污。而且我还知道，你的市民只是因为害怕才保持沉默。他们都在心里赞赏我的行为，因为我尊敬和爱戴兄长，这是做妹妹的首要义务。"[1]

## 053　高一级的法律与低一级的法律

在安提戈涅的言语中，我们可以清楚地发现在克力同的言语里隐含的内容：存在着两种法律秩序，而且其中一种高于另外一种。我们当然可以认为，安提戈涅不过是因为对哥哥充满了爱，而且哥哥在临死前对她曾经有一番嘱托，所以她一定要提出所谓神的东西来论证自己的行动。但是，我们恐怕又要看到，作为悲剧冲突中的一个角色，安提戈涅也的确深感兄妹之情是自然而然的、永恒不变的，这种"永恒不变"也只有在具有"永恒意蕴"的神身上才能找到。在这种条件下，设想并且运用一个神的法令来对抗人的法律，自然是情理之中的事情。

---

1　亚里士多德：《修辞学》，第58、62页；施瓦布：《希腊神话故事》，刘超之、艾英译，宗教文化出版社1996年版，第226—228页。

　　安提戈涅的故事的确是一个让神法战胜人法的历史文化隐喻。这个故事，一方面提醒人们需要注意永恒不变的东西，另一方面又在暗示人世间的法律"规矩"相形之下总是存在弊端的，同时，还提出了一个两种相互冲突的秩序很难处理的严峻问题。

　　人制定的"法律"非常容易辨认，在安提戈涅和克瑞翁的戏剧冲突中，安提戈涅完全没有否认舅父的"法令"就是法律，因为他是权力的象征，把持着臣民的生杀大权。希腊神话中的人物，也和我们今天许多常人的见解一样，认为只要一国之主以权威方式制定了规则，法律也就是非常明确的了。可是，神话中的人物以及后来的许多西方人，却又都以为人从来就是不完美的，而不完美的人制定出来的法律，当然也就变得不完美了，甚至是很有缺陷的。安提戈涅并不尊重克瑞翁的法令，因为她的潜意识里面有着这样一个观念：虽然你是国王，但是你和常人一样有着种种缺陷，而你居然颁布法令禁止一切人包括死者的亲人埋葬死者，这更表明你和你的法令已经是"违反上天"的，因而在权力的面前，只有用"永恒法"战胜"人定法"。

　　当认为人制定出来的法律存在种种缺陷的时候，也就意味着我们人类的手中已经有了"正确、完好"的标准。然而，人类都是有缺陷的，怎能产生一个"正确、完好"的标准？依此问题的提示，人们当然只能想到在一般人类之外寻找一个所谓的能够提供客观标准的东西——神或者上帝。这进一步意味着，神或者上帝可以告诉我们"正确、完好"的标准是什么。而且，还能进一步想到，神或者上帝才能制定"完美无缺"的法律。

所以,古罗马的西塞罗说:

真正的法律乃是正确的规则,它与自然相吻合,适用于所有的人,是稳定的,恒久的,以命令的方式召唤履行责任,以禁止的方式阻止犯罪,但它不会无必要地对好人行命令和禁止,对坏人以命令或禁止予以威召。要求修改或取消这样的法律是亵渎,限制它的某个方面发生作用是不允许的,完全取消它是不可能的。……不可能在罗马一种法律,在雅典另一种法律,现在一种法律,将来另一种法律,一种永恒的、不变的法律将适用于所有的民族,适用于各个时代;将会有一个对所有的人共同的,如同教师和统帅的神:它是这一法律的创造者、裁判者、倡导者。[1]

让我们对法进行论证时从那条最高的法律开始,它适用于所有时代,产生于任何成文法之前,或者更确切地说,产生于任何国家形成之前。[2]

而中世纪的阿奎那也说,这种神制定的法律高于一切人类法,法律又分为了永恒法、自然法和人类法三个等级,人类的法律就在"这些法律等级"的最底层。他以为,永恒法"不外是被认为指导

---

[1] 西塞罗:《论共和国·论法律》,第120页。

[2] 西塞罗:《论共和国·论法律》,第190页。

一切行动和动作的神的智慧所抱有的理想"，[1] 而"上帝对创造物的合理领导，就像宇宙的君王那样具有法律的性质……这种法律我们称之为永恒法"。[2] 自然法是指像人这样的理性动物都受着神的支配，有一种自然的倾向，要按永恒法的规定去做一切事情。理性动物这么做了，就是自然法的意思所在。[3] "一切法律只要与真正的理性相一致，就总是从永恒法产生的"。[4] 反过来，如果人类法不符合永恒法，那么，在人类法里就没有一个条文是公正的或合理的。[5]

## 054　人制定的法律和神制定的法律

现在，我们站在克瑞翁的角度来看看这些观点有什么问题。

可以设想，克瑞翁会对安提戈涅说：外甥女，你讲还有一种永远有效的法律，不分时间地点都要遵守它，那么，你能首先讲清楚那是什么法律吗？你自己也承认没有人知道它是哪里来的，既然如此，怎么可能谈得上认识它甚至服从它？

克瑞翁还可以提出具体的理由来进一步"驯服"安提戈涅。第一，所谓的神颁布的那些"法律"，世俗的人只能凭自己世俗的眼

---

1　阿奎那：《阿奎那政治著作选》，第111页。
2　阿奎那：《阿奎那政治著作选》，第106页。
3　阿奎那：《阿奎那政治著作选》，第107页。
4　阿奎那：《阿奎那政治著作选》，第107页。
5　阿奎那：《阿奎那政治著作选》，第107页。

光和知识去理解，而世俗的人是有缺陷的，由此而来的眼光和知识
当然是有缺陷的；另一方面，神及其智慧则是完美无缺的，它的
"法律"也是精妙无比的；既然如此，世俗的人何以能够把握哪怕
是"窥视"神的"法律"？你安提戈涅也是凡人，怎么可能宣称自
己所说的神法就是真正的神法？

　　第二，那些神的所谓"法律"不是成文的，换句话说，既是看
不见的也是摸不着的，全凭世俗的人来说明和解释它，假如人们的
说明解释不同，到底以谁的为准？假如你说了一条，别人说了一
条，两条又是冲突矛盾的，按照谁说的为准？你安提戈涅可以说兄
妹之情是神的一个"法律"，我克瑞翁还可以说背叛祖国和亲人就
应该处罚而不应当埋葬才是神的"法律"，两个说法是对立的，究
竟你说的对，还是我说的对？相形之下，我国王颁布的法令就不同
了，它是白纸黑字的，清清楚楚，如果有什么不清楚不明白，拿来
翻翻就会一目了然。对白纸黑字的理解，就算有时会存在一些解释
上的困难，也要比神的法律来得容易和肯定。

　　第三，大家承认我是国王，就等于是假定了要我来治理世俗的
国家事务，让社会有个统一一致的社会秩序，而我颁布法律正是为
了有效地让社会有个统一一致的规矩。假如许多人像你安提戈涅一
样，凭自己对神法的理解来做自己认为是正确的事情，并且用它来
对抗国家的"法律"，那么，我们还会有秩序吗？

　　在克瑞翁的这三个说法里，可以得到这样一个结论：用神法来
审视人法是件不太可靠的事情。虽然人法存在这样或者那样的缺

陷，可是它要比神法来得明确一点，人类行为想要有个标准和规矩，人法自然是一个方便的首选。而安提戈涅、西塞罗甚至大神学家阿奎那那样的观点，并不会使人们在现实中得到一个稳妥的行为准则。这也是为什么长期以来人们总是制定世俗的法律的一个重要理由。

但是，安提戈涅依然可以针锋相对地来反驳克瑞翁的观点。安提戈涅可以这样说：

第一，尽管神法没有像人法那样容易确定，但是，这可不意味着俗间的人类根本不能体察神法的精神。人都是有感情的，人应该爱人，更应该爱自己的亲人，在自己亲人离开人世的时候应该以虔诚的方式予以埋葬，这是再自然不过的事情；无论在哪个时代哪个地方，这是任何人都可以通过内省而得到的永恒情感。假如永恒的情感正是神法的一个部分，为什么就不能通过这种方式理解到这一点？

第二，通过人们都可以体察到的情感，我们还是可以清楚地知道应该做什么。虽然神法一类的法律没有明确的文字，但是，在人应该爱自己的亲人这样的问题上，谁都恐怕要比读到白纸黑字的国法更能明白自己应该怎样做，更有坚定的信念去这样做。

第三，社会当然需要一个秩序，可是如果国法制定的秩序是一种人类本身根本就不需要的秩序，或者说是一种违背人类本性的秩序，那么这岂不要比没有这种秩序更为糟糕？比如，假如国法规定，国王可以没有任何理由就处死一个臣民，那么，这样一个秩序当然是违反人类生存本性的，有它当然要比没有它更为糟糕；而且，这样一个秩序持续下去，最终会导致没有任何秩序，因为所有臣民都会因为担心自己的性命远走他乡，或者暴力反抗。

可以想象，阿奎那也会用同样的方式和理由反驳克瑞翁的讲法。

## 055 违反克瑞翁法令的权利

安提戈涅违反了克瑞翁的世俗法令，她以为，这样做是正确的而且是应该的。这无形中暗含了如下一个推论：她有违反的权利。于是，这里就引出了一个颇为重要的实践问题：就算世俗的法律是不好的，安提戈涅是否依然具有一个服从这个法律的义务？或者换个问法：安提戈涅是否具有违反克瑞翁"恶"法的权利？

阿奎那是支持安提戈涅的，他说：

如果一个掌权者发出的命令违背了那个权威（即合法权威）在当初被设立时所抱定的目的（例如，命令实行某种罪恶的行动或做出某种违反道德的行动，而建立权威的目的恰恰就在于保护和提倡道德）。在这种情况下，一个人不仅没有服从那个权威的义务，而且还不得不予以反抗……在这种情况下，那个臣民有服从或反抗的自由。[1]

---

1 阿奎那：《阿奎那政治著作选》，第151页。

可是，就连苏格拉底都以自己的现身说法告诉我们不能这样。他的理由，除了克瑞翁所说的"社会秩序是非常重要的"之外，还有一个伦理上的道理：自愿地生活在一个社会里，就等于是自愿地承诺接受这个社会的法律，如果既想生活在这个社会里又不想服从它的法律，又等于是只想享受权利而不想承担义务，这在道德上显然是自相矛盾的，如同在说"你借钱后必须还我，而我借钱后不必还你"一样。[1]西方一位学者说过，"享受社会利益而不为此作出相应的贡献，这是有失公平的"。[2]霍布斯也曾经提到：一个人如果"是自愿加入这一群人组成的群体，这一行为本身就充分说明了他的意愿，也就是以默认的方式约定要遵守大多数人所规定的事情。这样说来，如果他拒绝遵守或声言反对他们的任何规定，便是违反了自己的信约，因之也就是不义的行为"。[3]安提戈涅自愿地生活在克瑞翁的王国里，这就暗含了她自愿承诺要服从克瑞翁的法令。现在，她想违反法令，不就等于是只想享受权利，不想承担义务，从而是不义的？

而且，像苏格拉底那样的人还会出于替安提戈涅"着想"，说：假如人人都像你安提戈涅那样不遵守克瑞翁的法令，最终对你自己也没有什么好处。这里的意思是讲，安提戈涅虽然坚决反对禁止安葬哥哥的法令，可是肯定会赞同克瑞翁的另外一些法令。而如

---

1　本书引言开始部分。

2　Stein and Shand, *Legal Values in Western Society*, p. 47.

3　霍布斯：《利维坦》，第135—136页。

果一些其他人说，另外一些法令也是糟糕的、邪恶的，遵守它们是错误的，那么，他们就会像安提戈涅反对禁葬法令那样反对另外一些法令。又假如这些法令是保护安提戈涅安全的，安提戈涅此时岂不是处于了不安全的境地？现代一位西方学者说过："安全而有秩序地生活，这种利益，只有在几乎所有人都遵守法律的情况下才可能实现。"[1]

当然，阿奎那可以这样替安提戈涅说：安提戈涅出生在了克瑞翁的王国，她无法回避克瑞翁的法令，就像无法选择自己的出生地一样，这时候，克瑞翁的法令"好"与"坏"完全是一个安提戈涅的运气问题；在这种情况下，怎能谈到安提戈涅自己的道德承诺？如果一个人通过选择来到了一个国家，或者出生在一个国家后又有能力离开，那么，她再不离开而是继续留在这里，就会存在一个道德承诺的问题。

此外，即使是自愿地生活在克瑞翁的国家里，也不意味着服从所有的义务才在道德上没有疑问。安提戈涅自然应该在享受权利的时候承担义务，可是，那些义务都应该是合理的义务才谈得上是否承担。假如克瑞翁不仅不让安提戈涅埋葬兄长，而且强行规定所有人包括死者的亲属都要侮辱尸体，那么，这对安提戈涅来说，就不是一项人们通常认为合理的义务要求，而是一种暴政的义务要求。虽然有些不合理的义务在他人看来是合理的，换句话说，不仅克瑞

---

1　John Rawls, "Legal Obligation and the Duty of Fair Play", in *Law and Philosophy: a symposium*. ed. Sidney Hook. New York: New York University Press, 1964, p. 3.

翁而且和安提戈涅生活在一起的其他人，都可以和安提戈涅就"合理不合理"展开激烈的争论，然而，有些不合理的义务也的确是不大可能产生争议的，像那些强迫侮辱亲属尸体甚至强迫滥杀无辜的义务，就是无可争议的。在这些义务上，有什么理由认为服从它们才在道德上没有问题？

就算从安提戈涅本身的利益着想，也不能说安提戈涅本身违反克瑞翁的法令必然引起其他人违反法令，从而引起对安提戈涅本人的安全威胁。有时，安提戈涅的行为的确可以给其他人以口实去违反克瑞翁的法令，最终给她自己带来就连她自己也不喜欢的结果。可是，在有的时候，安提戈涅和其他人会一致地反对某些公认的恶劣法令，在这种情况下，如果安提戈涅明确主张当克瑞翁的法令让绝大多数人都遭殃的时候，人人都可以反对它，那么，安提戈涅再"挺身而出"就根本不会引起对自己的不利结果。

这里，我们可以隐隐约约地感觉到，阿奎那甚至西塞罗那样的古人提出的逻辑，在向我们讲述一个权利来源的故事：世俗的人都有一种国法规定之外的权利，这种权利大致来自神或者上帝的安排或者赐予。而有了这个故事，就等于是说，服从法律的义务要以自然的权利为基点，而且等于说，世俗的国法如果不尊重这种权利，那么，安提戈涅当然也就没有服从的义务。回到我们这几小节讨论的中心议题上，就是——安提戈涅可以在两种不同甚至相互对立的秩序中作出选择。在下面一章，我们将对这里的问题展开深入分析。

## 小　结

在安提戈涅的悲剧里，可以清晰地发现安提戈涅提出了两种法律秩序的概念。我们当然可以提出这样的问题：将克瑞翁的法令叫作法律是没有疑问的，可是安提戈涅提出的所谓"神法"能说是法律吗？不过，这个问题，在前面已经讨论过。我们讲过，它很可能与人们对法律的不同的基本看法有关。从纯粹的逻辑上看，像奥斯丁把主权者的命令叫作法律，卢埃林把法官的活动叫作法律，弗兰克把法官的判决叫作法律，埃利希把民间的规矩叫作"活的法律"一样，安提戈涅甚至西塞罗和阿奎那，当然可以把神的规则叫作"法律"。

在这里，问题的关键不在于安提戈涅、西塞罗和阿奎那所说的那个东西是不是法律，倒在于"两种东西发生了冲突"，其中一个要么战胜要么败给另外一个。往深了说，就是两种东西兴许代表了同样值得追求的人类价值，而我们又无法或者根本不可能在其中两全其美。安提戈涅的回答是：只能用高一级的神法战胜低一级的人法；克瑞翁的回答是：只能用人法约束人的所作所为。

# 第六章　自然法、自然权利和社会契约

在安提戈涅、西塞罗和阿奎那的思想中，我们可以明确地看到，他们是在用神的东西作为标准来对世俗的东西作出评论，甚至主张用神的秩序反对世俗的秩序。不过，阿奎那在讲上帝的永恒法的时候，另外推出了一个"自然法"的概念。他说，自然法没有上帝的永恒法那么"高"，它只是像人那样的理性动物不断参与、追求永恒法的一个过程。阿奎那的"自然法"话语是比较晦涩的，我们可以把它按下不表。这里只是要提到这么一句：这种"自然法"的说法，以及西塞罗甚至更为遥远的古希腊斯多葛学派的自然法讲法，后来在西方启蒙时期的充满人文精神的学者那里，虽然是被削弱了神的光环，但是还是被用来当作一种捍卫超越现实法律的自然权利的武器，并且进而用来辅助说明，在自然权利和"社会契约"的支撑下，人如何可以对抗现实的法律。

## 056　自然法＝判断事物的理性

其实，在近代人和现代人的眼睛中，安提戈涅的故事即使没有神的影子也照样是可以讲清楚的。安提戈涅想埋葬自己的哥哥，这当然是人之常情。就算没有所谓的上帝或者神，或者不能觉察上帝或者神的存在，我们依旧可以感觉到自己亲情的存在；可以感觉到，这种亲情并不随着时间地点的变化而变化，它是与生俱来的。而且，人都是有理性的，即使不在神的帮助下，同样可以认识到这一点。

人生来就有亲情和理性，这在近代或者现代的常人看来似乎是一个很难否定的一般命题。而这样一个命题，尤其是其中自然而然的"理性"这个概念，又被文艺复兴以及启蒙时期那个时代的人用来描述"自然法"。17 世纪荷兰法学家格劳秀斯（Hugo Grotius）说：自然法就是"一种正当理性的命令，它表明所有与合乎理性的本性相一致的行为便是道义上必要的行为，而与之相反的则是道义上罪恶的行为"。[1] 而同世纪的英国哲学家洛克也说：理性"就是自然法，教导着有意遵从理性的全人类……"[2]

在格劳秀斯那里，自然法包括了这么几个原则：第一，尊重别人的财产；第二，借别人的东西要还；第三，和别人订立了契约就要信守承诺；第四，由于自己的过错让别人受到了损失，应该赔偿；第五，应当扬善惩恶。[3] 而在洛克那里，自然法尤其表明了任何人"不得侵害他人的生命、健康、自由或财产"。[4] 格劳秀斯还

---

1　Hugo Grotius, *De Jure Belli ac Pacis Libri Tres*. trans. F. W. Kelsey, Oxford: Clarendon Press, 1925, Bk. I, ch. i. x. 1.

2　洛克：《政府论》（下篇），叶启芳、瞿菊农译，商务印书馆1983年版，第6页。

3　Grotius, *De Jure Belli ac Pacis Libri Tres*, proleg. 8.

4　洛克：《政府论》（下篇），第6页。

着重指出，从他所说的"五项基本原则"里，能够推出所有的自然法的具体内容。

对这样一些"理性"或者自然法的思想，我们可以发现，它们特别类似一些我们日常生活中的道德规范的描述。的确如此，它们的确是对一些道德规范的诠释。其实，那些主张理性式的自然法的人，头脑中有的时候正是想着在社会中看到的道德规范，才讲出了那些所谓的自然法。他们心里总有这样一个感觉：任何具备正常思考能力的人，都会承认现实生活中的基本道德，而这些基本道德从来都是不能否认的。基本道德就是人生下来的时候已经明白最应该做什么或者不应该做什么的"应当"要求。自然法的赞扬者设想，不偷东西、借东西要还、言而有信、尊重他人自由等，必定是我们一旦进入社会就会感觉到的正当要求。

那么，为什么非要将那些基本的道德规范叫作自然"法"？这里需要注意，那个时期的西方人特别迷信"理性"这个概念。他们直觉地以为，贯穿道德之中的理性一定是与生俱来的，而且，其中有人还相信理性式的思考方式和能力有如自然规律与自然存在一样，亘古不变。这样，对理性的"崇拜"和对自然法则一类现象的联想，便使他们对"自然法"一词特别青睐。孟德斯鸠把这里的问题说得清楚透彻：

　　从最广泛的意义来说，法是由事物的性质产生出来的必然关系。在这个意义上，一切存在物都有它们的法。上帝有他的法；物质世界有它的法；高于人类的"智灵们"有他们的法；兽类有它们的法；人类有他们的法。

有人说，我们所看见的世界上的一切东西都是一种盲目的命运所产生出来的，这是极端荒谬的说法。因为如果说一个盲目的命运竟能产生"智能的存在物"，还有比这更荒谬的么？

由此可见，是有一个根本理性存在着的。法就是这个根本理性和各种存在物之间的关系，同时也是存在物彼此之间的关系。[1]

而"所以称为自然法，是因为它们是单纯渊源于我们生命的本质"[2]。

## 057 维多利亚的传说——自然权利

的确，自然法是个不错的东西，有了它，人与人之间就会"自然"祥和。可是，自然法存在的目的是什么？换个问法：不偷东西、借东西要还、言而有信、尊重他人自由，这样做为了什么？格劳秀斯和洛克这些人确信，自然法或说这样做的目的就在于使人们顺利地实现自然权利。

在此，我们首先说明一下自然权利观念的历史来源。

16 世纪，在西班牙的萨拉曼卡住着一位著名的法学家，叫弗

---

1 孟德斯鸠：《论法的精神》，第1页。
2 孟德斯鸠：《论法的精神》，第4页。

朗西斯·德·维多利亚（Francis de Vittoria）。这个人虽然是专门研究学问，但是也时常给王室出谋划策。那个时候，哥伦布发现新大陆没有多久，西班牙就已经开始计划怎样统治土著印地安人了。一天，国王把维多利亚叫到身边，说新大陆的土著人不好管理，因为他们根本不信奉基督教，国王决定用强硬政策来征服印地安人。他的根据是：他们没有文化，就教养而言，根本无法和西班牙人相比。国王还说，要在法律上剥夺他们的财产所有权，不能让他们成为财富的法律主人。可是维多利亚却认为不能这样做。他指出，随意对土著印地安人使用暴力剥夺财产所有权是不应该的，因为，他们像西班牙人一样具有人性和理性，他们的人性和理性决定了他们具有先于法律权利的自然权利。这些人具有的权利，不是由国家的法律决定的，而是自然存在的，与生俱来。据说，国王虽然没有接受维多利亚的说法，但是出于策略上的考虑，还是对印地安人采取了"胡萝卜"式的怀柔政策。

　　西班牙人在新大陆的结局虽然不是那么辉煌，可是维多利亚的观念却似乎通过这段历史传给了后来的西方人，让后来的西方在面对现实法律的时候，时常提到自然权利一类的东西。[1]

　　什么是自然权利？简单来说，就是一种在国家、政府和人类制定的法律产生以前人们已经拥有的权利，这种权利不依人法的规定而存在，不以人法的改变而转移。启蒙思想家步维多利亚之后尘，

---

1　Stein and Shand, *Legal Values in Western Society*, p. 11.

坚决主张在远古时期人们就有了一些最基本的权利。洛克讲，"人的自然自由，就是不受人间任何上级权力的约束，不处在人们的意志或立法权之下，只以自然法作为他的准绳"。[1]而那些起码的自然权利，还包括了生命权、财产权。[2]

自然权利的观念影响深远而且富有魅力，就连 1776 年 6 月 12 日的美国弗吉尼亚州宪法都写出了这样的字句：

> 所有人根据自身本性都具有平等的自由和独立，拥有一些天生的权利。当人们进入社会状态时，根据任何契约都不能剥夺或废除其后代的这些权利，即享有生命和自由，拥有获得和占有财产的工具，追求和得到幸福和安全的权利。

甚至美国最高法院的大法官在 1875 年一个案子的判决中也宣布：

> 在任何自由的政府下，人民都有……一些不受国家控制的权利。如果政府不承认这些权利，认为公民的生命、自由和财产在任何时候都要受到甚至最民主的统治者的专制支配和无限控制，那么，政府终究不过是一个专制政府。……对政府权力的限制，是所有自由政府的基本特征，其中包含保留个人权利的意思，否则社会

---

1 洛克：《政府论》（下篇），第16页。
2 洛克：《政府论》（下篇），第53页。

契约就无法存在。因此，名副其实的政府尊重这些权利。[1]

## 058　社会契约的一种描述·人法的目的

在前面提到的弗吉尼亚宪法和美国最高法院的判词里，我们看到了这样一个用语：社会契约。应该这样来说，在启蒙时期的思想家的"文字文本"里，"社会契约"是一个出现频率绝不亚于"自然法"和"自然权利"的词汇。当然，使用"社会契约"一词的用意和使用"自然法"与"自然权利"存在着密切联系。讲自然法和自然权利，实际上是在为讲社会契约而做理论上的准备。

契约这个概念，人们现在习惯叫作"合同"或者"协议"。如果两个人或者几个人甚至许多人相互作出了某些约定，像"你应该做什么""我必须做什么""你做完之后应该有什么收益""我做完之后有什么好处"等，那么，这些人就被一个契约维系在一起了。不过，就契约观念来说，我们中国人一般只知道它属于私领域，比如买卖、租赁、承包、委托，因为，我们从不认为在公领域比如国家管理中也有契约的问题。

而启蒙时期的西方人，甚至现代西方人，时常会认为公领域也存在着契约。

我们先看一个私领域里的契约问题。假设一个人甲和另一个人

---

1　Edgar Bodenheimer, *Jurisprudence: the philosophy and method of the law*. Cambridge: Harvard University Press, 1974, p. 50.

乙签订了一份委托管理契约。契约规定，甲委托乙看管房子和花园，乙要定期修缮，而在每年的年底，甲将管理费寄给乙，看管期限为 20 年，如果任何一方违约，那么依约受罚。根据这个契约，我们可以看出，双方都有权利和义务。而对乙来说，应该严格履行契约规定的义务，否则便不能得到管理费甚至受罚。

这是一个典型的私领域里的契约，因为，当事人双方都是平等的个人，而且在契约签订上谁对谁都没有特殊的权力。

其实，这个契约还隐含了这样一些含义：首先，甲对自己的房子和花园拥有所有权，而乙也有权利以自己的"劳动"获得报酬；其次，通过这么一个契约，甲把自己的一些权利比如房屋花园的管理权授予了乙，而乙就享有了管理权；第三，没有这么一个契约，乙就没有一个"应当认真看管"的义务，而甲就没有付报酬的义务。在抽象的理论上讲，两个人都有一些"原始"的权利，这些原始权利使他们可以通过一个"意思表达的一致"，来交换自己的权利和义务。

现在，我们把契约当事人的范围扩大一下。

就甲方来说，有的时候是一个自然人，有的时候是一个公司，或者学校、医院、基金会之类的组织，甚至一个地方政府或者国家，而乙方也经常出现这样的变化。显然，即使是这样，我们仍然会以为上面契约的效果是照旧的，就算是政府或者国家，也要严格地遵守契约。

有意思的是，启蒙学者与众不同地一定要提出一个进一步的问题：为什么人与人之间只能就"生意""服务""财产"之类的"私事情"达成契约，而不能在"权力""管理""统治"之类的"公事情"上达成契约？

假如我们达成了一个"私事情"的契约，一方违约，或者双方都说自己遵守了契约而另外一方言而无信，那么，怎样处理这个纠纷？由谁来处理这个纠纷？如果我们说，让第三方比如仲裁人或者政府机构按着契约规定来处理，那么启蒙学者就会追问：为什么第三方可以具有这个权力？这时候，我们可能会想到，让第三方来处理，是因为争议双方达成了一个解决纠纷的新契约，约定由第三方来作出裁断。启蒙学者说：这就对了，第三方的权力就是来源于新的契约；而且，假如社会有许多需要处理的矛盾和问题，我们大家又都把处理的权力交给了第三方，那么，第三方的权力正是一类"管理""统治"的公事情的权力。而这些权力，也恰恰是来源于人们的契约即"社会契约"，它完全类似于上面的新的契约。

再进一步讲，大家把"公权力"交给了第三方比如政府或者国家，就和它们也形成了一个无形的契约；这个契约表明，政府国家被授权处理社会上的各类纠纷，而政府国家又要依照授权的范围来履行自己的职责，就像前面那个委托管理私人房屋和花园的契约一方乙一样。乙根据授权，要一丝不苟地尽管理房屋和花园的义务；而政府国家根据授权，也要认真地尽管理社会的义务，不能不负责任甚至滥用权力侵犯授权人的权利。

道理如此，但是实际上是不是这么回事？为了回答这个问题，有些启蒙学者便编织了一个有意思的远古时代的故事：在很久很久以前，人类都处在自然状态之中，那时候大体说来是井井有条的，人们都享有自然权利，天下可以说是祥和安定，"那是一种完备无缺的自由状态，他们在自然法的范围内，按照他们认为合适的办法，决定他们的行动和处理他们的财产和人身，而毋须得到任何人的许可或听命于任何人的意志"。[1]"这也是一种平等的状态，在这种状态中，一切权力和管辖权都是相互的，没有一个人享有多于别人的权力"。[2]

这是故事的前一部分。

故事的后一部分是：只是有的时候人们避免不了发生冲突，在这种情况下，一方面有的人不一定清楚地知道自然法的具体内容，"虽然自然法在一切有理性的动物看来，是既明显而又可理解的，但是有些人由于利害关系而存偏见，也由于对自然法缺乏研究而茫然无知，不容易承认它是对他们有拘束力的法律，可以应用于他们的各自的情况"。[3]另一方面，如果"人们充当自己案件的裁判者，这方面的不利之处确实很大，因为我们很容易设想，一个加害自己兄弟的不义之徒就不会那样有正义感来宣告自己有罪"。[4]此外，在自然状态中，还缺少一种公共权力"来支持正确的判决，使它得

1　洛克：《政府论》（下篇），第5页。

2　洛克：《政府论》（下篇），第5页。

3　洛克：《政府论》（下篇），第77—78页。

4　洛克：《政府论》（下篇），第10页。

到应有的执行。凡是因不公平而受到损害的人，只要他们有能力，总会用强力来纠正他们所受到的损害；这种反抗往往会使惩罚行为发生危险，而且时常使那些企图执行惩罚的人遭受损害"。[1]

于是，由于自然状态里存在着种种不便，人们就明智地坐在一起商讨如何建立一个政府或者国家。经过仔细的思考，大家发现把自己的一部分权利交出来，组织一个政府并且由它来制定明确的法律和解决社会的纠纷，对每个人来说都是非常有利的。由此，大家签订一个"社会契约"。人世间的政府和人法就这么出现了。有些启蒙学者宣布，人类社会的历史就是这样过来的。

历史是不是真的这样，无从考证。不过，问题的关键在于，像洛克那样的启蒙学者讲这些的时候，目的更在于说明人法或者政府制定的法律，以及政府使用人法规定的权力，最终是为了保护自然权利。[2] 这是说，在远古的自然状态社会里，人人都有最基本的自然权利，只是由于上面说过的某些不方便，人们出于利益的思考即为了保住自己的自由、生命和财产的权利，才决定签订"社会契约"，把社会的立法权力交给一个政府。而且，人们希望这样的人法能够符合体现理性的自然法，只有这样体现了，自然权利才是安全的。从另外一个角度来说，政府制定的法律的目的必须在于保护自然权利，必须符合自然法，否则，就违背了人们订立"社会契约"的初衷。

---

1　洛克：《政府论》（下篇），第78页。
2　洛克：《政府论》（下篇），第77页。

## 059　对抗人法的理由

把上面几个小节讲的东西梳理一下，启蒙学者的"用意"便会暴露无遗。

首先，人人都是有理性的，都会具有正常的道德观念，知道不应该偷东西、凡事要讲信义、借东西要还、尊重别人自由。这有如宇宙万物中的自然法则一样，是人类社会中的自然法。试问，人类制定的法律怎能违反它？其次，通过理性的自然法，谁都能发现人人都有一些天赋的权利，谁也不会否认在正常情况下人有自由、生命和财产的权利。如果没有这些权利，人就不会存在了，社会也就不会存在了，人类制定的法律当然不能剥夺它们。最后，就从制定法律的权力本身来讲，它也是来自"社会契约"的授权。在日常生活中，总能发现人们为了解决矛盾去找一个第三方来评理论道。而让他来裁断，就是授权给他，让他提出一个公平的解决方案。如此看来，立法权力也是来自所有个人的授权，授权的意思正在于叫它依照自然法的理性制定公平的人法，而人法再和自然法以及自然权利相互冲突，这就没有任何理由了。

反过来看，如果人法真的不顾自然法，肆意"践踏"人的自然权利，忘记"社会契约"的初衷，人人也就具有了正当的对抗理由。这便是洛克这些启蒙学者的"用意"所在。

洛克宣布：

处在社会中的人的自由，就是除经人们同意在国家内所建立的立法权以外，不受其他任何立法权的支配；除了立法机关根据对它的委托所制定的法律以外，不受任何意志的统辖或任何法律的约束。[1]

由此完全可以得出这样的讲法：

人们参加社会的理由在于保护他们的财产；他们选择一个立法机关并授予权利的目的，是希望由此可以制定法律、树立准则，以保卫社会一切成员的财产，限制社会各部分和各成员的权力并调节他们之间的统辖权。因为决不能设想，社会的意志是要使立法机关享有权力来破坏每个人想通过参加社会而取得的东西，以及人民为之使自己受制于他们自己选任的立法者的东西；所以当立法者们图谋夺取和破坏人民的财产或贬低他们的地位使其处于专断权力下的奴役状态时，立法者们就使自己与人民处于战争状态，人民因此就无须再予服从。[2]

虽然洛克没有怎么提到上帝或者神之类的东西，但是我想，安提戈涅如果听到这番话，是会非常赞同的。

---

1　洛克：《政府论》（下篇），第16页。
2　洛克：《政府论》（下篇），第133页。

## 小 结

启蒙学者，尤其像洛克那样的启蒙学者，用自己理解的一整套"自然法""自然权利""社会契约"的宏大理论，为安提戈涅那样的"反叛人物"找出了许多行动理由。在这样理解的宏大理论的支撑下，人们似乎发现了反对人法的坚实根据。这样，在人法面前，不仅古代有神论的信奉者安提戈涅可以理直气壮，而且近代无神论的支持者也可以振振有词。

# 第七章  自然法、自然权利和社会契约的另外一种解释

在安提戈涅的故事里，我们设想过克瑞翁批评安提戈涅的一个理由：对所谓的人法之外的另外一种"法"可以作出不同的解释。[1] 现在，把克瑞翁的批评放在这里是再恰当不过了。因为，就自然法和自然权利这些东西而言，其他人可以，而且启蒙时期的另外一些人也的确作出了不同于洛克那样的解释，从而得出了另外一些结论。这里的说明是十分重要的。需要注意，即使是特别赞同"自然法""自然权利"和"社会契约"这些词汇，依然可以得出和洛克的法律思想相反的结论。换句话说，就算是接受了那些词汇，同样可以得出不仅不能和人法"势不两立"，而且似乎要奉人法为唯一"标准的法律"的结论。

## 060  自然法和自然权利 = 自利自爱

格劳秀斯讲到，自然法是人们理性的一种表现；通过自然

---

1  参见第054小节。

法，可以明确地看到人们如何知道"尊重别人的财产""订立了契约就要信守承诺"之类的道义信条。这是在说，人天生就懂得一些道德的基本规范。格劳秀斯和洛克以为，所以要这样理解问题，是因为人人都有那么一些自然权利，人人都要尊重别人的自然权利。

但是，另外一番解释或许让人听来是更有道理的。我们可以这样讲，如果谁都"不尊重别人的财产"或者"订立了契约不信守承诺"，那么人与人之间就只剩下侵害和欺骗了，结果对任何人都没有好处。于是，明智的人出于功利的算计就会尊重别人的财产，尊重别人的自由以及信守承诺，因为，这样一来最终对自己也是有好处的。此处的意思是说：出于自利自爱的目的，我们依然可以像格劳秀斯和洛克讲的那样遵守道德的基本规范。这般看来，自然法的深一层的"目的"倒在于自利自爱，而不在于要尊重别人的自然权利。或者说，自然法的深一层的法则正是在于人人都有一份"私心"，这份"私心"要比道德的基本规范更为原始、更为真实。

那么，"私心"是从哪来的？这个问题就涉及人的欲望和意志了。人都是自私的，都想获取到自己想要的东西，这源于人本身的需要。

其实，把这种自私的需要往极端的方向想一下，我们就得到了同样是启蒙思想家的另外一些人的另外一类说明。荷兰哲学家斯宾诺莎说，把"私心"再往深层想一步，就可以清楚地觉察，在远古自然状态中的人个个都是"欲壑难填"的，他们被欲望和意志"充塞"着和驱使着，并没有什么所谓的良心恻隐，更谈不上冠冕堂皇的"尊重别人的自然权利"了。"并不是一切人都是生来就依理智的规律而行；适得其反，人人都是生而愚昧的……"[1]

　　……鱼是天造地设地在水中游泳，大鱼吞小鱼；因此之故，鱼在水中快乐，大鱼有最大的天赋之权吞小鱼……每个个体应竭力以保存其自身，不顾一切，只有自己，这是自然的最高的律法与权利。所以每个个体都有这样的最高的律法与权利，那就是，按照其天然的条件以生存与活动。[2]

　　讲到这里，斯宾诺莎把自然法和自然权利的内容转换成来自私心的"大鱼吃小鱼，小鱼吃虾米"，并且以为，这才是天经地义的自然法和自然权利。

　　说起来，霍布斯在这个思路上是有过之而无不及的。他讲，在远古的自然状态中，人对人是像狼一样的，在那个时期可以看到"人对每一个人的战争"。[3]因为人的生性就是喜欢竞争、猜疑和荣誉，这种喜好使人十分贪婪。[4]霍布斯补充提到，人们如果不相

---

1　斯宾诺莎：《神学政治论》，温锡增译，商务印书馆1982年版，第213页。

2　斯宾诺莎：《神学政治论》，第212页。

3　霍布斯：《利维坦》，第94页。

4　霍布斯：《利维坦》，第94页。

信这一点的话，就可以注意一下，就连现在的人——

外出旅行时，他会要带上武器并设法结伴而行；就寝时，他会要把门拴上；甚至就在屋子里面，也要把箱子锁上。他做这一切时，自己分明知道有法律和武装的官员来惩办使他遭受伤害的一切行为。试问他带上武器旅行时对自己的国人是什么看法？把门闩起来的时候对同胞们是什么看法？把箱子锁起来时对自己的子女仆人是什么看法？[1]

这不正好说明人性本身是什么样子？

斯宾诺莎和霍布斯都在主张"残酷"这个概念，而"残酷"又是根植于人的私心欲望和意志，或说是极端的自利自爱。他们在指出，要想发现自然法和自然权利，就只能在"充满斗争"的远古历史中挖掘探寻，而不能在所谓的"充满温情"的道德良心中思考根据。

这里，我们可以看到，同样是使用"自然法"和"自然权利"这些语汇，可是从不同的思路出发却会得出不同的解释结论；即使大家都在使用一个"理性"的字词，然而甚至可以从针锋相对的意义上主张自己的概念。

---

1　霍布斯：《利维坦》，第95页。

## 061　交出全部权利的社会契约

但是，在斯宾诺莎和霍布斯的思路中，通过自利自爱这个基本出发点，还可以得到一条关于普遍人性的逻辑结论。这个结论是，"凡人断为有利的，他必不会等闲视之，除非是希望获得更大的好处，或是出于害怕更大的祸患；人也不会忍受祸患，除非是为避免更大的祸患，或获得更大的好处。也就是说，人人是会两利相权取其大，两害相权取其轻"。[1] 这意味着，人又不会没有理智地"自我毁灭"。

其实，正常的人都会知道，如果想"制止相互侵害的共同权力，以便保障大家能通过自己的辛劳和土地的丰产为生并生活得很满意，那就只有一条道路——把大家所有的权力和力量付托给某一个人或一个能通过多数的意见把大家的意志化为一个意志的多人组成的集体"。[2]

这样转来转去，在斯宾诺莎和霍布斯的理论中，出于另外一类理性的权衡，人们发现交出自己的权利去签订一个"社会契约"，进而组成一个政府或者国家，要比在自然状态里弱肉强食来得更为可取。于是，大家便坐下来"讨价还价"，商量如何订立一个"社会契约"，如何授权一个政府制定法律和执行法律。这样，人们经过"另外一条思路"又来到了"社会契约"的面前。追随霍布斯

---

1　斯宾诺莎：《神学政治论》，第214—215页。
2　霍布斯：《利维坦》，第131页。

思想的德国法学家普芬道夫（Samuel Pufendorf）接着说，为了避免"鱼死网破"式的社会崩溃，人们将不得不考虑签订两份社会契约。一份是个人与个人之间的，一份是所有个人和政府之间的。第一份是为了放弃野蛮的"人对人像狼一样的战争"；第二份则是为了授权政府，使其有一个有根有据的统治权力[1]。

现在，我们再讨论一下契约本身的问题。

在前面第 058 小节，提到过一个甲与乙的房屋管理契约。在那个契约里，甲把自己的房屋和花园的管理权委托给了乙，乙为了获得管理费，自然要尽职尽责；而甲为了有人管理自己的物业，自然要付出一笔费用。这类契约的一个独特之处，就是甲虽然交出了管理权，可是自己却依然具有所有权。正是基于这个特点，乙在管理的过程中始终都要尊重甲的所有权，绝对不能有损甚至破坏这个权利。由这类"私"契约联想到社会契约，就会以为社会中的每个个人只是把自己的一部分权利交给了政府，同时每个个人保留了最基本的自然权利。

可是，有一类"私"契约和上述私契约是不一样的。假如甲和乙签订的不是房屋管理契约，而是房屋买卖契约，这就是，甲把房子和花园卖给乙而不是交由他管理，那么，一旦交易成功，甲对房屋和花园就再也没有任何权利了，权利就全部转移到乙的手中了。如果甲还想使用这套房子，还想在花园里散步，就要经过乙的同意或者向乙租借房屋。显然，在房子的问题上，甲只能尊重乙的意

---

1　Bodenheimer, *Jurisprudence: the philosophy and method of the law*, p. 38.

见，因为他已经将房子上的所有权利转移给了乙。

那么，既然在私领域里是可以出现这类契约的，为什么在公领域里就不能出现？为什么在社会契约里，就不会出现把所有权利和权力都交给代表政府的一个人或者多个人？霍布斯的确设想，这也是应该可以的。他说：

> 一个人转让任何权利时，就是将他权力范围内的享受权利的手段转让了。比如卖地的人就把地面上所生长的牧草和其他一切都转让了。出售水磨的人也不能将推磨的溪流引走。将政府主权给予他人的人就是让他有权征税养兵、设官司法。[1]

所以，就社会契约而言，"在别人也愿意这样做的条件下，当一个人为了和平与自卫的目的认为必要时，会自愿放弃这种对一切事物的权利……"[2] 换句话说，正像甲在房屋买卖契约中自愿将所有权彻底转交给乙一样，在社会契约里，所有人在认为是必要的时候，都会自愿地把所有自然权利交出来。

## 062　顺从人法的理由

这里，我们顺着霍布斯的意思再往下讨论。

---

1　霍布斯：《利维坦》，第104页。
2　霍布斯：《利维坦》，第98页。

假设每个人的确都认为躲避自然状态里的"自相残杀"是必要的，而且，经过"两害相权取其轻"的精密算计，发现这是无法回避的较佳选择，那么，人人都会坐在一起签订一个个交出所有自然权利的"社会契约"。于是，符合逻辑的事情，就是政府或者国家获得了绝对的法律权力，而每一个参与社会契约的人，也必须顺从政府或者国家制定的所有法律。

但是，为什么签订社会契约的人一定会自愿地把一切权利交出来？为什么他们不会像洛克讲的那样，只自愿地交出一部分权利？就算考虑了"两害相权取其轻"，也不意味着一定要让政府享有特别的绝对权威。

在房屋买卖契约中，甲至少可以采取两种方式巧妙地保留自己的部分权利：第一，他可以仅仅转让一部分的房子。假如有一个两层的小楼房，完全可以把一层卖出去，而自己留下一层，这样的话，就不至于在想住这里的房子的时候非要得到乙的同意；第二，他可以附加一个条件，说在什么什么情况下房屋才转让给乙，比如，要求乙在1年的时间里极其负责任地看守房屋，乙若认真地这么做了，甲才把房屋卖给他。在这里，甲仍然可以留下自己权利的"最后手段"，不让乙控制所有的权利（权力）。

通过这个类比的例子可以联想到，所有签订"社会契约"的人都可以在权利上"留下一个手段"；如果的确有个"自愿"的问题，那么，他们更可以而且也应该保留自己的退路。所以，看不出来，从所有签约人的"自愿"心态那里能够引出一个必然交出所有自然权利的结论。既然不会而且也不应该交出所有的自然权利，政府也就不能够有"不受控制"的权威；而签订社会契约的人，有的时候也就可以具有反抗的权力了。

其实，针对这个相反的思路，霍布斯这样的思想家另外还有一套对付的论证方法。就像前面说的，他们特别强调人是自私自利的。在他们的眼里，人是没有道德上的自觉性的，因此，一旦没有一个强有力的威权在一个地方震慑着，人是绝对不会遵守秩序的。霍布斯提醒人们注意：

没有有形的力量使人们畏服，并以刑法之威约束他们履行信约和遵守……自然法时，这种战争状况（即人对人像狼一样的战争）便是人类自然激情的必然结果。[1]

没有武力，信约便只是一纸空文，完全没有力量使人们得到安全保障。[2]

从这个前提出发，霍布斯的意思是想指出，人们不应该怀疑政府应该握有绝对的"不受约束"的统治权力。在这里，对比一下洛克的人性观点，便可以清晰地看出人性观和政府绝对权力的某种逻辑关系。洛克对人的看法比较"正面"，以为人不仅生来就有自然

---

1　霍布斯：《利维坦》，第128页。
2　霍布斯：《利维坦》，第128页。

权利和理性，而且大体上具有和善友好的本性。他竭力推崇英国16 世纪神学家胡克（Richard Hooker）的一句话：“相同的自然动机使人们知道有爱人和爱己的同样的责任……”[1] 有了这样一个人性论，再加上另外一种解释的天赋权利说和理性说，自然就容易倾向于不给政府绝对的统治权力。而霍布斯一定要把远古时代的人比作狼，说他们贪婪残酷；这就会使他必然地相信统治“只能是绝对权力的统治”。[2]

而从自私自利的算计角度来说，人既然能够在“两害相权取其轻”的思考下选择社会契约，当然也能够明白授予政府绝对权力并且服从它，可以卓有成效地抑制“人对人像狼一样的战争”，从而绕来绕去对自己又是有利而无害的。进一步说，人们都会意识到，假如每个人可以对抗政府的重要统治形式——法律治理，那么，政府也就没有绝对的权威，而没有绝对的权威，人又会暴露出本性，并且最终不可避免地大家又回到了远古的“狼群”生活。

所以，必须要顺从人法。

但是，就算霍布斯的思路大致上是说得过去的，我们还是可以提出一个针锋相对的问题：政府中掌握权力的人也是人，运用法律治理的统治者同样是人，为什么对其他人就要严厉地管制，而对政

1　洛克：《政府论》（下篇），第5页。
2　难怪美国学者博登海默评论说：“霍布斯相信，为了让权力统治者充分地履行其职责，便应使他至高无上并且不受法律的约束。这种观点是他那种将人类视为自私自利、彼此破坏、恣肆寻衅的动物的悲观揣度的必然结果。”（Bodenheimer, *Jurisprudence: the philosophy and method of the law*, p. 41.）

府就要授予绝对的权力从而使其不受约束？政府里的人也是自私自利的，霍布斯怎么对他们就那么放心？他们在自私自利的驱使下，由于掌握了绝对的权力岂不是更会使得人类社会更为贪婪？对这个问题，霍布斯恐怕是没有怎么思考过的。其实，即使是思考过，他也实在难以给出一个令人信服的解释说明。而如果政府里的人也是靠不住的，那么，怎么可能让人相信他们可以卓有成效地抑制像狼一样的人间战争，并且授予他们绝对的权力？在这种情况下，出于自私自利的算计，人们倒是应该继续保留对抗人法的权利才对。

除了"自愿奉献所有权利"和"人性恶"这两个理由之外，霍布斯这样的学者还给出了一些其他理由[1]来说明为什么要顺从人法。其中一个较为重要的是：

由于按约建立国家后，每一个臣民便都是按约建立的主权者一切行为与裁断的授权者，所以就可以得出一个推论：主权者所做的任何事情对任何臣民都不可能构成侵害，而臣民中任何人也没有理由控告他不义，因为一个人根据另一个人的授权做出任何事情时，在这一桩事情上不可能对授权者构成侵害。因此，抱怨主权者进行侵害的人就是抱怨自己所授权的事情，于是便不能控告别人而只能控告自己。甚至还不能控告自己进行侵害，因为一个人要对自己进行侵害是不可能的。[2]

---

1　霍布斯：《利维坦》，第133—139页。

2　霍布斯：《利维坦》，第136页。

　　这里的意思是讲，我们授予政府权力制定法律实施法律之后，再去抱怨或者批评，就等于是在对我们自己的授权行为抱怨或者批评，这是出尔反尔、自相矛盾的。

　　此话听起来似乎是正确的，但是仔细想想，又会觉得其中有些问题。霍布斯这样的人总是认定"授权"这个词的意义，我们就类比地看一个私领域里的"授权"例子，瞧瞧是否真有问题。

　　"授权"有时又叫作"委托"。每天接触民事商事活动的人会比较了解其中的意思。假如有一个人甲，自己无暇顾及许多事情，于是全权委托另外一个人乙处理所有的日常活动，并且写下白纸黑字的授权委托书，上面写着"本人对乙的一切所作所为均予以认可"，那么，一般来说乙做任何事情都应该不会引起甲的不愉快。但是，假如乙每件事都做得很令人满意而唯独一件事做得不好，这就是，把甲唯一一个住房卖了，使甲没有地方可住，那么，甲难道就没有理由对乙提出抱怨或者批评？人们肯定会说，甲再如何全权委托，也没有允许，也根本不会允许乙把自己唯一住处卖掉。

　　这就是问题了。乙即使被授予了处理各类事情的全权，也不意味着乙可以做一切事情，或者乙做了，甲不能提出抱怨或者批评。

　　当然，一般而言，乙是不大可能那么愚蠢或者那么"别有用心"的。当甲授权给他的时候，甲也估算着不会发生什么令他瞠目结舌的事情。可是，这些可能性总是不能彻底排除的。这样，似乎不能认为在甲向乙全权授权之后，乙不可能对甲构成侵害，而既然存在着可能，霍布斯的理论中的问题还是存在的。

回到政府身上，通常来看，它也不会像假设中的乙那样滥用授权。但是，在历史的许多事例中，人们又总是可以发现政府以法律之名的所作所为确实有的时候就像乙那样，侵害了社会契约——如果真有的话——的授权者的财产和生命。不然的话，我们为什么会发现许多社会里的的确确发生了统治者的腐败和被统治者的革命？这样说来，根据授权所做的事情，也有可能对授权者造成侵害。这一点，霍布斯自己有的时候都鬼使神差地不得不承认：

> 如果主权者命令某人（其判决虽然是合乎正义的）把自己杀死、杀伤、弄成残废或对来攻击他的人不予抵抗，或是命令他绝饮食、断呼吸、摒医药或放弃任何其他不用就活不下去的东西，这人就有自由不服从。[1]

## 小　结

虽然霍布斯等人的说法存在着这样或者那样的问题，可是，这些说法，是按照不同于洛克那些人的思路而自成一套的说法。我们至少可以发现，对"自然法""自然权利"和"社会契约"之类的东西，只要激活足够的想象力，就能够作出不同甚至截然相反的解

---

1　霍布斯：《利维坦》，第169页。

释说明。而不同甚至截然相反的解释说明，又会把人们的想法推向另外一条道路上：在任何情况下，应该顺从人法。

　　这对安提戈涅故事里的克瑞翁来讲，无疑是件令人兴奋的事情。克瑞翁的确不会想到，在近代，不仅不用担心来自"神"的挑战，而且不用担心来自世俗的所谓"自然法""自然权利"和"社会契约"的挑战。他可以更有信心、更有理由地对安提戈涅说：不要再找任何借口了，遵守我的法令吧！不仅对"神"的法律可以作出不同的解释，而且对世俗的"自然法""自然权利"和"社会契约"，也可以作出不同的解释，就像我们看到的洛克和霍布斯之间的不同一样，只有我的法令才是无可争议的！

# 第八章　坏的法律不是法律

　　安提戈涅对抗克瑞翁的法令当然是事出有因的，不过，她的"斗争策略"是用所谓高一级的法律来压抑所谓低一级的法律。西塞罗和阿奎那替她找出了一些理由，而且，为她和喜欢她的人提出了一个行动"纲领"：在人法和神法势不两立的时候，拒绝服从人法。[1]洛克以及赞同洛克思路的人除去了人法甚至自然法之上的神的光环，但也运用一套世俗的方式为人法设立了限制——自然法、自然权利和社会契约。

　　正像前面讲过的，安提戈涅不论怎样对抗，也没有极端地将克瑞翁的法令不叫作法律。这是说，在安提戈涅的"法律认识"中，克瑞翁法令的法律身份尚未受到价值上好坏的判断的影响。与此类似，洛克这些人即使强调自然法、自然权利之类的东西，也没有把自己认为不好的法律排除在法律家族之外。但是，西塞罗以及后来的一些人却与此不同。他们把法律的身份标准放在了"好坏"的价值判断上，将"坏的法律"推出了法律家族的大门，说它不是法律。而阿奎那则是躲躲闪闪、犹犹豫豫，一方面说它是，一方面又

---

1　阿奎那：《阿奎那政治著作选》，第121页。

说它不是。

其实，将安提戈涅和洛克这类人的想法演绎一下，恐怕就可以接近西塞罗的思想观念。因为，在实践的活动中，既然可以对抗人的法律，就表明对抗人已经认为它没有"法律的效力"；没有法律的效力，自然也就认为它没有了法律的义务。这些想法再往前走一步，就可以达到这个结论：恶法不是法律，至少，可以像阿奎那那样，一会儿说是，一会儿说不是。

## 063　纳粹的恶法

1945年，在第二次世界大战就要结束的时候，希特勒手下的一名负责"围捕打击各类敌人"任务的盖世太保分子，仍然穷凶极恶地追杀犹太人以及保护犹太人的德国人。当时事情的经过是，通过别人告密，他获悉一对德国夫妇在家里藏匿了一名半犹太血统的妇女，便带领数名警察赶了过来。当他赶到的时候，半犹太妇女正在准备转移，那对夫妇也在准备迁居乡下。就在这时，他们的住处前门已经被封锁。丈夫见状从后门逃出，盖世太保分子举枪射击，丈夫倒在了血泊中。妻子和半犹太妇女则被押送到了集中营。没过几天，德国宣布无条件投降，这名妻子获得了自由，但是丈夫的死依然使她悲痛欲绝。

1951年，德国（西德）联邦最高法院开始审理各类与战犯有关的案件，以示正义。那位妻子在政府的鼓励下，像许多人一样走进了法院，状告盖世太保分子犯有故意杀人罪。可是，在法庭上，盖世太保分子说自己当时是执行公务，执行法律。他还提到 1945 年德国国会通过的紧急法令，说明自己杀人的法律理由——这部法令讲道："每位德国武装人员，对各类逃犯，负有不经审判即射杀的义务。"他向死者的妻子表示歉意，但是否认犯有杀人罪。[1]

显然，如果承认纳粹德国的法令是法律，那么案子的审判将是十分困难的。于是，德国联邦法院首先从"法律的名分"入手，否认纳粹时期德国的法令是法律。法院指出，那些法令违反了人类最基本的正义，根本不能成为任何行为的法律理由；任何有良知的人，都不会执行这样的法令。盖世太保分子的辩护理由就这么被驳回了。[2]

无独有偶，1949 年，德国（西德）班贝格上诉法院审理了一起告密者案件。在那个案子中，也涉及了纳粹德国法律的"邪恶"问题。被告是名妇女，在 1944 年她出于险恶目的陷害当时正在军队服役的丈夫，向盖世太保密告丈夫如何在家里对希特勒发泄言论不满。结果，她丈夫让盖世太保抓去了，判了死刑。但是丈夫的死刑由于偶然的缘故没有执行。到了 1949 年，死里逃生的丈夫将妻子起诉到了法院。这个妻子也像上面一个案子里的盖世太保分子那样强调纳粹德国时期的法令是自己行为的理由，她当时所干的一切都是有法律根据的。那个时候的纳粹法律规定，任何人有义务告发

---

1　Wolfgang Friedmann, *Legal Theory*. 5th ed., London: Stevens & Sons, Ltd., 1967, p. 352.

2　Bodenheimer, *Jurisprudence: the philosophy and method of the law*, pp. 266-267.

污蔑诽谤国家领袖的行为。但是，班贝格上诉法院同样类似地宣布这位妻子罪名成立，而纳粹那个时期的法令本身就违反了人类的正义良知。[1]

我们当然可以作出这样的估计：像纳粹这类极端恶劣的法律在历史中想必也是存在过的。所以，西塞罗早在古罗马时期就曾经断言：

毫无疑问，法律的制定是为了保障公民的福祉、国家的繁昌和人们的安宁而幸福的生活；那些首先通过这类法规的人曾经向人民宣布，他们将提议和制定这样的法规，只要被人民赞成和接受，人民便可生活在荣耀和幸福之中。显然，他们便把这样制定和通过的条规称作法律。由此可以看出，当那些违背自己的诺言和声明，给人民制定有害的、不公正的法规的人立法时，他们什么都可以制定，只不过不是法律。阐释"法律"（lex）这一术语本身可以清楚地看出，它包含有公正、正确地进行选择（legere）的意思。[2]

稍后的圣奥古斯丁也是明确地指出：不公道以及邪恶的"法律不能称之为法律"。[3]

像西塞罗和奥古斯丁这样的观点是十分大胆的。这意味着，就

---

1　Hart, *The Concept of Law*, pp. 254-255.
2　西塞罗：《论共和国·论法律》，第219页。
3　阿奎那：《阿奎那政治著作选》，第121页。

算国家或者政府正式颁布了规则一类的东西，它也可能被别人宣布为不是法律。而且，别人在宣布的时候，可以以自己认为的"公道""公平""邪恶"之类的主观价值判断作为唯一的判断标准。这样的结果，要比安提戈涅的用高一级的东西对抗低一级的东西来得更为严重。在安提戈涅那里，她还有一个"权衡"和"内心冲突"——遵守克瑞翁的法令还是遵守神法——的问题，在西塞罗和奥古斯丁那里，权衡和冲突也不存在了，他们已经是彻底的"裁判法律者"了。

有意思的是，阿奎那有的时候和西塞罗以及奥古斯丁一样坚决地对恶法采取了否定的态度，可是有的时候又表现了一种犹豫不定：

> 暴戾的法律既然不以健全的论断为依据，严格地和真正地说来就根本不是法律，而宁可说是法律的一种滥用。[1]

> 只要人法按照真正的理性办理，它便具有法的性质；在这方面，显然可以看出它是从永恒法产生的。只要它违背理性，它就被称为非正义的法律，并且不是具有法的性质而是具有暴力的性质。[2]

但是，

---

1 阿奎那：《阿奎那政治著作选》，第110页。
2 阿奎那：《阿奎那政治著作选》，第111页。

只要它考虑到公民的福利，它就具有法律的性质。因此，只要它是某一位当权者对他的臣民下达的命令，只要它的目的在于使那些臣民充分服从法律，它就和法律发生关系。这种服从对于那些臣民是有好处的，但这并不是绝对的，只有就他们生活于其下的那个政权来说是如此。[1]

即使是一种非正义的法律，只要它通过它同立法者的权威的关系而保持着法的外貌，在这方面就是从永恒法产生的。[2]

阿奎那在这些字句中为什么会这样犹犹豫豫，我们实在是无从揣摩。不过，他是一个深思熟虑的经院哲学家，在哲学史那里都是一个不能忽略不计的重要人物，所以，在他的其他话语中必定能发现其中的奥妙。在下面第 066 小节，我们回过头来再说这一点。

## 064　法律的内容和形式的好坏

在西塞罗、奥古斯丁和阿奎那的措辞中，可以看到，他们主要是围绕着法律实体内容的好坏来对恶法进行批评的，并没有涉及法律形式外表的问题。实体内容一般讲的是"你要做什么""我要做

1　阿奎那：《阿奎那政治著作选》，第110页。
2　阿奎那：《阿奎那政治著作选》，第111页。

什么""你可以或者我可以做什么"之类的问题，这涉及权利或者义务，像在前面的纳粹德国法律规定"每位德国武装人员，对各类逃犯，负有不经审判即射杀的义务"，就是如此。西塞罗他们是在谈论这一类东西的好坏。

可是，法律有的时候还有一个形式外表好坏的问题。在这里，形式外表主要是指法律一般程序的问题。举个例子，如果纳粹德国这条所谓的法律规定不是公开宣布的，而是秘密传达的，那么，"公开"与"秘密"之间就存在着一个明显的区别，一般人的看法是前者恐怕要比后者好一些。为什么？因为，假如公开宣布了，那些犹太人或者想帮助犹太人的人起码能知道在什么情况下盖世太保会开枪杀人，从而知道如何躲避。而秘密传达的结果则是他们根本无法知道将会发生什么，从而无法躲避。换句话说，即使内容是恶劣的，明确地告诉别人与让别人毫无所知依然是有区别的，而且前者属于坏，后者则是坏中更坏。

这里还有一个许多人知道的真实例子。1943年，纳粹德国的确在纳粹分子圈子中秘密传达了一个有关宣扬对德国领袖不敬言词的人如何处置的内容。当时，一般百姓对此无一知晓。1944年，有个叫冯·德伦的新闻记者，看到第三帝国逐渐衰落下去，日渐对希特勒和戈培尔等人产生了不满。在报社，冯·德伦有的时候见人就发牢骚，甚至指名道姓说希特勒尤其是戈培尔的蛊惑言论将德国人引入了死亡之路。没过多久，冯·德伦消失了，谁也不知道他去了哪里。第二次世界大战结束后，人们在盖世太保的"政治危险人物"花名册上找到了冯·德伦的名字，在名字下面注有一行说明："依有关秘密法律处决。"我们是否可以认为，一个规则在形式上出现了问题，就有理由大胆地说它不是法律？恐怕可以。法律必须公开，从而叫人们知道怎样行为。真是这样了，即使内容是邪恶的，也算是给冯·德伦那样的人留下了一个保护自己的最基本的权利。

再看一种情况。假设在上一小节说的告密者案和前一小段的冯·德伦案里，纳粹的法律规定，对于一切向帝国领袖发表不敬言词的行为予以处罚，这类行为不仅包括现在和将来发生的行为，而且包括以前发生过的行为。这样的话，法律形式外表的问题就会更为严重。对法律原理稍微有些了解的人都知道，这里存在一个"溯及既往"的问题。法律怎能处理过去发生的事情？处理过去发生的行为，对当事人岂不是特别不公平？因为，那时候的当事人完全不知道这样做在法律上到底是对还是不对。制定法律的时候起码要公开才是，让人死的时候也是清楚明白的。现在，法律规定的处罚本身已经是非常糟糕的了，剥夺了民众的言论自由，再加上对以前的言论一律惩处，则更是不公正了。而且，民众根本难以想象自己现在的行为将来是不是合法的，是不是会受到将来法律的处罚，他们将终日提心吊胆，无所适从。反过来，如果只是对现在和将来的"不敬言词"予以处罚，那么，不仅过去的民众总算是躲过了一难，而且现在的民众也知道如何才能躲过"迫害"。

再看第三种情况。假如某一日，纳粹德国的法令规定"公民享有对政府提意见的权利，即使言辞激烈也不予追究责任"，但是不到三个星期，规定"只要对政府有言辞激烈的地方，即予以处罚"，又过两个星期，规定"只要是提意见便一律处以死刑"，那么，法律规定不断变化的结果不仅是严厉地剥夺了公民言论自由的权利，而且使公民感到"风声鹤唳"，不知自己的命运明日将是何种结局。所以，美国政治哲学家罗尔斯（John Rawls）说：

> ……即使在法律和制度不正义的情况下，前后一致地实行它们也还是要比反复无常好一些。这样，那些受制于它们的人至少知道它们所要求的是什么，因而可以尝试着保护自己，相反，如果那些已经受害的人们在某些规范可能给予他们某种保障的特殊情况下，还要受到任意专横的对待，那就是一种甚至更大的不正义了。[1]

通过观察上面三种假设的情况，法律形式外表的重要便一目了然了。

正是由于在这种外表上也存在一个"正义邪恶"的问题，而这方面的邪恶绝不亚于内容的邪恶，有人便直截了当地认为："只要是任意地挥舞权力，无论和它所依据的东西关系多么密切，也不论它是否合乎人为定义的词语，都是和一般的法律观念截然对立

---

[1] 罗尔斯：《正义论》，何怀宏、何包钢、廖申白译，中国社会科学出版社1988年版，第55页。

的。"[1]美国法学家富勒则提出了法律形式外表的 8 个必要条件。他以为，只要没有满足其中的任何一个，那么，就不只是法律制度的好坏问题，而是根本不能叫作法律的问题。[2]这 8 个必要条件是：（1）必须具有普遍性，可以反复并且前后一致地运用于具体情形；（2）必须公之于众，至少要让受到规则约束的人知道；（3）绝对不能适用于过去发生的事情，对已经发生的事情只能根据过去已经制定的规则加以处理，这叫作不溯及既往；（4）应该明确易懂；（5）绝对不能前后矛盾；（6）要求的事情应该是可以去做的事情，不能强迫去做没有能力去做的；（7）不得朝令夕改；（8）在政府一方要言而有信、言行一致。[3]

　　富勒提出这样 8 个条件的时候，正值第二次世界大战后人们为纳粹法律的"法律资格"而展开激烈争论。虽然当时的德国法院，在上述一类"盖世太保围捕案"和"告密者案"中早已是断然拒绝了纳粹法律的身份资格，可是，总有一些法律学者——被人们叫作法律实证主义者——依然说那是法律，只不过是恶法而已。[4]身为哈佛法学院教授的富勒便站出来要为当时的德国法院进行辩护。

　　也许有人会提出这样的问题：为什么富勒仅仅提到法律形式外

1　Frederick Pollock, *A First Book of Jurisprudence*. 6th ed., London: Macmillan Co. Ltd., 1929, p. 34.

2　Lon L. Fuller, *The Morality of Law*. New Haven: Yale University Press, 1969, p. 39.

3　Fuller, *The Morality of Law*, pp. 38-91.

4　H.L.A. Hart, "Positivism and Separation of Law and Morals". *Harvard Law Review*, 71 (1957-58), p. 593.

表的问题，不去涉及法律实体内容的邪恶，像西塞罗、奥古斯丁那样关心内容上的正义？这里只能略微提到一句，那个时候的西方学者大多对伦理道德方面的问题持一种相对主义的态度。这是说，他们大多以为，实体内容的正义、公平、邪恶之类的东西总会是见仁见智的，在这方面争论是没有意义的。说纳粹分子的所作所为是绝对错误的，可是1930、1940年代的德国人却认为是正确的；说剥削雇员的剩余价值是不公平的，可是过去直到现在都有人认为这是从自愿交易（签订雇工契约）而来的正当结果，就连许多身为雇员的人也不认为这种"剥削"是不应该的。从不同的时代、不同的国家民族、不同的利益选择看待正义公平的问题，总会提出不同甚至针锋相对的观点。所以，富勒设想，在法律上，纠缠实体内容可能收效甚微，而从形式外表出发则可以有所突破。当然，他有的时候也提到过，如果一个立法者为了不可告人的自私目的制定法律，这名立法者自然不大可能使其立法的词句清清楚楚。实体内容有问题的时候，形式外表也会出现问题的；反过来，形式外表无可指摘，实体内容也会大致是合理正义的。[1]

## 065　"恶法非法"一说的理论困境

在上面两个小节，我们看到，法律实体内容和形式外表的

---

[1] Robert Summers, "Professor Fuller on Morality and Law" in *More Essays in Legal Philosophy*. ed. Robert Summers, Berkeley: University of California Press, 1971, pp. 126-130.

"恶"都会引来法律资格的彻底否定。可是，这样一个否定的结果，又将会引起一些理论与实践上的难题。

先看理论。如果观察到一个人们通常叫作"法律"的东西，其不仅内容上是"邪恶"的，而且形式上也是"邪恶"的（比如秘密传达并且溯及既往），最后人们将其法律家族的成员资格予以取消，那么，在研究法律现象的时候，我们就会认为它不是法律因而没有必要去对它进行解释；在分析法律的一般特点的时候，也会将这一"个案"忽略不计。可是，假如人们没有一个统一的认识标准，或者不可能遵循一个统一标准来确定什么是"邪恶"，而只是根据自己的价值判断，那么，后果可能是：许多被日常生活称为法律的东西将被排除在"法律家族"之外。最后只有那么几个可以称为"法律"的"法律现象"保留了自己的法律身份。因为，毕竟"好与不好"是个见仁见智的问题，一个法律在一些人看来是很好的，而在另外一些人看来则可能是很坏的。

这些不同，甚至对立的看法，表明对大多数人们所说的"法律"都存在争议。既然差不多都是有争议的，就实在看不出还能剩下多少没有争议的"法律现象"，而既然没有多少东西可以称作"法律"，法律理论的研究到底还有什么意义？

另一方面，运用"好与不好"的观念来确定一个法律的实在性，似乎和人们日常生活的语言习惯颇为不协调。一般来说，在实际生活中，我们大体会认为一种事物或者现象的存在与它的好坏是两个方面的问题，会把这两个方面分开加以思考和研究。自然界中可以看到太阳、月亮、动物、花草、风雪、严寒、温暖等事物或者现象，这些事物和现象是实际存在的。不管人们是否喜爱，它们都不会因此而得到或者失去自己的存在；因为，它们的存在不依赖我们的主观爱好而转移。我们可以一边客观地讲述它们是否存在，一边对它们谈论我们自己的主观好恶，比如，太阳很美而月亮是不太美的，有些动物花草可爱动人而有些粗俗丑陋，我们喜欢温暖而厌烦严寒。当思考它们的存在的时候，并不影响我们对其作出价值判断；反过来说，同样如此，当我们思考它们的价值的时候，并不影响我们对其作出事实判断。在社会中，可以看到建筑、服饰、国家、宗教、道德、人们之间的相互关系等事物或者现象，这些东西也是实际存在的。我们可以对它们发表意见，可以赞美或者批评，可以拥护或者反对，然而再如何我们依然可以在对它们作出事实判断的时候不作价值判断，也可以在它们已经存在的时候，对其作出价值判断，表达我们的喜怒哀乐。

这意味着，在日常生活的语言表述中，事实陈述和价值陈述是两种不同的陈述。"外面正在下雨""那幢房子已经倒塌""这个动物已经死亡"，是一些有关事实的陈述。"下雨让人感觉不悦""那幢房屋令人怀念""这个动物该死"，是一些有关价值的陈述。不论我们的价值陈述是怎样的，都不影响用客观的事实观察的方法证实上述事实陈述的真假。所以，"恶法非法"的讲法，实际上又混淆了事实判断与价值判断的关系，用价值判断替换了事实判断；同时，没有清晰分辨事实陈述和价值陈述的语言性质。

## 066　"恶法非法"一说的实践困境

再说实践。认定了一个东西不是法律，就会认为它不具有法律的约束力，而认为它不具有约束力，就会对其加以否定。这种否定的结果，自然是动摇了社会的"秩序安定"。这一点，我们在前面已经多次地提到过。为了进一步说明这里的问题，再看一个例子。

各种媒体曾经大量地报道过，大约在1940年代后期，一个罪恶累累的前纳粹分子艾希曼隐姓埋名躲到了阿根廷。在第二次世界大战的时候，他在一个所谓的"艾希曼服务所"做官，经他一手策划，大概600万犹太人惨死于集中营。然而，死里逃生的人终于发现了他的踪迹并且追踪到了阿根廷。以色列政府极为支持当年的受害人追捕艾希曼，协助他们设下圈套，将艾希曼诱骗到了以色列。说来，这是一件大好事，追缉漏网的纳粹分子是伸张正义。可是，阿根廷政府表达了不满。它说，以色列居然在阿根廷的境内诱捕犯人，全然不顾阿根廷政府的管辖主权，随后，要求以色列将艾希曼押回阿根廷再谈审判的问题。以色列对此置若罔闻。阿根廷没有办法，只好要求联合国安理会讨论这一事件。它的代表声称：法律时常有可能和一般大众的道德情感相互矛盾，对道德"漠不关心"，然而尽管如此，它本身又是非常重要的，一旦允许特殊例外，法律最终形同虚设。以色列的代表则说：不管法律多么重要，当出现了非比寻常的道德理由的时候，就应该允许非比寻常的"破例"。

1960 年 6 月 23 日，安理会经过讨论之后，作出了支持阿根廷的决议：要求以色列对阿根廷赔礼道歉。

　　显然，从道德情感上说，支持当年的受害人是没有问题的，就连阿根廷政府对此也没有意见。可是，问题在于如果允许了破坏法律秩序，将来谁都以此为借口，法律秩序便会日趋脆弱、最终崩溃。以色列讲这是非比寻常的特殊情况，但是，谁来断定又以什么标准来断定一个行为是"非比寻常"的？有的时候，在一些人看来非常特殊的问题，而在另外一些人看来则可能是仅仅有些特殊，这时候怎么办？这里的困境不仅是国内法律秩序的危机，而且还有放纵本国人侵犯他国法律秩序的危险。

　　不论就法律的实体内容，还是就法律的形式外表来说，如果自立标准自行其是，国内和国际的法律秩序都会面临土崩瓦解的危险。

　　而正是因为存在这样一些实践上的困境，前面提到的阿奎那，在主张否定恶法的法律资格的时候才会犹犹豫豫，他说：推翻暴政，"严格地说来并不是叛乱；除非是可能发生这样的情况，即推翻暴政的行动带有严重的纷扰，以致社会从继之而起的骚乱所受的损害比旧有统治的继续来得大"。[1] 换句话讲，要在反抗恶法和保持社会秩序之间权衡一下，如果骚乱带来的损失太大了，就应该考虑维护恶法的法律秩序，毕竟"社会安定"是首要的价值。

1　阿奎那：《阿奎那政治著作选》，第136页。

## 小 结

我们总会遇到一些不好的法律。有的时候，一些恶法是让人无法忍受的。这是一件不奇怪的事情。可是，这是否就给人们一个理由认为坏的法律不是法律？西方有些学者干脆地回答了这个问题，认定它们肯定不是法律；而有些人则是犹犹豫豫。不论怎样，说恶法不是法律，既会引起一些理论上的困境，也会引起一些实践上的困境。

# 第九章　坏的法律也是法律

对于"恶法非法"这一理论困境的分析，自然会将人们的思路引向相反的主张——恶法亦法。我们前面提到的法律实证主义者正是这样思考问题的。

其实，提到"恶法亦法"，如同提到"恶人也是人"一样，在许多人看来是一件属于常识的事情。谁会认为恶人不是人？即使有的时候说"这人太恶了，简直不是人"，那也是一种特殊的修辞表达方式而已，其真实意思倒在于"这人不像人"而不是"这人不是人"。但是，也许因为法律对人们实在太重要了，所以，经过一些极端的自然法理论如西塞罗、奥古斯丁的理论的反调对抗，这件事情又使人觉得，不进一步澄清便无法让它回复到常识的层面上。

## 067　解释者和评论者

功利主义者边沁从理论的角度以为，主权者的命令就是法律，它当然存在好坏之分，但是，不论怎样不好，都要将它看作法律。换个说法，种族歧视、秘密杀人一类的一般性命令再恶劣，也必须把它们看做法律。因为，它们是政治上的统治者即主权者制定的，完全符合一般法律定义的要求。他颇为学术化地指出，在一个国家里一个规则是不是法律，这是一个法律定义分析的问题，应该由这个国家的法律体系所遵循的主权者命令规则来断定，而不应当纠缠什么好坏或者利弊之类的政治学或者伦理学的问题。他思路清晰地提醒我们注意：

可以把对法律问题发表意见的人分为两类：解释者和评论者。解释者的任务是向我们说明他所认识的法律是什么；评论者的任务则是向我们评述法律应当是怎样的。因此前者的任务主要是叙述或探讨事实；而后者的任务则是探讨理由。解释者在他的范围内所涉及的思维活动只是了解、记忆和判断；而评论者则由于他所评论的事情有时牵涉到那些喜欢与不喜欢的感情问题，所以要和感情打交道。法律是什么，在不同的国家中有差别而且差别很大……一个解释者要说明的是，立法者和他手下的法官已经做了什么；而评论者则建议说，立法者将来应当做什么。[1]

这是告诉我们，在谈论什么是法律以及法律的好坏的时候，要反省而且要摆正谈论者的谈论状态，在解释的时候就是解释，在评论的时候就是评论，不能混淆两者。

---

1　边沁：《政府片论》，沈叔平等译，商务印书馆1995年版，第96页。

　　边沁在理论上将法律思想分为"说明性"的法律思想和"评论性"的法律思想，并且认为前一个解决的问题是"法律是什么"，而后一个解决的问题是"法律应当是什么"。[1]他将研究"法律是什么"的学问当作法律科学，相信在价值判断中立的立场上，完全可以解决"法律是什么"的问题。奥斯丁也是这样认为的，他说，"法律的存在是一回事，法律的功过则完全是另外一回事"。[2]"如果不考虑实在法或者严格意义上的法律的好坏，那么，法理学科学——或简称法理学——所关心的就是这些实在法或者严格意义上的法律"。[3]

　　到了后来的凯尔森，同样是类似地提道：

　　法律作为"一门科学必须就其对象实际上是什么来加以叙述，而不是从某些特定的价值判断的观点来规定它应该如何或不应该如何。后者是一个政治上的问题，而作为政治上的问题，它和治理的艺术有关，是一个针对价值的活动，而不是一个针对现实的科学对象"。[4]

　　法律问题，作为一个科学问题，是社会技术问题，并不是一个

---

1　Jeremy Bentham, *An Introduction to the Principles of Morals and Legislation.* New York: Hafner Publishing Co., 1948, p. 293.

2　Austin, *The Province of Jurisprudence Determined*, p. 184.

3　Austin, *The Province of Jurisprudence Determined*, p. 112.

4　凯尔森：《法与国家的一般理论》，序。

道德问题。"具有法律性质的一定社会秩序是一个法律秩序"这一说法并不意味着从道德上来判断这一秩序是好的或正义的。有的法律秩序,从某种观点看是非正义的。法和正义是两个不同的概念。法与正义不同,是实在法。[1]

对边沁这些人的看法可以做如下的理解:法律是一种客观存在的社会现象,既可以对其作出事实判断,也可以对其作出价值判断,不论怎样对一个国家规则存在价值上的否定意见,都不能否认它的法律资格。假如有两个人发生了契约上的纠纷,双方都认为自己是有理由的,而法院根据一项主权者制定的明确规则作出判决,其中一人胜诉,那么,另外一个人即使对判决和这项规则再怎样的不满,也不能否认那是一个法律判决,不能否认主权者制定的规则是法律。与此相反,以往主张"恶法非法"的理论,不恰当地把法律和人类主观好恶以及主观臆想出来的某些事物联系起来,使得法律研究的对象模糊不清。

以"恶法亦法"方式来看法律,自然可以避免"恶法非法"一说的理论困境,不会因为人们的价值观念的好恶,从而不断减少可以观察的法律现象的数量。法学,似乎也就真有了某种意义。

对这里的观念应该有一个深一层的历史思想渊源的交代。区分"实际是什么"和"应当是什么",在理论上讲,大致来自英国近

---

1 凯尔森:《法与国家的一般理论》,第5页。

代哲学家休谟的思想。在休谟那里，人类的知识领域被分为两个部分。一部分是有关事实的知识，这类知识的表述语句只涉及事实的真相是怎样的，其本身不是真便是假，像"外面正在下雨""房屋已经倒塌"就属于这种表述语句，如果外面真是下雨了或者房屋的确倒塌了，这些表述就是真，否则就是假。另外一部分是有关价值的知识，这类知识的表述语句与事实没有关系，其涉及事情应该是怎样的，本身不存在真假的问题，"下雨了令人厌烦""房屋倒塌了让人伤感"之类的表述就属于这一类。休谟聪明地想到，不能因为事情的实际情况怎样就推断事情应该怎样；倒过来说，更不能因为想象事情应该怎样就以为事情实际怎样。假如外面正在下雨，不能异想天开地推断外面应该下雨；反过来，不能因为想象外面应该下雨从而妄言外面正在下雨。在"外面正在下雨"和"外面应该下雨"两个表述语句之间，没有必然的逻辑链条。休谟的这番逻辑清理，是在告诉我们必须区别"实际是什么"和"应当是什么"，存在是一回事，好坏是另外一回事。

其实，休谟本人并没有就此停止了讨论。他把他的分析推向了"规范"问题的领域。在他看来，一个允许买卖奴隶的规则是不是正当，用我们的逻辑理性思考根本不能得出判断，只能依靠欲望嗜好作出取舍。他说，这是因为"正当"问题是在价值判断里面转来转去的问题，而价值判断，不像西塞罗那些古人想象的那样可以依赖客观存在的理想理性加以把握，那种看不见摸不着的理想理性，本身就是属于子虚乌有的。实实在在摆在那里的只有千奇百怪的欲望与要求，以及由此而来的喜恶爱好。

　　如果真是这样，法律的好坏问题就只能是人们之间的喜恶问题。说不让堕胎的法律是好的，因为保护了幼小胎儿的生命权利；也可以说这法律是不好的，因为让怀孕妇女毫无选择的自由；还可以说这法律不好也不坏，因为在让妇女没有自由的时候让男人无法推卸自己对亲骨肉应负的责任。我们可以不断地讨论下去；而理性根本就无法解决这种纷争。

## 068　法律改革 · "痛苦"选择 · 法官的职责

　　上一小节提到的学者的言论，是从理论的角度阐明"恶法亦法"一说如何才是无可怀疑的。现在，从实践的角度说说"恶法亦法"的理由。

　　读者可以觉察，上面一章提到的"恶法非法"一说在实践上的困境，剪贴到这里就能够当作"恶法亦法"的部分理由，法律实证主义者也是不断地提到这个困境从而论证自己的观点。自然，主张"恶法亦法"观点的人还有其他根据，这些根据也是颇有说服力的。

　　早在古希腊，亚里士多德就提过："法律也有好坏，或者是合乎正义或者是不合乎正义。"[1] "如所颁定的准则正确，法律也就

––––––––––

1　亚里士多德：《政治学》，第148页。

正确；如若任意而行，也就是种坏法律。"[1] 可是，公元前 343 年，亚里士多德像苏格拉底一样也被控有渎神罪，然而，他并不像后者那么视死如归，在第二年还没有开始审判之际早已逃往了欧卑亚岛。[2] 这种"务实"的品性，或许是他即使谈到了法律的好坏，也不会否定"坏法是法"的一个缘由。不过，如果联系亚里士多德的其他观念，可以发现，这种"务实"似乎也是另有用意的。在亚里士多德的头脑里，法律不仅会有一些诸如不完善、有漏洞之类的小缺陷，而且会有一些伤天害理、贻害无穷的大缺陷。所以，对法律就要时常改革。[3]

把这里的思路理顺一下就是：法律存在好坏之分，正是因为存在"坏"的问题，所以法律就存在着一个不断改革的问题。

回过头来看一下"恶法非法"一说的结果。由于恶法根本就不是法律，这样，所有被称为"法律"的东西就是真正的法律了。这些法律，显然都成了正义的、公正的法律。既然所有法律只能是正义、公正的法律（非正义、非公正的东西不能叫作法律），那么，它本身完全不存在一个彻底改革的问题。说得"文化"一些，将道德性质当做法律的必要条件，便会使法律蒙上不应该具有的神圣色彩，势必形成法律改革的精神障碍。

边沁那样的学者相信，对一种事物作出价值判断，只能以对这

---

1　亚里士多德：《尼各马科伦理学》，第90页。

2　罗念生：《译者导言》，亚里士多德《修辞学》。

3　亚里士多德：《政治学》，第80—81页。

种事物的一般性质和特征的了解作为基础。如果在观察它的一般性质和特征的同时就作出价值判断，便会使对象笼罩难以分析的主观迷雾。换句话说，如果不将知识性的判断与价值性的评价分开，就没办法把握有关事物的知识，无法进行这一事物的评价，更无从谈起它的改革。他们认为，分辨"实际是什么"和"应该是什么"，才能真正区别善法与恶法，才能在这个区别的基础上抛弃恶法。在后来的主张"恶法亦法"的人的言说里，时常可以听到英国1956年的《性犯罪条例》（English Sexual Offenses Act）的例子。在这个例子里，两个男人有同性恋行为被规定为一种犯罪。很多英国人恰恰是由于稳当地分开了知识判断和价值判断，才认为这是法律并且加以遵守，同时，清醒地指出它是侵犯个人自由道德的法律，从而慎重地要求对它进行改革。而根据"恶法非法"的看法，这个条例假如一旦被认为是法律，在人们心目中就不会存在对它进行改革的问题了。因为，人们极为可能下意识地以为，它已经符合了正义、公正的条件。

倒过来看这里的问题，也可以觉察"恶法非法"一说是不太合适的。我们肯定会发现许多国家的法律处于不断修改的状态，在那些国家里，从来不会有人认为法律改革就是法律的"从无到有"，也即原来没有正义公平所以没有法律，现在正义公平了所以有了法律。而所以要改革，恰恰是因为法律有了小缺陷或者大缺陷，而小缺陷、大缺陷都存在一个正义或者公正的问题。于是，只要看到了并且承认存在着法律改革，法律本身就存在一个好坏的问题。这般讲来，怎么能说"坏法不是法律"？

与此类似，坚持"恶法非法"，使坚持者也势必忽略一个十分重要的选择问题：究竟是选择秩序还是选择正义。因为，坚持者以为，一个东西被视为法律就必然被视为正义的法律，当然不会存在"选择"的问题。然而，即使是恶法，有的时候也和"秩序"这个价值存在着联系，当人们对恶法各执己见的时候，这个价值就更为显得突出而又重要了。从个人的角度来说，看到恶法也是法律，就会清醒地分析秩序和正义这两样东西，从而更为慎重地考虑选择什么。反过来，固守"恶法非法"，就不可能清醒地分析，从而慎重地选择。

哈特指出，在苏格拉底的故事里，苏格拉底就是慎重地面对了这类选择。雅典法律对他来说是不公正的，而且他有条件和机会躲避不公正的后果，但是，他还是勇敢地面对了死亡。在他那里，就算法律是不公正的，也有服从它的义务。因为，不公正的法律也有法律的资格和效力；如果可以违反，社会秩序也就无从谈起了。而且，愿意生活在雅典这一行为本身，也意味着默认要遵守它的法律，这时候再违反就是"道义上的"自我矛盾。正是在苏格拉底的身上，我们不仅看到了秩序和正义，而且看到了正义和道义的"道德选择"的困境，而这些困境也是我们不应该视而不见的。[1]

---

1　Hart, *The Concept of Law*, p. 206.

在前面提到过的告密者案件里，同样包含着我们应该正视的"艰难"的选择问题：要么抛弃罪刑法定这一法治原则，要么抛弃公平正义这一道德原则。在那个案件里，告密者的行为在法律上合法（符合纳粹的法律），在道德上败坏。如果判决告密者犯有罪行，法院就会违背法治这个原则；如果不宣告告密者有罪，就会违背道德这个原则。而心平气和地看待这两个原则，就会发现它们都是重要的。这里还有另外一个问题。对待告密者，我们可以规定一个新的溯及既往的法律来惩罚她（以实现正义），正像许多人希望的那样。但是，假如我们可以作出这么一个决定，那么，我们就会面对另外一对"艰难"的选择：要么"溯及既往地惩罚"从而破坏罪刑法定原则，要么坚持罪刑法定原则从而不溯及既往。可以看到，"公平正义""溯及既往地惩罚"和"罪刑法定"这三个选择都是重要的，都表明了可取的价值方向。如果承认了"恶法亦法"，就会冷静对待它们；如果仅仅认定了"恶法非法"，便无从慎重地选择，便会丢掉另外的兴许更有价值的思考和选择。

哈特讲，上述这些价值和选择，"我们需要对之加以分别考虑，而断然拒绝承认恶法是有效的法律，无论出于什么目的，是不可能解决这些难题的"。[1]

此外，分辨"法律实际是什么"与"法律应该是什么"，对国

---

1　Hart, *The Concept of Law*, p. 206.

家执法、司法过程中的官员来说太重要了。美国两百年前的联邦最
高法院的大法官威尔逊（Justice James Wilson）明确地说：法律可
以是非正义的、不明智的、危险的，也可以是有害的，然而这绝不
表明法官宣布它们无效这一行为本身就是正当的。[1]如果一名法官
对一项种族歧视的国家规则极为反感，在审判中以自己的道德理解
来审判案件，坚决认为这项规则根本不是法律，那么，这等于是
宣布自己对"正义""公平""自然法"一类的道德标准的理解是
唯一正确的。而这样宣布是否有根据？如果没有根据，进一步看，
以自己的道德理解作为审判标准就会引起十分严峻的"正当性"难
题。因为，人们肯定会提出这样的看法：法官的职责是依照明确的
规则审理纠纷，规则是另外一些人如立法者制定的，法官以自己的
道德标准定夺案子就是暗中设立了规则，而谁也没有给予法官以暗
中设立规则的权力，这样，法官就等于是在"僭越"立法权；而僭
越权力当然又是不正当的。对法官自己来说，就算真的认为一个规
则在道义上是不公平的，也应当先行辞去公职再去采取符合良心的
行动才是。法官的社会角色，要求他必须遵守国家的规则。依照这
种角度来看，在实践中，坚持"恶法亦法"要比坚持"恶法非法"
来得清晰与合理。

　　难怪就连崇尚自然法和自然权利的美国独立战争年代的潘恩
也说：

––––––––––––

1　Paul Eidelberg, *The Philosophy of the American Constitution*. New York: The Free
Press, 1968, p. 212.

假使有一项坏的法律，那么，反对实施这项法律是一回事，去揭露它的过错，推论它的不当以及阐明为什么应该加以废除或为什么必须用另一项法律来代替，便完全是另一回事。

对于一项坏的法律，我一贯主张（也是我身体力行的）遵守，同时使用一切论据证明其错误，力求把它废除，这样做要比强行违犯这条法律来得好；因为违反坏的法律此风一开，也许会削弱法律的力量，并导致对那些好的法律肆意违犯。[1]

## 069　"法律实际是什么"与"法律应当是什么"<br>在事实上和概念上的联系

主张"恶法亦法"，蕴涵着主张"法律实际是什么"与"法律应当是什么"没有必然的联系。反过来讲，主张"恶法非法"，则蕴涵着坚信两者存在着必然联系。这就引出一个问题：必然的意思究竟是什么？

先看美国历史上的一个小案。

1908年，一位从爱尔兰移民美国的女工，与美国俄勒冈州一家洗衣店的老板签订了一份雇佣合同。合同约定：女工每日工作时间为14小时，否则老板有权拒付工资。由于工时过长，这名女工

---

1　潘恩：《潘恩选集》，马清槐译，商务印书馆1982年版，第222页。

身心憔悴，健康每况愈下。在实在无法忍受的情况下，女工终于向老板提出减少工时的要求。但是，老板断然拒绝了女工的要求。老板说：当时签订合同，双方完全是你情我愿的，我可没有逼着你在合同上签字！女工无奈，只好去俄勒冈州法院要求法官作出判决。女工起诉的一个重要法律理由是俄勒冈州政府已经颁布了一个项法律，其中规定了女工最长的劳动时间，而她与老板签订的合同明显违反了这项法律。然而，老板认为，俄勒冈州的法律违反了美国联邦最高法院以往一系列有关契约自由的宪法性质的判决，那些判决，是根据美国联邦宪法契约自由条款而来的，因此，俄勒冈州的法律违宪了。

官司经过州法院以及联邦下级法院"两道审判工序"，叫女工与老板各有胜负。判决老板胜诉的理由是：以前也出现过有关女工劳动时间的类似案件，联邦最高法院都以契约绝对自由作为理由，判决其他女工必须遵守合同。

官司最后到了联邦最高法院的手里。开审那日，法官面前堆满了大量有关女工身体状况的资料。这些资料表明，由于工时过长，许多女工身体健康急剧下降，已经达到了惨不忍睹的境地。尤其是那些照片，显示女工个个面如菜色、体弱多病，甚至残废和无法生育。这一切仿佛都在向法官要求着：以欧洲中世纪骑士的胸怀和姿态，保护这些弱小的女人。

法官们思考着几个问题：虽然要尊重契约自由，但是，契约自由的目的最终是为了什么？宪法自然是为了尊重人们的各种权利，可是有什么理由可以让契约自由的权利彻底否定身体健康的权利？当人们没有了基本的健康，契约自由还有意义吗？宣判那天，法官终于义正辞严宣判：俄勒冈州政府的法令没有违宪，在减少工时的情况下，老板必须支付原数量的工资，女工胜诉！ [1]

在这个案子里，法院的判决解决了"法律实际是什么"，但是其中显然又包含了"法律应当是什么"，因为，法院不仅考虑了法律的明确规定，而且考虑了法律的目的和"公平"。

在前面第 006 小节，我们设想过一个小案子。一个市政府颁布了一项规则：禁止一切机动车辆进入公园。后来，一个军人团体想把一辆老式战车放入公园以示纪念，但是遭到了公园管理人员的拒绝。管理人员说老式战车也是机动车，当然属于禁止之列。可是，法院假如真要审理这个案子，总会思考一下政府制定这个规则的目的是什么。当人们想到"目的"的时候，会发现将老式战车放进公园并不会违反规则。因为，这个规则的目的是为了公园的清静和清洁，而老式战车放入后绝对不会引起噪音和污染。

这个例子也说明，在思考解释规则或者法律的时候，法院也完全可能考虑"应当是什么"的东西。

其实，如果认为所有的法律在放入具体的案子里的时候都无法避免解释说明，那么，在解释说明里融入解释者的"法律应当如何"，就是难以回避的。这就如同树苗在成长的过程中事实上

---

1　*Muller v. Oregon.* [1908] 208 U.S. 412.

根本无法离开水，非说水的滋润和树苗的成长没有必然的联系一样，当然让人觉得是难以接受的。所以，富勒说，每条法律规则都包含了要实现某个价值的目的，正是由于目的和价值之间存在着紧密的联系，这就必须将目的同时看成是判决案子的"依据和标准"。[1]而既然目的上的考虑和价值上的考虑在法律解释和适用的时候简直是无所不在的，那么，在法律审判中，怎能坚持"法律实际是什么"和"法律应当是什么"这种二元论？[2]换句话说，"法律实际是什么"与"法律应当是什么"之间存在着一个必然的联系。

不过，那些主张两个东西之间没有必然联系的人，并不否认"应当如何"在事实上时常影响了"实际如何"。他们恐怕还能找出比富勒看到的还要多的例子讲明这点。不仅在法律解释说明中是如此，而且在立法的过程中同样是如此。比如，在美国宪法第五条修正案中就有这样的规定："未经正当程序，……不得剥夺任何人的生命、自由和财产。""正当"本身就是一种道德准则。主张没有必然联系的人时常自觉地在别人还没有说出这个例子之前，自己就把它说了出来。这些主张"恶法亦法"的人的意思，是要否定两个东西之间的"概念上"的联系。这是说，在确

---

1　Lon L. Fuller, "American Legal Philosophy as Mid-Century", *Journal of Legal Education*, 6 (1954), p. 470.

2　Fuller, "American Legal Philosophy as Mid-Century", pp. 472-473; Lon L. Fuller, "Positivism and Fidelity to Law- A Reply to Professor Hart", *Harvard Law Review*, 71 (1958), pp. 661-669.

定法律是什么的时候，"应当如何"那些东西不能成为法律概念的一个必要因素。而"必要"在此也就是"必然"的意思。18 世纪的英国学者布莱克斯通讲，人类的法律必须符合自然法，否则就失去了法律的资格。[1] 奥斯丁讲，只要出自主权者的一般命令，不管是否和自然法之类的东西相互吻合，都有法律的资格。[2] 对比这两个讲法，可以清楚地看到，前者就是讲了"应当如何"是法律概念的一个必要因素，而后者则是否定的态度。

英国学者西蒙兹（N.E. Simmonds）曾经说过，那些要求"法律实际如何"和"法律应当如何"没有必然联系的人，大体可以划归实证主义者的行列。西蒙兹要我们看到：

实证主义不否认法官有时判案参考了道德价值，或者考虑了社会政策。他们真正否定的是法官在确定法律是什么的时候必须作出价值判断。……由于原来的法律没有提供一个答案，法官只能在法律之外考虑办法判决案子。在这么做的时候，他是确立了一个新的法律规则。但是，使一个规则成为一个法律规则在于它是由法官确立的这个事实，而不在于它是以道德考虑为基础的那个事实。[3]

---

1　William Blackstone, *Commentaries on the Laws of England*. 16th ed., London, 1825, I. p. 41.

2　Austin, *The Province of Jurisprudence Determined*, pp. 18, 29.

3　N.E. Simmonds, *Central Issues in Jurisprudence: Justice, Law and Rights*. London: Sweet & Maxwell, 1986, p. 79.

　　实证主义并不否认道德影响法律。显然，立法者常常出于道德信念而去立法，而法律在内容上一般来说也受到社会盛行的道德观念的影响。但是（根据实证主义），除非一项规则是以制定法或者判例那样的渊源形式制定的，否则它就不能成为法律。[1]

　　正像英国法学家哈特所说的：法律实证主义的观点简单明了，它以为，法律事实上往往反映或者符合了某些道德的要求，道德也影响了法律的发展，[2] 可是那不是一个必然的真理。[3]"在所有现代国家，法律在许多方面表现了被接受的社会道德的影响，也表现了更广泛的道德理想的影响。这些影响要么迅速而又显而易见地通过立法来实现，要么逐渐地并静静地通过司法过程来实现。……'实证主义者'不会否认这些是事实，或者否认法律制度的稳定性部分地依赖这类对道德的符合。如果这就是法律和应当如何的必然联系的意思所在，那么自然要承认这一点"。[4]

　　这里的问题可能是比较复杂的，我们分开几个方面来说。

　　第一，在法律的解释适用中，是不是一定会出现解释说明的问题？一定会出现考虑法律的目的或者价值的情况？如果一定是，则

---

1　Simmonds, *Central Issues in Jurisprudence: Justice, Law and Rights*, p. 79.

2　H.L.A. Hart, Law, *Liberty and Morality*. Oxford: Oxford University Press, 1962, p. 1.

3　Hart, *The Concept of Law*, pp. 181-182.

4　Hart, *The Concept of Law*, pp. 199-200.

富勒的想法对法律实证主义是很有威胁的；如果不是，就要另外说了。观察一下法律实践，好像还不能认为一定是。起码可以看到，有那么一些案子，法官倒是老老实实地依照三段式的演绎推理判决的。他们把立法者的规则或者法院以前的判例当作了大前提，把案子的事实当作了小前提，然后进行逻辑推断，得出一个判决结论，并没有解释说明规则或者判例的意思是什么，因为，大家都对"大前提"是没有争议的，或者"大前提"本身根本就不存在模糊或者所谓的漏洞从而需要解释说明的问题。当然，这种情况并不是非常普遍的，但是，肯定是存在的。而既然有时没有解释说明的问题，自然也就没有考虑法律的目的或者价值的情况出现，这样看来，就不能像富勒那样认为在法律的解释适用过程中，"法律应当如何"一定渗入了"法律实际如何"。

第二，就立法来说，立法者不考虑价值目的自然是不可能的，这点法律实证主义者并不否认，反而举双手赞成。问题是，在某些情况下，少数个别人立下的所谓国家规则遭到了许多人的反对，这时候就可能出现有人否定那是法律的情况。实证主义在这里的立场是：即使有理由不赞同那些规则，多数人也不能否定它们是法律。而另一方面，多数人认为的"法律应当是什么"和少数个别人以制定方式造成的"法律实际是什么"，在法律实证主义看来，没有一种必然的联系。

第三，假如我们可以通过"第三只眼"来看问题，换种说法就是，站在一个客观中立的立场上来看问题，既不站在少数人也不站在多数人的立场上，那么，就算在法律适用和立法的过程中，法官和立法者都把自己的价值目的融入了"法律"里面，我们也可以，而且也应该清晰地区别"法律的实际"与"法律的应当"。试想一个印度人来到了英国，他完全可能站在一个客观中立的角度观察英国的法律制度，就像平静自如地观察英国伦敦的白金汉宫和威斯特敏斯特大教堂一样，而不管在这两个地方发生过什么样的"价值斗争"。所谓"概念上没有必然联系"，主要讲的就是这个意思。

## 070　安提戈涅·"恶法亦法"·"恶法非法"

有人可能会想到，在安提戈涅的悲剧里，安提戈涅用神法一类的东西对抗克瑞翁的法令，但是她没有说，克瑞翁的法令因为邪恶就不是法律了。洛克也是一样的，仍旧没有说那类似乎是恶法的东西不是法律，他们好像都默认了低一级的恶法也是法律。这个态度，和大致叫作法律实证主义的"恶法亦法"的观念存在什么异同？法律实证主义者肯定会讲：克瑞翁的法令是地道的法律。

表面上看，安提戈涅也承认了克瑞翁的法令是法律，虽然她相信这个法令践踏了人类的血肉亲情。另一方面，她又用她的行动"悲剧般地"打破了克瑞翁法令的效力。她宣布，在高一级的神法面前，人法显得微不足道，完全可以对它弃置不顾。这样说来，实际上，安提戈涅内心里在很大程度上就没有把违背伦常道德的法令当回事。洛克表面上有时也承认了恶法是法律，但是也提出，某些法律是十分糟糕的，侵犯了自然权利并且违背了自然法，因而要求否定它们的法律效力。这照样是类似地不把恶法当回事。此外，在他们两人的头脑里，一般来说，这些"恶法"不存在一个改革的问题，只存在一个对抗的问题。

而明确主张"恶法亦法"的法律实证主义者，就与此不同了。他们通常坚持恶法的法律效力，以为人们再如何不喜欢，再如何想批评，也要首先把它看作是有约束力的，这就是，谨慎小心地对待恶法，不要轻易地革了它的命。法律实证主义者也知道恶法毕竟不是一个好东西，所以，在不主张违反对抗它的同时却希望批评和改革它。由此可见，如果说安提戈涅、洛克等是"革命主义"，那么，法律实证主义者就是"改良主义"。

当然，在西方法律思想里，许多像安提戈涅和洛克那样主张高一级法律具有绝对权威的人之中也有个别主张改革而不主张对抗的，比如前面提到的美国独立战争时期的潘恩，就是一例。在他的言语中，我们也看到了更像法律实证主义者所说的话。而在法律实证主义的名单之内，借高一级法律（如自然法）否定恶法法律效力的同样是大有人在。像哈特确信，在纳粹德国恶法的面前，虽然要给予它法律的名分，但是又完全可以考虑自然法的一些最低限度的内容，并且制定新的一套法律以溯及既往的方式暗中摧毁这些恶法的法律效力。[1]

再和主张"恶法非法"的人对比一下。在安提戈涅和洛克的言说里，法律存在一个等级之分，有的法律——像神法、自然法——高高在上完美无缺，有的法律——个别的人法——包含邪恶。而在"恶法非法"的赞同者的言说里，法律一概是无一瑕疵，因为只有好的法律才能配得上称为"法律"，好的法律又可以说是凤毛麟角。于是，对安提戈涅和洛克来说，法律不一定是神圣的，而对"恶法非法"的赞同者来说，法律绝对是神圣的，一旦一个规则被冠以法律的名义，将是公平正义的完美化身。

现在，我们把这三种观念排个座次：最为"中庸"的观点是安提戈涅和洛克的想法。他们"接纳"了几乎所有可以叫作法律的东西，在法律的家族之内，高的、低的、好的、坏的，都有平等的资格作为一员而存在，只不过就像家庭长幼尊卑有个上下之分一样，法律家族也有个上下之分，而且，越往上的法律越具有"尊严"。较为"中庸"的是那些法律实证主义者的想法。无论对人制定的法律，还是对所谓的自然法、神法一类的东西，他们都表达了谨慎小心的态度，既不轻易将恶法排除在法律家族之外，又不轻易将"众说纷纭"的自然法（公平正义、自然权利、神的意旨）排在法律家族之内。而最为极端的是主张"恶法非法"的那些人的想法。在他们的手里，法律家族的范围是十分狭小的，大凡有点问题或者邪

---

1　Hart, "Positivism and Separation of Law and Morals".

恶，是绝对不能不排除的。

## 071　"恶法亦法"一说的理论困境·社会角色·利益关系

前面，已经讨论过安提戈涅、洛克的理论以及主张"恶法非法"的那些人的理论的困难。现在，当我们清晰地分辨了这两种理论和"恶法亦法"的观念之间的关系之后，再看看"恶法亦法"这种最为容易被一般人接受的法律观念的理论困境是什么。

主张"恶法亦法"，特别依赖"法律科学"这个概念。边沁、奥斯丁和凯尔森都在设想，如果把恶法排除在法律家族之外，建立一个客观的法律科学也就无从谈起了，因为，人们首先就会在哪些是法律哪些不是这个问题上无休止地争论，都会用自己的价值观念，建立一个法律的身份标准，同时，用自己的价值观念排斥别人甚至大多数人的法律标准。法律科学，像许多自然科学一样，自然有一套脱离价值判断"影响"的中立的理论学说，它可以客观地告诉我们什么是法律，在哪里寻找法律的具体规定，法律具有哪些一般性的特征。而建立一个法律科学的努力，最终又可以像自然科学毫无争议地告诉我们什么是月亮、什么是太阳、什么是河流一样，告诉我们什么是法律。我们这些没有法学家身份的人，在听了他们讲述的法律科学之后，也可以接受它、掌握它，并且在实践中自称"已经懂得什么是法律"了。

从例子入手，看看这里的问题是什么。

现在，假设发生了这样一个案子，一个人得了一种奇怪的病，不久变成了植物人。他自己已经失去了思维能力，但是心脏和肺仍然具有正常的功能。这个病人有一个不太孝顺的儿子。儿子向法院提出了继承财产的要求，理由是父亲已经"去世"。

现有的明确法律规则，比如白纸黑字的立法和法院判例，规定了"被继承人死亡之时继承开始"，唯独没有说清什么状态才是"死亡"。在这样一个案子里，怎样去说明法律是什么？

植物人的代理律师说，第一，从一般意义的角度来讲，植物人死亡了，因为，人作为真正的人，就在于他有理性意识。植物人停止了意识，"大脑已经死亡"，再说他还活着似乎是不恰当的。当然，不能忘记，植物人仍然是有呼吸的，其心脏仍然具有正常的跳动功能。我们绝对不能忘掉他本身的利益，这就如同不能忘掉没有基本意识的胎儿和缺乏正常思维能力的精神障碍者的利益一样。所以，在法律上，不能以为植物人已经死亡。第二，虽然植物人目前无法处理自己的财产，但是，留下财产依然是重要的。因为，谁能排除他日后"意识起死回生"的可能性？一旦他因为医学的奇迹恢复了意识，那么，他就需要而且有能力自主地处理财产，并且依赖这笔财产继续生存。如果儿子硬是继承了他的财产，就使他在恢复意识之后没办法再重新拥有财产权利。根据这两点，植物人的律师就可以认为，法律的规定是"'真正'死亡，如停止呼吸，继承才开始"。

儿子的代理律师说，允许儿子继承财产不意味着不保护植物人的利益。在继承之后，儿子完全可以根据财产的状况为他父亲提供好的医疗条件。就算人们担心儿子不能做到这一点，仍然可以要求儿子用签署保证书的方式，来保证植物人的利益。反过来，不允许儿子继承，就损害了儿子的利益，而且有可能无法使原有的财产发挥最好的效益，这样反而又不能有利于植物人的疗养。第二，从现有的医疗技术来讲，植物人的病是不大可能治好的。这意味着，在相当大的程度上，植物人将一直保持现状直至停止呼吸。在法律上，之所以人们要建立一个继承制度，原因之一就在于人死亡以后不可能再有效地支配自己的财产，而如果让财产控制处于"真空"状态，就是一种资源的浪费了。父亲目前的这种情况，等于使财产处于了"真空"状态。

以这两点为根据，儿子的律师可以认为，法律真正的目的在于使财产有效、有益地转移承继，因此，法律就是"当已经不可能具有意识时继承开始"。

我们可以想象，这两位律师可以继续不断地寻找理由，发表法律意见。而且，法官以及在一旁观察的各类人也会提出自己的法律看法。

在这里，因为"社会角色"的不同，各类人会不同地使用"法律"这个词，使"法律"意味着不同的东西。作为当事人，儿子将为了自己的利益而充分寻找挖掘法律的理由；他会说，自己律师的意见最好地表达了"法律是什么"的观点。而双方的律师，基于自己和当事人的特定关系，他们的职责要求他们站在当事人的立场上，为当事人提出最有说服力的法律见解。"法律"一词的使用和这种职责有着密切联系。作为一名裁断者，法官与当事人和律师都没有特定的关系，他的职责要求他依据"法律"判决案子。他也许不同意任何一方律师的法律见解，也许赞同其中一方的见解，但是即使是赞同了一方，他也不是基于律师的职责作出这种赞同的，他会以社会权威机构的"身份"来使用"法律"一词。在一旁观察的旁观者，也会具有自己的观点或者意见。然而，他们毕竟是旁观者，与当事人、律师和法官都是不同的。他们可能基于对社会关注的热情、喜好发表见解或者某种其他原因，而提出在这个案子里"法律是什么"。"法律"一词的用法，在他们手中与在当事人、律师和法官的手中，一定存在着一些区别。当然，有时观察者也许因为自己遇到了与当事人之一同样的情况，想知道"法律"在此究竟会是什么，故在一旁发表自己的法律见解。不过这时候，他的角色已经发生了变化，说他是观察者，倒不如说他是当事人一类的社会角色。他使用"法律"一词自然类似案子里的当事人。

我们需要注意，当说明具体法律是什么的时候，人人都会自然而然地假定一个一般性质的法律概念。如果不是这样，也就说不清楚为什么人们总是有针对性地在某些地方而不是另外一些地方查找法律。所以，在前面假设的案子里，当事人、律师、法官以及旁观者在继承问题上提出具体法律是什么的时候，他们头脑里，都会潜伏着一个"在社会上法律大体是什么"的一般观念。这意味着，这些人不仅在具体意义上彼此不同地使用"法律"这个词，在这个案子里发表具体不同的法律意见，而且在一般意义上也在"表现差异"地使用这个词，并且在表达一般性质的法律观念。这么说来，"社会角色"的不同，不仅可以使人们具有不同的"具体法律是什么"的想法，而且可以使他们具有不同的"一般法律是什么"的观念。

如果的确是这样，那么，在这些人之间建立一个客观的法律科学有没有可能？就算一名法学家告诉他们，法律科学的内容表明他们之间只有一个法律观念（既有具体的也有一般的，比如法官的）是正确的，他们会不会停止争论？一名天文学家告诉他们，自然科学表明月亮就是那个晚上羞羞答答向着地球"微笑"的星球，而太阳就是白天热情地向着地球"大笑"的星球，他们自然不会有争议；相反，倒会自觉地把自然科学的说法当作知识接受下来。但是，在法学家面前，他们可就不一定这样了。因为，在月亮和太阳的问题上和天文学家争论，不大会引出现直接的利益关系的问题，而在财产、自由、名誉、惩罚、交换、继承等问题和法学家争论，肯定会引出非常实在的利益关系的问题。

而且，就算我们有点小问题要和天文学家争论，天文学家也可以拿出一个人们大体接受的客观观察标准来检验谁说的是正确的。有人说地球是正圆的，有人说地球是椭圆的，天文学家就会告诉我们如何检验这个争议。对这种检验方式，我们一般都会接受。此外，对于一个东西是月亮，一个东西是太阳，我们在开始就不会有什么争议的。

　　但是，在法律里，法学家再如何郑重其事地宣布一个所谓客观观察的标准，我们也完全可能置之不理。我们不仅会争论法律的特点是什么，法律怎样制定才是真正的法律，而且，在一个东西是不是法律的初始问题上，就会发生争论。因为在实践中，我们总是难免用我们自己的政治观念、道德观念以及更为庞杂的文化观念来编织自己的一般法律观念，无法摆脱自己价值判断的影响。

　　说到这里，我们可能会回想起前面第 048、051 小节讲过的德沃金的理论。的确，德沃金就告诉过我们，当出现法律争议的时候，完全可以清楚地发现争议者都在用不同的政治观念、道德观念和由此而来的一般法律观念来争论，那种争论，是一种对法学家们通常认为的"法律科学"理论的异议、背离甚至反抗。

　　有人可能会讲，假如在前面那个假设的案子里，明确的立法规则或者法院的判例清清楚楚地讲了"死亡"的标准，那么，就不会出现这么一大堆麻烦的事情了。这时候，法律科学就可以发挥独一无二的令人满意的功能。人们就可以根据法律科学给出的一般理论，来判定解决具体案子里面的法律问题。但是，要注意，即使是在这种情形下，每个参与案子判决过程的人也都可能继续持有自己的一套法律观念，因为，这套观念根本就不是来自法律科学的"教诲"，而是在特定文化气氛中日积月累形成的，它和法学家的说教没有关系，倒和参与者自己的政治道德观念密切相关。即使有时和法律科学的说法相一致，那也可能恰巧和法学家的想法殊途同归了，只是在具体规则没有清楚规定或者有争议的时候，各种不同的一般法律观念，才会最为明显地表现出来。

另一方面，由于具体规则讲了"死亡"的具体标准，案件中的各种参与者可能会停止争论，但是，这也完全可能是因为各自不同的法律观念出现部分重合的情形。比如，有人认为法律来自立法者的立法、法院的判例、民间的习惯和社会的情理，而有人则认为法律仅仅来自立法者的立法。他们之间显然出现了重合的地方——立法者的立法。假如有人认为真正的法律在于民间的习惯规章[1]，而不在于官方的立法，换句话说，这里没有发生和别人观念重合的情形，那么，他就会对抗性地坚持民间中流传的"死亡"标准才是这个案子应该尊重的标准。这时候，仍会出现不断的争论。

在这里，法律科学似乎依然无立锥之地。

## 072　"恶法亦法"一说的实践困境·法律专制

前面第066小节说过，主张"恶法亦法"的人，像克瑞翁国王，特别担心"恶法非法"一说引来社会秩序的混乱。在安提戈涅的故事里，假如安提戈涅不是用高一级的神法，而是用"好坏"或者"正义邪恶"之类的主观观念，来说克瑞翁的法令不是法律，那么，别人也应该可以根据自己的好坏以及正义邪恶之类的判断"破坏"克瑞翁的其他法令。这么一来，底比斯的社会秩序就会

---

1　像埃利希那样，参见第025、026小节。

土崩瓦解。

但是，凡事都是两面的，有利总有弊。越是看重秩序，越有可能神差鬼使地走向另外一个危险道路——专制，而且是以法律为外衣的专制。

人们当初否定纳粹德国的法律，恰恰是因为那种法律不仅是邪恶的，而且具有专制的倾向。在上面说过的三个有关纳粹德国法律的案子里，就可以清楚地发现，那时候德国的法律正是以专制的手段对付异己分子，用貌似法律的东西来压制不同的声音，它要求政治上绝对的整齐划一。在这种"法律统治"之下，虽然说存在着秩序，可是要比在赤裸裸的人为专制统治之下，更为可能遇到险恶的境遇。因为，以法律为外表的专制，披上了时常被人视为神圣的"法律"的面纱，在这个面纱面前，即使身在"专制"之下也可能认为不是专制。这般讲来，赞同"恶法非法"一说的人坚持将道德理想作为法律效力的必要条件，目的之一就在于防止法律上的专制。而主张相反一说的人，则似乎不大在乎这一问题的严重性，他们以为，但凡有了法律的规定，就会有一是一、二是二的秩序出现，不仅对百姓平民来说，而且对制定法律的统治者来说，也是如此。假如法律规定掌握权力的人可以享有不受约束的自由权利，规定这类人可以随意取消公民的政治权利，规定这类人可以任意过问干涉法律纠纷的审判，那么，在这样露骨的专制内容上，主张"恶法亦法"的人也会感觉问题不大。可是，有秩序的专制，毕竟和没有秩序的自由一样让人难以接受。

令人奇怪的是，主张"恶法亦法"的人原本的初衷即在清晰地认识法律之后进行法律改革，而这个初衷似乎表明，他们又不太希望法律有专制的内容。像边沁这样的人就说：

　　一种制度如果不受到批评，就无法得到改进；任何东西如果永远不去找出毛病，那就永远无法改正；如果我们作出一项决定，对每件事物不问好歹一味赞成，而不加任何指责，那么将来一旦实行这项决定，它必然会成为一种有效的障碍，妨碍我们可以不断期望的一切追加的幸福……[1]

换句话讲，对法律作出了经验性的说明之后，下一步的任务便在于用边沁自己喜欢的功利主义作为标准，衡量一下法律的好坏。如果和功利主义的要求相去甚远，那么，就要对法律进行改革或者干脆废除。在他那里，相对社会而言，是非的衡量标准就是"最大多数人的最大幸福"这个功利主义。[2] 显然，具有露骨专制内容的法律和功利主义是不太协调的。边沁虽然不大看重平民百姓的政治自由，可是到底还是认为它是社会功利的一部分，甚至是法律制定的一个重要内容。[3] 这样，一方面主张"恶法亦法"，坚持社会秩序价值的第一性，另一方面主张法律的必要改革，不大喜欢法律本

1　边沁：《政府片论》，第100页。

2　边沁：《政府片论》，第92页。

3　Bentham, *The Theory of Legislation*, p. 98.

身存在专制的内容，这两者之间不就是冲突矛盾了？

也许，"恶法亦法"的赞同者以为，这是一个不能避免的矛盾问题。不喜欢归不喜欢，现实归现实，有时秩序难免伴随着专制，为了秩序总要承担某些其他负面的风险。但是，假如专制的法律有一天居然规定"赋予统治者不受任何限制权力的法律不得修改"，不知赞同者将会做何感想？在这样的法律面前，边沁那样的赞同者的改革理想恐怕是虚幻的。

## 073　选择"邪恶"

在前面我们提到过这么一点：由于坚持"恶法非法"，那些坚持者势必对法律改革的问题"麻木不仁"，因为，一旦成为法律就必然是正义的、完好的法律，它当然没有改革的问题了。与此类似，坚持"恶法非法"，就会忽略秩序、正义、道义、罪刑法定等价值之间困难的选择境地，从而忽略了其他可能的价值方向。哈特这样的西方人特别相信这点。

在上面说过的三个与纳粹恶法有关的案子里，法院毫不犹豫地否定了恶法的法律资格。按哈特等人的说法，法院就是"逃避"了价值选择的困境，从而，对其他可能的价值充耳不闻。我们是不是有理由认为，选择"溯及既往地立法惩罚"要比"单纯宣布恶法非法去惩罚"，来得更有意义？溯及既往地立法，既可以在保持法律声誉的基础上实现正义，也可以在不否定纳粹法律资格的基础上将它扔掉。最重要的是，这仍然是在法律的范围里解决法律的问题，没有彻底摧毁法律本身的价值。可是那时候的法院显然没有，而且也不愿意向这个方向加以思考。

但是，如果仅仅注意"选择"这个问题，有时就会像告密者那类人选择了遵守邪恶的纳粹法律一样，最终可能在实践中选择一般人们视为邪恶的结果。而正是在这里，通常人们认为的邪恶结果，无论如何是不能接受的。选择这种结果，怎样说来都不能算作一种理智的表现。于是，有时只有选择了"恶法非法"的观念，才能从根本上避免邪恶选择的结果。对于某些极端的邪恶，"如何避免"要比"如何选择"显得更为重要。在纳粹已经引起所有人愤恨的时候，避免纳粹法律带来的邪恶而不是选择哪个价值，才是符合人类最为基本的正常思考。

## 小　结

从安提戈涅的故事开始，我们谈到了两种法律秩序之间的对立；从这种对立，又引申到"恶法非法"与"恶法亦法"之间的对立。和中国的法律思想相比，这可能是西方法律思想最有特色的一个问题。对中国人来说，法律就是法律，它当然有个好坏之分，但是不能因为表现了坏的缺陷就把一个规则排除在法律家族之外。大致来讲，中国人比较容易接受"恶法亦法"的观念，并不会为"恶法是不是法律"这样的问题不断地争论。西方人，至少是其中一部分人，最喜欢争论这样的问题。这可能表明了在西方法律文化传统中固有的"浪漫"情调：在"实际"的法律中不断追求"应当"的法律。

# 第十章　道德的法律强制

虽然，有人在"法律实际如何"和"法律应当如何"的问题上不断争论，但是，有人已经采取行动将"应当怎样"这样的道德内容强行写进法律里面。采取行动的人指出，当我们认为应当如何的时候，就应该毫不迟疑地将它纳入法律之中。法律本身如何的问题，并不限于已经存在的实际法律——比如纳粹法律、种族歧视法律——的好坏，相反，还包括了如何使道德的内容真正变成法律，让道德具有现实的法律力量。

## 074　沃尔芬登报告

沃尔芬登（John Wolfenden）是英国人，20世纪50年代，他是英国议会的议员，因为同性恋和卖淫的问题当时在英国是众人关注的争论问题，议会派他组成一个"沃尔芬登委员会"进行调查研究。

20世纪40年代，同性恋在工业国家大有逐渐蔓延的趋势。几个美国人做过一个社会学的调查，发现两个美国男人里面至少就有一个渴望着同性爱恋或者已经进入了实质的同性恋，而4个美国女人里面至少也有一个是同性恋者。[1] 即使是在英国，同性恋的状况也是类似的。那些同性恋者不仅组建区域性的同性协会，而且在全国倡议同性联谊。同性恋者说道，同性恋本身就是人类感情的一种表现；从感情需要上来说，异性恋并不比同性恋具有优先的地位。至于繁衍后代的功能，这也不是仅仅异性恋应当得到认可的一个理由，因为，总有一些男女婚姻并不是为了生孩子，而是为了比较单纯的感情需要。因此必须要问，为什么异性恋者有相爱的权利，而同性恋者就没有？显然，这些发难言词不仅在向异性恋的道德提出挑战，而且在向法律的制裁提出了挑战。

随着同性恋的影响逐渐扩大，卖淫活动也开始日趋"娼"盛。热衷于此中行当的人强烈呼吁减轻直至废除对同性恋和卖淫的法律制裁。就在英国百姓为其中是非激烈争论的时候，议会派出了"沃尔芬登委员会"，想看看改革法律是否必要。

1957 年，这个委员会发觉应该放松对同性恋和卖淫的限制，所以，建议废除同性恋和卖淫在法律上的犯罪罪名。它说，把这两件事当作犯罪来惩罚太苛刻了，尽管可以立法禁止公开卖淫。委员会提出了许多理由来说明为什么要废除对此的限制，其中两个是最有意思的：第一，法律或说刑法的作用，是为了保护公共秩序和社会的体面，让公民的生活免受侵害，而成年人私下形成自愿性质的同性恋，

---

1  Peter Roberson, *Sociology*. New Haven: Worth Publishing, 1981, p. 223.

就不存在公共秩序和社会体面的问题，也没有使他人受到侵害；[1] 第二，法律应该给予个人一个在私人道德问题上选择的自由，过度干预是没有任何益处的，而同性恋和卖淫，是明显的私人道德问题，严厉惩罚是多余的。[2]

现在我们看一段 19 世纪英国思想家约翰·密尔的话：

对于文明群体中的任一成员，所以能够施用一种权力以反其意志而不失为正当，唯一的目的只是要防止对他人的危害……要使强迫成为正当，必须是所要对他加以吓阻的那宗行为将会对他人产生祸害。任何人的行为，只有涉及他人的那部分才须对社会负责。在仅只涉及本人的那部分，他的独立性在权利上则是绝对的。对于本人自己，对于他自己的身和心，个人乃是最高主权者。[3]

沃尔芬登委员会在写报告的时候，头脑里恐怕总是想着密尔的这段话。

## 075　道德的法律强制

那个时候，英国有个学者叫德弗林（Patrick Devlin），他当过多

1　"Wolfenden Report", Report of the Committee on Homosexual Offences and Prostitution, 1957, Cmd. 247, 1957, para. 13.

2　"Wolfenden Report", para. 62.

3　密尔：《论自由》，程崇华译，商务印书馆1982年版，第10页。

年的法官，是一位公共道德激进主义者。他认为沃尔芬登的报告是错误的。说来也巧，在大西洋彼岸的美国，就在这个时候，也开始出现了对同性恋和卖淫的宽容表现。1955 年，美国法律学院草拟了一个《模范刑法典》（Model Penal Code），建议所有的成年自愿同性恋行为免受刑罚，认为这类行为是不会损害社会公共利益的。[1] 德弗林担心英国的状况借美国这股风气越来越重，于是站了出来。

德弗林首先提出这么一个问题：道德是否一定是私人的事情，换句话说，在私人之间有没有公共道德？[2] 具体在同性恋和卖淫的问题上，到底能不能引出一个公共伦理的因素？同性恋、卖淫看上去的确是没有妨碍他人，两人只要你情我愿，私下交往或者交易也不会对第三者或者公众产生道德上的侵害。他人看不惯或者拒绝接受，那是各有所好，似乎不能成为否定这两件事情的道德理由，否则，一切别人看不惯的事情都将遭到道德伦理上的指责。

但是，德弗林却以为，一切道德问题都属于公共道德的范畴，根本没有"私人道德"这样一个概念。道德与我们的善恶判断存在着密切联系，而这类判断只有在社会受到影响的时候才会呈现出来。同性恋和卖淫一类的问题，总会影响社会的一些角落，比如同性恋和卖淫会引起性的疾病，从而增加家庭和社会的医疗成本；与此同时，还会影响家庭成员之间的和睦关系，使家人受到精神刺激或者损害；当社会特别依赖人口增殖的时候，同性恋又会引来与此相反

1　American Law Institute Model Penal Code, Tentative Draft No. 4, p. 277.
2　Patrick Devlin, *The Enforcement of Morals*. London: Oxford University Press, 1965, p. 7.

的人口萧条。这就如同酗酒这件事一样，自己喝酒好像是与他人无关的，可是实际上过度饮酒从来就是社会需要关注的社会问题，喝醉了就要有人搀扶送医院或者回家，就有可能在开车的时候出现交通事故，就会无法控制自己的放肆行为，从而给他人或者社会造成损害，这些当然是对社会不折不扣的影响。不论是直接的或者是间接的，道德与社会问题的关系总会是千丝万缕的。实际上，"所有性方面的道德败坏都涉及利用人性的脆弱。妓女利用了客户的色欲，而客户利用了妓女的道德弱点"。[1]这些都是道德的社会反映。

如果遵循德弗林的思路，那么人们可以对任何事情以道德的名义提出意见。假如妇女穿着性感，人们就可以指责她们勾引邪念；假如有人穿金戴银，人们也可以指责他们诱发盗窃……显然，许多事情都可以列入道德批评的范畴。其实，德弗林的看法正是有些这样的意思，因为他说：

……社会意味着观念的结合，没有共同的政治观念、道德观念和伦理意识，社会就不可能存在。每个人对善恶都有自己的看法，这些看法不可能远离我们生活的社会而成为个人私事。如果我们试图创造一个没有善恶基本观的社会，那么我们只能以失败告终……因为，社会不是某种物质结合体，而是由共同思想纽带连接在一起的无形凝聚体。如果这个纽带过于松弛，社会成员将会四散分离。

---

1　Devlin, *The Enforcement of Morals*, p. 12.

共同道德是奴役的一部分，奴役是社会代价的一部分。人类需要社会，所以必须要为此付出代价。[1]

这与美国社会学家帕森斯（Talcott Parsons）的讲法如出一辙：具有共同的价值观念使人们连接在一起，"如果不依赖共同价值准则的存在，社会就会无影无踪"。[2]

可是，即使对任何事情都可以提出道德上的批评，我们依然不能把所有的事情都纳入法律的监控视野之内。德弗林当然是知道这点的，所以，他紧跟着提出了另外一个问题：在什么情况下，国家应该使用法律的强制手段抑制道德败坏？[3]

德弗林设想，仅仅根据大多数人的意见来推出社会的道德判断自然是不够的，可是要求所有公民都同意也是不可能的。而且，所有人都同意了这件事本身，也就意味着没有道德批评的必要了，因为，道德冲突是不存在的。他说，从英国法律的发展中可以看到另外一个标准：理智健全而又正气一身的人的标准。[4] 这类人，可不是单纯地具有理性，他们还有常识性的、合理的感情判断。在街头、公共汽车或者陪审团里，都可以发现这样的人的存在。我们完全可以希望在他们之中发现社会的公共道德，从而确定应该具有的

---

1　Devlin, *The Enforcement of Morals*, p. 10.

2　Talcott Parsons, *The Social System*. New York: Free Press, 1951, p. 41.

3　Devlin, *The Enforcement of Morals*, p. 14.

4　Devlin, *The Enforcement of Morals*, p. 15.

道德判断。如果他们态度坚定地以为一个行为在道德上是不能被接受的，而且，以强烈的感情表达他们的不满，那么，这便足以说明，这个行为就社会意义而言是不道德的。在普通法的发展中，英国法官时常运用的就是这个标准，"他们并不认为自己是在制定法律，相反，简简单单地认为自己是在表达每个正常理智的人都会接受为有效的基本原则"。[1]

在这里，我们就得到了一个应该使用法律强制手段抑制道德败坏的标准。

这是说，法官处理道德问题，就应当设想自己在平衡公共利益和个人利益。当一个人的住宅与公路相连，他自然有使用公路的权利，如果有许多东西需要搬上搬下，他可以把车长时间地停留在公路上。可是别人也要使用公路，一个人把道路全部占据就会让别人损失权利。公共利益和个人利益发生了冲突，当然就要让它平衡一下。如果允许一个权利无限地使用，就会让另外一个权利无法忍受。实际上，在公路上的两种利益是你中有我、我中有你的，谁也不能说清公路的利益是公共的还是私人的。在道德领域里，两种利益的关系同样是分割不清的。同性恋和卖淫就像公路上的占道搬运，如果没完没了，无限扩展，就会让别人无法忍受，这时候，法官应该毫不犹豫地实施道德的法律强制。

德弗林的想法是要说明，公共道德领域里存在一个基本的容忍

---

1　Devlin, *The Enforcement of Morals*, p. 15.

限度问题，超过了这个容忍限度，我们便进入了"法律应当如何"的领域，即使"法律实际如何"是非常清晰的，也应该让"法律应当如何"付诸实施。如果联系到前面说过的"恶法""良法"的问题，可以认为，德弗林是从侧面悄悄地让"法律应当如何"压制"法律实际如何"。虽然他时常提到：应该由立法者而不是法官来维护社会道德的健康。[1]

## 076　德弗林的"标准"

一个正常人的理智判断加上憎恶感情，我们可以将其简称为德弗林"标准"。在这位学者手里，这个标准就是法律应当如何的标准，它和公共道德是紧密联系的。和我们说过的安提戈涅、西塞罗、洛克、阿奎那一样，德弗林也以为高一级的"标准"是确定无疑的。当然，在前面那些人的眼里，高一级的标准是永恒不变的；在德弗林的眼里，这个标准可以随着时代的变化而变化。[2]

现在，我们先看看这个标准的前半部分即合理的理智判断，存在什么问题。

1933 年，英国法院审理了一起损害赔偿案件。原告叫卡特勒，被告是一家牛奶作坊。卡特勒为人热情，喜欢帮助别人。一天，他在街上遇到了一匹受了惊的难以控制的马。当时驾驶马的人向在场

---

1　Patrick Devlin, "Law in a restless society". *New Law Journal*, 123 (1973), p. 88.

2　Devlin, *The Enforcement of Morals*, p. 18.

的其他人求救，卡特勒立即自愿地过去拉住了缰绳。但是，马踢伤了卡特勒。马是牛奶作坊的马。马主知道这件事后，除了口头感谢卡特勒之外，没有提到受伤这件事情。卡特勒十分气愤，向法院提起了诉讼，要求马主赔偿医疗损失。当时，法院觉得棘手，因为以前的判例没有清楚具体地讲过这类事情。于是，法院开始寻找德弗林所提到的"正常人的合理判断"。通过调查，结果大多数人都说卡特勒虽然精神可嘉，但要求赔偿似乎是不大妥当的，因为，一个没有任何义务的人自愿跑上前去阻止另外一个人的马，并且知道这样做的结果极为可能是受伤，这样的损失只能由他自己来承担。法官据此作出了判决。[1]

不到两年，又发生了一起类似的案子。原告是一名警察，叫海恩斯；被告叫哈伍德。一天，一匹受惊的马在大街上奔跑，在大街上有不少孩子在玩耍。有几个小孩看见大马狂奔而来，吓得愣在那里。海恩斯迅速上前抱住了马的脖子一直往下面压。马被制服了，可是海恩斯的胳膊和腿却大面积受了伤。马主哈伍德知道后，像上面提到的案子中的牛奶作坊主一样，仅仅说了一声谢谢。海恩斯同样告到了法院，要求哈伍德支付医疗费和精神补偿费。初审法院对卡特勒案记忆犹新，因此，海恩斯败诉。案子到了上诉法院，英国上诉法院认为，判海恩斯败诉的确是有问题的，他不能得到医疗费和精神补偿费实在是于情不符，于理不

---

1　*Cutler v. United Daires.* [1933] 2 K.B. 297.

通。这样，上诉法院也进行了调查，希望得到一个"正常人的合理判断"的根据。不过，这次的结果迥然不同，大多数人不仅认为海恩斯精神可嘉，而且认为只有赔偿才能弘扬社会道德。于是，法院就把这个意见当作"正常人的合理判断"，判决海恩斯胜诉。[1]

这里，可以看出，所谓的"正常人的合理判断"恐怕是一件见仁见智的事情。遇到不同的人，很可能就会得到不同的"判断"结论。有人可能会说，德弗林没有否定这类判断会发生变化，所以，前后两个案件里的"判断"不同是不奇怪的。但是，正常人的合理判断在两年不到的时间里——两案时间相距不到两年——就有不同，这就不是一个"时间变化"的问题。合理判断，总有些文化的积淀才会形成，一两年就一变，恐怕不是"正常人的合理判断"。所以，在这里，问题的要害倒在于两个案件里的"判断"不同恰恰说明了"合理理解"的不同。在两个案子里，应该说，法院遇到的正是这类不同，怎能把一般遇到的"合理判断"和"公共道德"的东西连接起来？"公共道德"一定需要大致的普遍一致性。

再说德弗林"标准"的另外一半：憎恶感情。

憎恶感情的表现，可能更是一件"见仁见智"的事情。就拿同性恋本身来说，在英美国家现在已经是司空见惯。尤其是在美

---

1　*Haynes v. Harwood.* [1935] 1 K.B. 146.

国，20 世纪 80 年代中期有的州已经明确宣布同性恋是合法的，同性恋者可以像异性恋者一样组成家庭。大多数人已经同情理解同性恋，觉得这是一件再自然不过的事情了。与数十年前相比，他们的态度可以说是天壤之别。问题是，从数十年前到今天这样一个状态，其间必然经历了对同性恋多种多样的矛盾姿态，甚至根本无法断定究竟是憎恶还是同情才是主要的感情表现。在具有多种多样矛盾姿态的时候，假如像德弗林所说的，在街头、公共汽车和陪审团里遇到了正常人的"憎恶感情"，那么，能不能说这就是公共道德的表现？

　　说到这里，可以发觉，德弗林"标准"最大的问题就在于它不能成为一个"标准"。所谓标准，总要有些"客观"的意思才行。根据德弗林的想法，我们可以在街头、公园、汽车站、商店甚至医院之类的地方，随便找几个人问一下他们的感觉判断，只要这些人正常理智而且具有道德感，那就可以了。可是这实在是"主观"了一些，不太可靠。我们调查社会的道德反映，总要有一定人数的依据才会稳当，不说绝大多数，也要相当一部分才是。在一个文化道德观念极为多样化的社会里，这类问题是尤为紧要的。所以，在遇到愤怒甚至咒骂的时候，我们依然可能没有遇到德弗林想象的"憎恶感情"。换句话说，那些街头、公共汽车或陪审团里表现出来的"无法容忍"，兴许不是公共道德的一种表现，以这个作为基础的道德的法律强制，自然不太"妥当"。

## 小 结

　　在道德问题上，德弗林可谓是个激进主义者。这类激进，尤为表现在要用法律强制"约束"道德领域。他给出了一个标准，一个"理智判断"加上"憎恶感情"的标准。经过仔细分析，我们倒会发觉这个标准似乎并不可靠，毕竟，里面有些说不清、道不明的地方。

# 第十一章　划清法律与道德

在前面一章，我们大致地分析了德弗林的"标准"，得到的结论是：这个标准是不可靠的。原因是什么？因为同性恋和卖淫这类问题是最为容易引起争议的，而且，实际上，除了一些最基本的善恶道德问题之外，一切日常生活的道德问题都可能引起广泛的意见分歧。由此，在那些日常生活的道德上强加法律，标准当然是不确定的。

## 077　基本善恶的道德和"日常争议"的道德

应该这样说，在某些道德问题上，谁也不会否认应该施加法律的强制。像诚实信用、遵守诺言、公平安排、禁止盗窃等，如果没有法律上的强制，显然社会就会永无宁日。德弗林讲，大家总要维护一个共同的道德信念和是非尺度，才能彼此维系在一起，否则，就会遭遇"社会崩溃"的灾难。这么讲一半是对的。我们可以想象，如果没有一个共同的道德信念和是非尺度，那么，共同生活将无从谈起。但是，德弗林可能过于杞人忧天了。他觉得同性恋和卖淫之类的"意见各异"性质的道德，也会引来"社会

崩溃"的灾难。从他的忧虑中，可以揣摩出这样的结论：就连性
感服饰、富有衣着、通奸、婚前同居之类的行为，也会导致"社
会崩溃"。

与此相反，哈特则以为，从法律的角度来看道德问题，像那些
要求诚实信用、遵守诺言、公平安排、禁止盗窃的道德，可以叫作
基本善恶的道德，在这些道德问题上，绝对没有商量的余地，法律
自然应该尽力地施加影响；而后一类的诸如通奸、婚前同居之类的
道德，叫作"日常争议"的道德，在这些道德问题上，就不能依然
强迫性地使用法律手段。显然，在后一类的道德问题上，我们似乎
难以想象通奸、婚前同居甚至同性恋、卖淫之类事情可以像弱肉强
食那样引起社会的灭亡，[1] 非要强调这是危险的，便是危言耸听。
哈特说：

> 如果没有禁止伤害他人的法律所反映和促进的道德，社会就不
> 可能存在。这当然是无可争议的（而且它是政治哲学最古老的洞见
> 之一）。但是，这里再一次没有证据支持这样一个理论，即那些偏
> 离习俗性道德的人在其他方面有损社会。倒是有更多的证据反对这
> 个理论。[2]

另一方面，"日常争议"的道德，从来都是众说纷纭、各执

---

1　Hart, *Law, Liberty and Morality*, p. 51.

2　Hart, *Law, Liberty and Morality*, p. 51.

已见的。正是因为如此，运用法律的强制倒有可能压制人们应该享有的自由。久而久之，不是通奸、婚前同居、同性恋或者卖淫，而是强制本身才会引起社会的无法忍受。所以，与哈特一样，庞德也说：

……法律都是对自由的限制，它们唯一可能为自己解释的正当理由在于他们在一定程度上和一定情况下对自由进行限制是为了在总的结果中为人们带来更多的自由。正如西塞罗所说，为了自由，我们当了法的奴隶。因此，法律还是必要的。但是要小心地立法，以防止它的限制作用超过了它的促进作用。[1]

## 078　"康德定理"

像哈特和庞德这样的学者，对前面一章提到的沃尔芬登委员会的报告当然是会举双手赞成的，因为，这个报告可能清醒地区分了法律与道德。哈特和庞德总有这样一个感觉：应该在法律和道德之间划上一条界线，这条界线有时会有变化，但是大致来说是较为固定的。可是在德弗林那里，这个界线是说不清楚的，甚至可能是不存在的，只要认为是必要的，人们就可以毫不迟疑地将道德纳入法律控制的范围。自然，哈特和庞德潜意识里的"法律实际如何"和

---

1　庞德：《通过法律的社会控制·法律的任务》，第106页。

"法律应当如何"的区分是非常明确的，而德弗林就不是这样明确的了。

上面说的法律与道德的关系，主要涉及哪些行为应该受到法律约束的问题。而在很久以前，人们对这种关系的认识，却是另有一番景象。这涉及传统西方法学里的一个著名理论——"康德定理"。

康德就是我们前面提过的 18 世纪著名的德国哲学家。所谓"康德定理"，是说法律与道德之间存在着一个重要的区别：法律与人们的行为有关；而道德与人们的动机有关。这是告诉我们，在法律上，想什么东西是不重要的，只要行为出现了问题，便需要法律予以惩罚；而在道德上做什么是不重要的，只要动机不纯或者"恶意"，便需要道德予以谴责。[1] 这种观点最初不是康德提出来的，而是 17 世纪德国法学家托马修斯（Christian Thomasius）提出来的。[2] 只是由于康德的影响太大了，经过他的讲述，这一"定理"也就被认为是他"首先"提出的。

许久以来，"康德定理"的要点为人们大致地接受下来。可是，现代人到底不是那么迷恋古典人物的成说，异议的声音此起彼伏。概括起来，有两点主要批评意见。第一，法律并不是不关心动机只关注行为。一个人犯罪杀人了，法律是一定要问为什么

---

1　Immanuel Kant, *The Metaphysical Elements of Justice.* trans. John Ladd, New York: The Bobbs-Merrill Company, Inc., 1965, pp. 13-14, 19-21.

2　Bodenheimer, *Jurisprudence: the philosophy and method of the law*, p. 291.

杀人的，专门术语讲就是"作案动机"。有的杀人是谋财害命，有的是正当防卫，有的是大义灭亲，有的是一时情急，这些之间当然存在着重要的法律区别。动机不同，就有可能刑罚不同，甚至不存在犯罪的问题。如果是做生意，其中出现了欺诈，这同样是一个法律问题，它可能会引起与生意有关的合同或者契约在法律上的无效，即使协议上有了签字或者盖章。显然，法律必须要过问内在的心理活动。第二，反过来，道德也不是只关心动机不关注行为。有了善良的动机，不一定就必然引起符合道德的行为。与有夫之妇的性关系，可能是出于真诚的彼此相爱，没有恶意破坏他人的幸福，但是毕竟不能为社会的道德所赞扬。这时候，道德关心的并不是婚外恋者的爱情是否真诚，相反，倒是关注婚外性关系本身对婚姻的伤害。

由于这两点批评意见切中要害，"康德定理"逐渐被人们放弃了。当然，对这里讨论的主题来说，它是否被人遗忘了并不重要，重要的是，人们最终发现问题关键在于，一旦道德不只是心灵问题，还涉及行为问题，那么，法律与道德彼此之间的关系就应该变成这样的：到底将哪些道德行为纳入法律的范畴才是恰当的？按照德弗林的看法，只要正常人无法容忍的，道德问题就可以成为法律问题；而根据沃尔芬登委员会、哈特和庞德的设想，关乎基本善恶的道德问题才可以实施法律的强制，而"公说公有理婆说婆有理"的东西，永远是道德自己范围内的事情。

## 079　法律强制本身的道德问题

康德这样的人将法律和道德分得特别清楚，不仅是要在两者之间划个界线，而且暗含着不要让法律的思路随意闯入道德的思路。法律有自己的天地，道德也有自己的天地。如果一定要用法律来管道德的事情，这本身还会引起是否道德的问题。

我们说，人人都要为人诚实、公平相待，不可侵犯别人的财产。这些道德上的见解，大致来说是不会有什么争议的。如果没有争议，把它们当作法律来强制实施，就基本不会出现对谁不公平的问题。显然，你希望凡事诚实信用，我希望言而有信，把这样的道德规范确立为法律规范，我们自然都是赞成的。假如个别人不讲信用，多行不义，其他大多数人就会一起谴责。这时候用法律的手段给予惩罚，人们都会表示"道德上"的一致支持。就法律强制本身来说，绝大多数人主张的一种观念压过极少数人，我们不会认为这是不道德的。因为，从根本上来看，不以绝大多数人的看法作为道德判断的依据，社会将失去最为基本的道德基础。

与此相反，我们每天都有可能会为"婚前可否同居""成年同性相恋""婚外感情释放"而不断地争论。对这些道德，历来都是见仁见智的。在这里，如果让法律来作出具有倾向的决定，人们就会质问法律的道德基础：有什么理由让一部分人——并不是绝大多数的"偏好"压制另一部分人——并不是极少数的"偏好"？这就如同有些人喜欢吃西餐，有些人喜欢吃中餐，有什么理由要求所有人都要吃西餐？要求所有人都这样在道德上能否成立？

所以，哈特相信，道德的法律强制本身就有一个道德的问题。[1]换句话说，如果忽略这个问题，就会以法律的名义不正当地压制道德争议，引起法律强制自身的正当性的疑问。在哈特看来，德弗林的不甚冷静，使他仅仅关注并不可靠的"正常人的理智容忍"这个标准，又使他不太理智地以为用这一标准就可以实现道德的法律强制，其实，这显然忽视了法律强制是否正当这样一个问题。

将这里的意思反过来说，要使法律的强制合理变成具有正当性的，我们反而要清晰地分辨法律与道德的各自范围，意识到"法律应当如何"不能毫无节制地干预"法律实际如何"。

## 080　支持德弗林还是哈特？

德弗林要求对同性恋和卖淫之类的行为必须给予严厉的法律强制。可以清楚地发现，这位道德激进主义者，显然是在充分地展现自己的法律观念和道德姿态。而哈特要求对性问题应该表现出宽容的态度，要求在私人的行为领域里留下"自由"的空间，同样是观点明确地表达自己的法律观念和道德姿态。不过，哈特却是想在更为普遍的社会层面上来谈道德问题的普遍性。因为，他总是含蓄地以为，在任何社会里，应该区分基本善恶的道德和"公说公有理婆

---

1　Hart, *Law, Liberty and Morality*, p. 17.

说婆有理"的道德。

先说哈特的问题。"诚实信用"这样的道德，在哈特的设想中应该划归基本善恶的范围。哈特一般会同意，"诚实信用"应当是普遍的，没有这样的普遍性的道德，社会关系的基础就会出现问题。可是，当仔细观察的时候，总会发现在某些地方"诚实信用"不是社会的基本道德。就拿做生意来说，谁都以为"诚实信用"是最基本的，然而，当你和相当一部分生意人谈话的时候，你会看到他们"遵守规矩"并不是因为出于要诚实的道德信念，相反，他们倒是觉得如果不依照规矩做事，可能日后很难展开自己的生意，或者遭遇他人的"以其人之道还治其人之身"，他们往往考虑的是功利权衡。而有意思的是，社会关系的基础并没有因此而出现问题。这个例子表明，所谓的基本善恶道德，在一些社会里不一定是"真实的"基本道德，可能是"公说公有理婆说婆有理"的道德。所以，问题可能在于，在不同的具体社会场所就会存在不同的基本道德，而且，有些道德并不能明确地分为基本的或者"公说公有理婆说婆有理"的道德。

虽然说不赞同哈特的讲法，但是，这不意味着我们要同意德弗林的意见。德弗林是一个地道的"具体"的法律议论者，他似乎没有哈特那种试图"普遍说明"的意图，而只是就事论事。正因为如此，我们每个进入道德批评和法律批评的人，自然可能对同性恋和卖淫之类的问题具有不同的看法。也许，有人要比德弗林更为激进，认为对那些"伤风败俗"必须彻底地加以禁止。有人可能比德弗林温和一些，认为对此类事情略加惩罚也就可以了；有人可能更为温和一些，认为对其"不闻不问"最为合适。不论怎样，各类议论者都是存在的，因为我们每个人都是不同的"具体"的法律议论者。

## 小 结

"实际存在的法律"和"应当存在的法律"的关系，在西方法律思想里大致是一个认识论的问题。安提戈涅、洛克用所谓"高一级"的神法或者自然法的东西来"压抑"人法；西塞罗、奥古斯丁竭力主张"恶法非法"，德弗林则直接要求道德的法律强制，都是或明或暗地认为在"实际存在的法律"之上存在一个"应当存在的法律"，用后者作为标准来认识前者。而边沁、奥斯丁说"恶法亦法"，哈特反对道德的法律强制，也是或明或暗地指出了相反的思想，用"实际存在的法律"作为标准来认识法律本身。

古希腊传说中的安提戈涅，用否定克瑞翁法令的方式埋葬了她的哥哥，当年的联邦德国法院没有任何犹豫地否定了纳粹法律的法律资格，可是，苏格拉底却没有这样否定古雅典的法律，沃尔芬登委员会也没有将同性恋的道德争议划入法律的范畴……这些，究竟如何去看待，就是读者自家的事情了。

# 第十二章　法律的价值选择问题

## 081　问题的引出

认识"法律实际如何"和"法律应当如何",特别依赖我们自己的价值判断。围绕"安提戈涅对抗克瑞翁的法令""苏格拉底接受古雅典的判决不越狱""当年联邦德国法院不承认纳粹法律的法律资格""同性恋应当给予法律严惩"这些问题,我们肯定要思考权衡"亲情""公平""正义""秩序""权利"一类的价值,要决定什么是重要的。

其实,考虑这些价值,从另外一个角度来看就是追问"我们制定法律是为了什么"。如果为了亲情,就会支持安提戈涅;如果为了公平,就会认为苏格拉底的选择是可以理解的;如果为了正义,就会认为审判纳粹分子的德国法院是正确的;如果为了个人权利,就会对同性恋者保持同情;反过来,如果为了秩序,倒会小心或者沉默地看待安提戈涅、苏格拉底、德国法院和同性恋者的所作所为。对于"为什么要制定法律"的问题,还可以提出许多另外的答案,像有人说的"为了定纷止争""为了增加财富"……自然,怎么说都是可以的,因为法律的目的本身就是多种多样的。

那么，就整个社会而言，这些目的或者价值是不是有个先后顺序？

## 082　秩序优先

有些西方学者觉得，首先应该注意"秩序"。现在举例分析一下，看看这种说法有没有它的道理。

假设一天，一位非常具有号召力的歌星来到了一个小城镇演出，地点选在城镇里最大的剧院。可是由于种种原因，演出只能举办一次。在演出前，演出公司和广告公司做了许多广告，因而当歌星进入小城镇的时候，他受到了最热烈的欢迎。小城镇的所有人都想一睹歌星演出的风采。显然，此时最为重要的问题是：怎样满足小城镇人们的需要？

应当承认，小城镇的每个人都有观看演出的权利，因为大家都是生而平等的。如果有人观看了，有人连歌星的背影都没有看见，这就剥夺了一部分人的权利，当然是不合适的。所以，必须把"权利"的思考当作演出安排的一个出发点。可是，承认这一点似乎是不能解决问题的。这位歌星只能演出一次，而且只能在剧场演出，这就不得不在保障某些人的权利的同时牺牲另外一些人的权利，满足所有人的权利要求是没有可能的。这样说来，以权利作为演出安排的一个出发点，好像不行。

有人可能认为，上述想法如果不可行的话，就人为地指定某些人去看，某些人待在家里，在以后设法补偿没能观看演出的人。这样可能也是不行的。有什么理由让一些人去看，而让另一些人待在家里？以后补偿的办法对某些人来说也可能是不公平的，因为这些人也许觉得，没有什么可以补偿现在未能观看的损失。

那么就增加演出的场次，或者将演出地点搬到能容纳所有人的地方，推出"创造财富式的供给"。这似乎也是难办的。歌星说，明天就要去另外一个城镇演出，那个城镇的歌迷也在等着他。而且，将演出地点移到能容纳所有人的地方，演出依赖的器材就会无法发挥令人满意的效果功能，这等于是所有人都无法观看像样的演出。因此，"创造财富"也不能作为首要的依据。

如此说来，似乎应该首先考虑"秩序"。"秩序"在此就是强调"先来后到"的意义，让人们在享受权利的过程中避免混乱的状态。可以发现，在目前这个小城镇，较好的办法之一便是首先让人们排队买票。这个办法没有否定每个人观看演出的机会，因为，想要得到票就要早点来排队，这就包含了"权利公平"的意思，"必须先有社会秩序才能谈得上社会公平"。[1]"社会秩序乃是为其他一切权利提供了基础的一项神圣权力"。[2]同时，这个办法还可以最大限度地满足观看的"需求"，又在循序渐进地增加"供给"。

主张"秩序"优先的西方学者说，所以要这样考虑，就是因为"俗话说得好，我们大家都需要地球，我们大家都有我们谋求满足

1　Stein and Shand, *Legal Values in Western Society*, p. 29.
2　卢梭：《社会契约论》，第8页。

的许多愿望和要求。我们有那么多人，可是地球却只有一个。每一个人的愿望不断地和他邻人们的愿望互相冲突或重叠"。[1]这就如同"从一座起火的大楼里往外冲的情况。如果在这种情况下，秩序不能维持的话，那就只有少数人才能逃出来，而许多人会被踩倒。但是如果……对起火大楼里的秩序加以维持的话，那么就可以在最少的阻碍和浪费之下使很多人可以……得救"。[2]

这类考虑问题的推论是否可以成立，我们暂且不问。无论怎样，法律的一个颇为突出的价值期待的确在于"秩序"，有了"秩序"，似乎才能谈到其他东西。正像有人说的，"与法律相连的基本价值就是社会秩序"[3]，而"维护社会安安稳稳是实现法律其他价值的先决条件。假如一个公民不论是在家里还是街上，都无法相信自己是安全的，可以躲避别人的攻击和伤害，那么，对他大谈什么公平、自由肯定是毫无意义的"[4]。

## 083 安提戈涅悲剧和苏格拉底困境的另外一种解释

说到秩序，我们自然会想起在安提戈涅和苏格拉底的故事里，反对破坏人法的理由就在于这一点。

---

1 庞德：《通过法律的社会控制·法律的任务》，第34页。
2 庞德：《通过法律的社会控制·法律的任务》，第34页。
3 Stein and Shand, *Legal Values in Western Society*, p. 29.
4 Stein and Shand, *Legal Values in Western Society*, p. 31.

　　在埋葬亲兄弟的事情上，也许安提戈涅依照自己的意志来行动在道德上是有理由的，但是，在其他事情上，理由可能就不那么充分了，尤其在那些对于社会基本规矩至为重要的事情上，也许根本无法提出理由。假如克瑞翁的法令规定禁止盗窃，安提戈涅说，自己饥寒交迫所以为了生存不得不偷窃，那么，谁都会认为这样的理由是完全不能接受的。在这种情况下，谁能容忍以这类理由对抗人制定的法令？如果允许对抗，那么是否还存在基本的社会秩序？此外，有的时候我们还无法说清哪些理由是充分的，哪些理由是不值一驳的。在那些道德争执的"灰色"地带，人们都会坚持自己的想法，"毫不退让"，而谁也不能证明必须尊重这些理由而不是那些。在这种情况下，人们更会抛弃秩序而固执己见。所以，安提戈涅要冲破克瑞翁的法令，其结果当然会使这个法令带来的秩序发生动摇，所有人都可以寻找借口自行其是。

　　苏格拉底就慎重许多了，他知道，法律和许多人是有关系的。一个人也许遭遇了法律上的不公平的待遇，可是，这可能是大多数人受到"平等"待遇的一个必要代价。如果大家都遵守了一个法律，就算是在道德上不值得称赞的一个法律，这也将使社会有条不紊、秩序井然。

　　可以看出，在这一"反"一"正"的两个故事里，我们可以揣摩出另外一种解释：不论法律在道德上的好坏如何，法律本身总有一个优点，即它带来了一个秩序。一旦令行禁止，行动跟着有方有寸，社会就会整齐划一。无论是在克瑞翁的王国，还是在古希腊的雅典，那些法令或者法律兴许真是令人无法满意，可是它们毕竟能够带来一个清楚的规则模式，依照这个模式，人人就可能相安无事。有的西方学者说过，"只要同样的规则能够普遍实施，至于这个规则的内容如何倒还是次要的……究竟我们大家沿着马路的左边还是右边开车是无所谓的，只要我们大家都做同样的事情就行"。[1]

　　此外，法律带来的秩序另外具有一些让人称道的优点：第一，人人都可以得到一个规则的指引，知道哪种行为是合乎规矩的，不会陷入无休止的"一种行为是否正确"的争论；第二，如果有人违反了规则，我们便可以得到一个明确无误的谴责甚至惩罚的理由根据；第三，根据这个明确无误的规则，谁都可以精明地预计自己行为的后果（符合规则会有什么结果，不符合又会怎样），知道怎样凭借规则达到自己的"效益"目的，这就无形中降低了茫然无知带来的行为失败的成本；第四，有了规则，像克瑞翁那样的国王或者古雅典"公民大会"那样的政府，就不能在统治管理的事情上"心血来潮"。这一点可能是最重要的，因为，它意味着人们熟知的"法治"，正如一位美国学者所说的：

　　……专制统治者是随心所欲并且根据一时兴起来颁布命令和禁令的。有一天，他判决一个人犯有死罪，因为那个人偷了一匹马；而第二天，他会判决另外一个盗马的人没有罪过，因为这个人在被

---

[1]　哈耶克：《通往奴役之路》，王明毅、冯兴元等译，中国社会科学出版社1997年版，第80页。

带到他面前的时候讲了一个笑话故事。一个曾经受宠的下属可能突然发现自己已经身陷铁窗牢笼，因为，他在一次象棋比赛里赢了一个上司。一位声名远扬的作家或许横遭厄运而被钉在火刑柱上活活烧死，因为，他不过写了几句让统治者瞧着不顺眼的言辞。[1]

而法律本质上就是对专制权力的一种限制，……为了防止一个专制政府的暴政，法律控制了它的权力。[2]

## 小　结

谈到这里，我们就进入了另外一个法学的领域——法律的统治。在这个领域里，我们将不再关心法律本身的含义如何，不再争论克瑞翁的法令有没有法律的资格，也不再争论古雅典的审判规则因对苏格拉底太不公正，是否就没有了法律的称号，而是闭着眼睛认为"法律"这个词的意思没有争议，直接用它来讨论其他问题。

应该注意，"法律"一词大概有两种用法，一是知性用法，二是感性用法。

知性的用法是说当使用"法律"一词的时候我们总要反省它的意思，比如，在考虑"克瑞翁的王国里法律是什么""纳粹分子的法律效力是怎样的""拿破仑的法律和印第安人的习俗、阿奎那时

---

1　Bodenheimer, *Jurisprudence: the philosophy and method of the law*, p. 183.

2　Bodenheimer, *Jurisprudence: the philosophy and method of the law*, pp. 184-185.

代的宗教以及古代中国的礼仪存在什么区别"的时候，我们一定要仔细体会"法律"一词的含义。换句话说，不仔细分析"法律"一词的意思，好像就不能说清楚那些问题，这就如同不清晰明了"猫狗"词语的意思，就不能说清"猫狗和花草存在什么区别"一样。在前面若干章里，讨论"法律是什么""恶法是不是法"之类的问题，就是在"知性地"使用法律一词。

感性的用法，则是说在使用"法律"一词的时候，我们不用关心它的意思，而是径直来用它说这说那。像谈论"古雅典的法律对苏格拉底不太公平"（不说"因为不公平就不是法律"）、"苏美尔人的法律历史悠久"、"古罗马有一个十二表法"，就是如此。这里，谈论者一般没有仔细体会"法律"一词的含义，而是简单地用它来讲其他东西。第一句就意在说明公平问题，第二句想说历史问题，第三句则要说在什么地方出现过什么法律。它们都没有解剖"法律"一词含义的意思。

现在，我们将"感性地"使用"法律"一词，比较一下法律的统治和人治，必要时将法治本身的真正含义分析剥离，看看西方学者在这两者上的各类说法。其实，赞同法律的统治和赞同人治是对法律的"优劣"的一种最为根本的评价，这类评价，将导致对法律的一个最为根本的态度：人类社会应不应该制定法律。

# 第十三章　哲学王的统治与法律的统治：初次对话

## 084　法治的含义

什么是法治？哈耶克（Friedrich Hayek）讲：

撇开所有技术细节不论，法治的意思就是指政府在一切行动中都受到事前规定并宣布的规则的约束——这种规则使得一个人有可能十分肯定地预见到当局在某一情况中会怎样使用它的强制权力，和根据对此的了解计划他自己的个人事务。虽然因为立法者以及那些受委托执行法律的人都是不可能不犯错误的凡人，从而这个理想也永远不可能达到尽善尽美的地步，但是法治的基本点是很清楚的：留给执掌强制权力的执行机构的行动自由，应当减少到最低限度。[1]

19世纪英国法学家戴雪（Albert Dicey）也给出了一个同样的意思：法治至少包含了两层内容，一是个人应该"由法律来治理，而

---

1　哈耶克：《通往奴役之路》，第73—74页。

不能任由反复无常（即人的随意）来治理"，[1] 二是没有人可以在法律之上。[2]

说起来，"法治"——法律的统治——这个词就像"法律"一样，真要追究得一清二楚的话，又是一个众说纷纭的东西。不过，它至少有一个意思是确定无疑的：政府或者统治者的一举一动要依循规则，让人们知道这些举动是从哪里而来的，以什么作为根据；而且，法律要具有最高的权威。在一般人看来，法治在今天其意义是不可争论的，它给人们带来了稳定、安全、秩序还有权利。然而，在古希腊，有人倒不认为法治一定是正确的，他们认为自己发现了法治的各种问题，而且他们用人治的优点来对比法治的弱点，引发了一次重要的讨论。

## 085　法律的缺陷：无法实现真正的"相同对待"

政府的统治行为要有章可循，有案可稽，这般要求的目的之一，就在于实现对平民百姓以至所有人的"相同对待"。有人说，制定法律的目的之一便是实现"类似情况类似处理"。法律意味着一般规则，在一般规则的指引下处理类似的情况正是一种公平。

这话听起来是不错的，可是，在一般规则之下是不是真的能够

---

Albert Dicey, *Introduction to the Study of the Law of the Constitution*. 10th ed., E.C.S. Wade, London: Macmillan & Co. Ltd., 1961, pp. 189-190.

Dicey, *Introduction to the Study of the Law of the Constitution*, p. 193.

实现公平的类似情况类似对待？

举例来谈。假设现在一条法律规定，偷窃他人财物 500 元者，一律处 15 天监禁并处罚款。现在有一个人甲，平时游手好闲，一天在邻居那里偷了 500 元钱；另一个人乙，因为母亲病重无钱医治，为支付药费而偷了杂货店 500 元钱；还有一个人丙，喜好读书，但是家境贫寒，无钱购买，便时有去书店偷书，没过多日已窃得价值 500 元的书。

怎样处理？依照法律规定，三人都要判处同样的监禁和罚款，而且，法律并没有规定特殊情况可以特殊处理。但是这种类似情况类似对待是否公平？显然，三人的情况是有所不同的，"类似对待"的确存在着一些不公平。有人会讲，为了解决公平的问题，可以将法律规定得再详细一点，比如，规定日常品行不良的人一律处罚重点，出于良好道德动机的人一律处罚轻点。许多法律正是这样规定的。

可是当你作出了新的规定以后，还会出现"不同"的问题。假如同样是出于良好道德动机，一个是屡犯，一个是偶犯，怎样处理？同样是品行不良，一个偷的是穷人的钱，一个偷的是富人的钱，穷人因被盗而痛苦不堪，富人却没有任何感觉，怎样处理？依照新的规定一律处罚还是不公平的。有人会继续说，那就再把法律规定得详细一些。屡犯判得重点，偶犯判得轻点。偷穷人钱的人重罚，偷富人钱的人轻罚。

然而，这样规定后依然会有"不同"的问题。如果同是偶犯，一个曾有助人为乐的良好记录，一个过去平淡无奇，同样处罚就公平了？如果同样是偷穷人的钱，一个将钱用于自我消费，一个将钱用于赌博嫖娼……同样处罚不是还有问题？

可以想象，在规定之后总会出现新的"不同"，换句话说，"不同"的情况可以无穷出现，要是总依据不断出现的"不同"去丰富法律，法律必定有一天到了我们无法阅读的地步。显然，法律是不可能这样规定的，从古到今任何国家都没有这样规定过。可是不考虑这些"不同"，按照一般规则予以处理，又总会出现刚才说的不公平。

这就可以看出，在一般法律规则下似乎无法实现十足公平的同样情况同样对待。

所以，古希腊的柏拉图说：

……法律从来不能用来确切地判定什么对所有的人说来是最高尚和最公正的从而施予他们最好的东西；由于人与人的差异，人的行为的差异，还由于可以说人类生活中的一切都不是静止不变的，所以任何专门的技艺都拒斥对所有时间和所有事物所颁布的简单规则。[1]

……法律所要的差不多正是这种简单的规则，就像一个执拗无

---

1　柏拉图：《政治家》，黄克剑译，北京广播学院出版社1994年版，第93页。

知的人不允许任何人做任何与他命令相左的事，以至于向他问一个问题也不行，即使是出现了比他自己制定的规则更好的东西，也不能允许。[1]

柏拉图是想提醒我们注意：如果法律总是不能实现"类似情况类似处理"，那么，以它作为根据的法治就是具有很多缺陷的。反过来，如果叫一个充满智慧的人来处理这些棘手的事情，"具体情况具体分析"，凡事就迎刃而解了。

## 086　法律解释的困难

大致来说，法律可以理解为一种一般规则。要把一般规则用在具体的事例上，有的时候就会出现令人头痛的解释困境。因此，不仅存在一个难以公平对待的问题，而且存在一个难以解释法律文本的问题。现在我们讨论一下解释法律文本的问题。

1964 年，英国法院审理了一个棘手的刑事案子——阿德勒诉乔治案（*Adler v. George*）。案情是由一个叫乔治的年轻人引起的。一天，这个年轻人在家里没有事情，就想去附近的皇家空军机场看看飞机日常训练。他轻手轻脚地爬过机场旁边的铁丝网和障碍物，然后，坐在机场跑道上观看天上的飞机。这时，一架飞机打算降落。

---

1　柏拉图：《政治家》，第93页。

正当慢慢降落的时候，飞行员发现跑道上坐着人，不得不将飞机再次拉起飞向天空。虽然乔治的行为没有造成什么损失，但是，警察还是将他带走了，并且于几天后把他送上了法庭。

当时审理此案的法官叫帕克。开庭的时候，帕克一边按着一部叫作《官方机密条例》（Official Secrets Act）的法律，一边翻阅着案件调查的情况说明。当检控官陈述完起诉后，帕克法官问乔治："还有什么话要说？"乔治回答说自己的确受到惩罚。可是，乔治的辩护律师却说，乔治不应该受到惩罚，因为他没有违反《官方机密条例》的规定。

律师让帕克法官仔细阅读该条例第 3 条的规定，上面写着："不得在禁区附近妨碍皇家军队成员的行动……"律师提出了这样一个意见：虽然军用机场毫无疑问是个"禁区"，乔治也妨碍了皇家军队成员的行动，但是，他当时不是在"禁区附近"而是在"禁区里"；条例第 3 条只规定了"在……附近"，没有规定"在……里"，所以依据这条规定是不能处罚乔治的。律师还提醒帕克法官注意，英国是个法治国家，法无明文不为罪。这样，帕克法官还真是为难了……

当然，最后帕克法官还是判决乔治应该承担刑事责任。他说，在通常情况下，必须将"在……附近"解释为"靠近某个地方"，但是在这个案子里，就应该解释为包含"靠近某个地方"和"在某个地方里"两个意思，否则，结果将是非常荒谬的。[1]

　　这个案子虽然是这样判决的，可是它还是说明，也如同我们在本书前面时常提到的，法律总会遇到解释的难题，最终还要靠人来解释才能加以解决。人们都说，法律的优点在于它的稳定性和明确性。可是，很多人并没有意识到，它的优点正是它的缺点。恰恰是因为它具有稳定性，不能朝令夕改，所以遇到特殊情况便无法随机调整；恰恰是因为它具有明确性，不能模棱两可，所以遇到未曾遇见的情形就难以灵活处置。

　　这就难怪柏拉图很久以前就认为，法律的缺陷之一又在于有的时候不得不对其进行解释，因为，立法者不论"是颁布成文法，还是依据不成文法的传统习俗宣示成规，他总是为多数人立法，而大体上只是粗略地考虑到个体"。[2]

## 087　"鲍西娅"的智慧

　　法律不大可能彻底公平地对待每一个人，而且，它本身总有解释的问题。这就容易让人觉得它不如人的智慧那样灵活。亚里士多德提过：

　　在我们今日，谁都承认法律是最优良的统治者，法律能尽其本

---

1　*Adler v. George*. [1964] 2 Q.B. 7; [1964] 1 All E.R. 628.

2　柏拉图：《政治家》，第94页。

旨作出最适当的判决，可是，这里也得设置若干职官——例如法官，他们在法律所没有周详的事例上，可以作出他们的判决。就因为法律必难完备无遗，于是，从这些缺漏的地方着想，引起了这个严重争执的问题："应该力求一个完备的最好的法律，还是让那最好的一个人来统治？"[1]

　　现在，我们看一个"支持"人的智慧的例子。

　　大凡读过莎士比亚作品的人，都知道《威尼斯商人》那个剧里，名媛鲍西娅可以说是出尽了风头，其中一段，就是讲了她如何使犹太人夏洛克就范于法网的故事。威尼斯仁慈的绅士安东尼奥，为了挚友巴萨尼奥与鲍西娅能够幸福地结婚，向犹太商人夏洛克高利贷款 3000 金币。莎翁说的那个时代，契约是绝对自由的，故而双方有一残酷的约定：如果安东尼奥届时不能还款，则割肉 1 磅以示惩罚。岂料，由于安东尼奥经营的货船迟迟不能赶到，高利贷款无法按期偿还。安东尼奥自知违约，便向夏洛克表示歉意，并且甘愿罚款 3000 金币。然而，这个夏洛克不仅得势不饶人，而且十分不善，一定要在安东尼奥身上割下那块肉方肯罢休。鲍西娅得知这一切后，便冒充名律师培拉里奥，写给法官一封信，称培拉里奥因事不能前来，特派一名年轻的律师上庭。信中还说，这名年轻律师见地非凡，不可小视。而鲍西娅则装扮成了这名律师。

---

1　亚里士多德：《政治学》，第171页。

在法庭上，鲍西娅首先声称：夏洛克的主张是完全合法的，安东尼奥提议的以"罚款"替代"割肉"是毫无意义的，契约上没有约定安东尼奥提议的办法。之后，鲍西娅向法官陈词：法院必须判决夏洛克胜诉，因为，契约符合法律的规定，夏洛克有权在安东尼奥身上割下一磅肉，这是夏洛克应当得到的公道。夏洛克听到这个辩词后十分兴奋，盛赞鲍西娅是公正贤明的，并且拿着刀过来就要"履约"。可是，就在夏洛克将刀放在安东尼奥的胸前的时候，鲍西娅突然说道：且慢！威尼斯绅士的肉判给你了，然而他的鲜血并未判给你，契约上只讲到了"肉"，并没有讲到"血"；根据威尼斯的法律，契约的执行必须非常严格，如果在割肉的时候哪怕是流下了一滴血，你的财产就要充公；而且，在割肉的时候，既不能多一点也不能少一点，否则，同样要受到法律的严厉制裁。

夏洛克到了这个时候才发现自己已经处于了非常不利的境地，于是不断地向法院和安东尼奥恳求原谅，提出不执行契约了。但是，鲍西娅仍然抓住不放，说道：夏洛克必须执行判决，否则只能视为图谋伤害，如此，同样要受到法律的严惩；在威尼斯的法院，你要公道就一定给你公道，而且比你想要的公道还要公道！[1]

在这段戏剧中，我们可以发现，并不是法律奇妙地使正义"柳暗花明"，而是人的（即鲍西娅的）智慧使法律本身"柳暗花明"，从而实现了正义。威尼斯的契约法表面上看是没有生命力

---

[1]　莎士比亚：《威尼斯商人》，朱生豪译，中国国际广播出版社2001年版，第141—167页。

的，依照它来判决案件，只能实现夏洛克的愿望。因为，谁都能发现，在屠宰场买一磅活猪肉的时候猪身上当然是要流血的，而且，几乎没有可能丝毫不差地割下一磅肉。安东尼奥答应以一磅肉作为违约惩罚，自然暗含着同意流血和肉被割得或者多点或者少点。一般的契约法并不否认这些。但是，如何在必要的时候扬善惩恶、对付夏洛克这样的小人呢？

只能承认，在这里，鲍西娅既"公平"地对待了夏洛克和安东尼奥，又巧妙地解释了契约法。法律的不足恰恰衬托了人的智慧。我们可以再往深想一步，如果一个国家的统治者具有绝不亚于鲍西娅那样的智慧，那么，为什么还要制定一个法律来让国家的统治者加以运用？

也许是出于这样的推论，柏拉图说：

法律的制定属于王权的专门技艺，但最好的状况不是法律当权，而是一个明智而赋有国王本性的人作为统治者。[1]

任何真正具有国王那样的专门技艺的人……我料想，他在任何时候都不会用我们称之为法律的文件在自己的路径上设置障碍。[2]

反过来讲，"对于优秀的人，把这么多的法律条文强加给他们

---

1　柏拉图：《政治家》，第92页。

2　柏拉图：《政治家》，第95页。

是不恰当的。需要什么规则，大多数他们自己会容易发现的"。[1]

## 088　完人和绝对真理

治理社会的形式大致有三种：法治、人治和无为而治。如果不看好法治，自然会青睐人治或者无为而治。在古希腊那个时代，无为而治似乎是一个比较玄学的概念，所以，除少数人提到过"凡事要顺其自然"之外，大多数人没有想起这个概念。

柏拉图鼓吹人治，而且认为人治中最好的模式就是"哲学王的统治"。所谓"哲学王"，是说由哲学家或者精通哲学的人来当国家的统治者。哲学王是非常聪明的，上知天文地理，下晓人情世故，最为重要的是，哲学王掌握了普遍性质的管理知识。这类知识不同于"任何一种特殊的技能，比如说鞋匠、医生、军事家所掌握的技能。它必须是比这些技能更为一般化的东西，因为这种智慧的掌握是被认为能够使人有智慧地治埋国家"。[2]总而言之，一个国家的统治者应该是哲学家。柏拉图设想：

除非哲学家成为我们这些国家的国王，或者我们目前称之为国王和统治者的那些人物，能严肃认真地追求智慧，使政治权力与聪明才智合二为一；那些得此失彼，不能兼有的庸庸碌碌之徒，必须

---

1　柏拉图：《理想国》，第141页。
2　罗素：《西方哲学史》，第146页。

排除出去。否则的话……对国家甚至我想对全人类都将是祸害无穷，永无宁日。我们前面描述的那种法律体制，都只能是海客谈瀛，永远只能是空中楼阁而已。[1]

　　柏拉图将国家里的各类人大体分为三种：统治者、军人和劳动阶层。有趣的是，统治者被说成是金质的，军人被说成是银质的，而劳动阶层被说成了铜质的或者铁质的。人们"虽然一土所生，彼此都是兄弟，但是老天铸造他们的时候，在有些人身上加入了黄金，这些人因而是最可贵的，是统治者。在辅助者（军人）的身上加入了白银，在农民以及其他技工身上加入了铜和铁"。[2]经过这种分配，极少数的统治者更加理所当然地被捧在了社会金字塔的顶端。按照一种社会角色理论，就算国家的成员被分为统治者、军人和劳动者三个档次，有个金银铜铁之分，"统治者""军人"和"劳动者"也不过是三个社会角色，任何具体的个人，比如柏拉图本人或者其他人，既可以成为统治者，也可以成为军人，又可以成为社会底层的一般劳动者。这就涉及了一个问题：如果想要成为一个哲学家式的统治者（哲学王），那么，怎样才能如愿以偿？

　　在柏拉图的设想中，一个具体的个人想要当上国家的统治者，有两点是必须要终日学习的：一是知识，二是道德。柏拉图的一个朋友曾在叙拉古当国王，十分仰慕柏拉图的才华，请他来教育

1　柏拉图：《理想国》，第215页。
2　柏拉图：《理想国》，第128页。

自己的儿子小狄奥尼修斯——日后的小国王。柏拉图将自己的理论付诸实践，每天教授小狄奥尼修斯几何数学。为什么要教几何数学？这就不得而知了。不过，后来有的学者评论说，"在我们看来，坚持要以几何学教给叙拉古的僭主小狄奥尼修斯以便把他造就成一个好国王的这种事情，似乎是不智之举；但是从柏拉图的观点说来，这却是最本质的东西"。[1] 的确，柏拉图认为，几何数学可以锻炼良好的推论能力，这种能力，是认识真正存在的"普遍真理"和"终极善"的必要资质。当学好了数学，并且在这个基础上把握了普遍性质的学问的时候，可以说是已经把握知识了。柏拉图特别强调"普遍真理"和"善"是没有时间性的，而哲学王应该是最能理解"永恒善"的人。至于道德方面，则是一个潜移默化的涵养训练，有了知识学问的不断影响，道德水平将不成问题。

在这种哲学王得以成长的条件里，我们可以得到两个重要的信息：第一，成了哲学王也就成了完人；第二，哲学王掌握的是绝对真理。

如果一个人的确可以成为一个完人，而且手中又掌握了绝对的真理，那么，恐怕就没有理由不让他来统治一个国家了。完人是一个道德上的楷模，而且是一个充满智慧的管理专家。在是与非的问题上，他说的只能是绝对正确的。对他寄予厚望当然是社会政治的

---

1　罗素：《西方哲学史》，第145页。

一个必然归宿。正是这样一种想象，使后来的不少学者开始推崇"开明的专制主义"。

不过，有一点应该略微作出说明。柏拉图主张哲学王的统治，是在一个自己想象的"乌托邦"里来展开的。在那个乌托邦——"理想国"里，一切都显得美妙但又是不现实的。另一方面，柏拉图也没有以为在"理想国"里法律是没有任何用处的，只是法律绝对不能，而且也不应该约束统治者。

## 089　柏拉图"人治"的问题

现在我们看看柏拉图的思想存在哪些问题。

先讲完人的设想。传说柏拉图在叙拉古的"哲学王"培养计划以失败告终。那个未来的小国王，对柏拉图的教育没有什么兴趣，并不像他的父亲那样对之敬佩有加。当然，兴趣不大也不是问题的关键；关键的是，小王子继位以后将柏拉图当作奴隶卖掉了，以此表示"哲学王"的计划是没有任何意义的。据历史记载，柏拉图遭到这个打击以后，心灰意冷，回到雅典开始反省"哲学王"的现实性：为什么把小国王培养成一个哲学家的计划那样不堪一击？不过，培养计划的失败，依然不能让柏拉图彻底怀疑完人的梦想。柏拉图的思维是怪异的，他以为，即使出现无数的失败例子，照样不能说明完人计划应该寿终正寝；相反，只要存在一个成功的例子，就应该认为完人计划仍然是明智之举。具体到为政腐败的问题上，他说：

> 这种哲学天才既已诞生，还会有人论证他们必定腐败吗？虽然我们也承认，使他们免于腐败是件困难事，但是有谁能断言，在全部时间里所有这些人之中就永远不能有哪怕一个人能免于腐败吗？[1]

在我们常人看来，叙拉古的"卖人事件"，至少表明对位居国家显赫位置的人的自我完善的期待不能过高。在那个位置上，只要出现过一个失败的例子，就足以叫人选择另外一套约束统治者的政治设计，而非统治者自我约束的完人梦想。因为，统治者的位置太重要了，他既可能做一件好事使国家受益匪浅，也可能做一件坏事从而误国、亡国。如果一名统治者没有显著的政治业绩，但是没有使国家陷入深重的灾难，那么，这也比今日兴国后日亡国那种"大起大落"来得叫人可以接受。毕竟在后一个结果中，我们看到的是最终火亡。而且，在政治领域里，百分之一的腐败可能都将是后果严重的，也是人们不能容忍的。我们基本上会赞同英国哲学家罗素的这样一个说法：谁也不能保证，"一个政治家一定能把他的技术用之于公共的利益，而不用之于他个人的利益、或他的阶级的或党派的或宗派的利益"[2]；也会赞同康德对哲学王"蓝图"这样的微词："国王竟然成为哲学家，或哲学

---

1　柏拉图：《理想国》，第255页。
2　罗素：《西方哲学史》，第155页。

家竟然成为国王，这样的事情是不可能发生的；而且也是不可取的，因为权力的拥有不可避免地会贬低理性的自由判断"。[1]

相形之下，柏拉图始终是在期待"五百年必有王者兴"，而另外一条思路是并不抱有这类幻想。柏拉图的假定前提是人性善，另外一条思路则在提醒人性恶的问题。就国家管理而言，哪一个是现实的，结论是不难得出的。

现在讲一下"绝对真理"的问题。柏拉图特别喜欢使用的词汇就是"善"。他讲的这个"善"是个普遍性质的"善"。在社会政治的范畴内，"善"就是国家管理的"绝对真理"。为理解这一点，我们举例说明。

一般都会以为，不偷东西是一个具体善的事情。但是，这么一个具体善的事情，有时不一定是个"善"。比如，如果一个朋友因为遇到很大的挫折，心情忧郁并且准备使用一把小刀自杀，那么，不偷这把小刀恐怕就不是一个"善"；趁其不备将刀偷走，恰恰倒是为人称道的"善"。柏拉图自己也说过，不说谎是具体善的事情，但是"国家统治者，为了国家的利益，有理由用它来应付敌人，甚至应付公民"，[2] 换句话说，这时说谎又是善的了。这是说我们可以反问："在许许多多虔诚的东西里，难道没有一丁点不虔

---

1　波普：《开放社会及其敌人》，杜汝楫、戴维民译，山西高校联合出版社1992年版，第160页。

2　柏拉图：《理想国》，第88页。

诚的东西吗？"[1]

正是因为不偷东西，不说谎是具体善的事情，所以它们有时不是善。具体善的事情总是个别特殊的，所以和普遍绝对的"善"本身是截然不同的。这就如同我们可以在头脑里想象一条完美无缺的直线，但是在纸上画出的各条具体的直线，却永远可能凹凸不平一样。

柏拉图说，对具体善的事情的认识叫"意见"，因为它会变化不定，而且也会错误；而对普遍绝对的"善"本身的认识才叫"知识"，因为它是永久确定的，是不可能错误的。哲学家正是要把握这种知识，是"那些眼盯着真理的人"，[2]哲学王正是要掌握普遍绝对的"善"。手中握有普遍的"善"，在国家政治里，自然就可以成为绝对真理的代言人。所以，"对一般人来讲，最重要的自我克制是服从统治者"。[3]

如果讨论柏拉图"绝对真理"的问题，那么这里最大的问题是这种真理是不可证明的，因为没有证明的手段，而且它是一个彼岸的产物。你说这是普遍绝对的"善"，我说那才是，我们都无从证明自己所说的是绝对正确的。柏拉图宣称，在一个国家里"各尽所能、各司其职"就是天然的正义，也就是普遍的"善"。[4]木匠只

---

1　柏拉图：《理想国》，第224页。

2　柏拉图：《理想国》，第218页。

3　柏拉图：《理想国》，第89页。

4　柏拉图：《理想国》，第154—155页。

应该做家具，鞋匠只应该做鞋子，教师就应该兢兢业业以教为本，不能另外思考生意或者从事政治活动，而奴隶就只能甘心情愿地做奴隶。但是，近代人和现代人大致以为，正义至少包括"平等"的含义，没有平等也就没有"善"的问题了。如果问：柏拉图，为什么"各尽所能、各司其职"就是正义？他只能回答：因为人是生而不平等的，有人天生就是高贵的，有人天生就是下贱的，有人就是"天性优秀"，有人就是"天性低劣"。[1]但是，近代人和现代人却完全可以认为：即便是生而不平等的，每个人依然可以拥有平等的机会，许多人不正是利用平等的机会从下贱到高贵，从低劣到优秀？找出"从木匠到科学家""从奴隶到将军"的例子，是并不困难的。在这里，显然不能断定要么柏拉图是绝对正确的，要么近代人和现代人是绝对正确的。

柏拉图的推论是这样的：正是因为哲学王掌握了"善"的知识，所以，他应当具有绝对的统治权力。在哲学王的国家里，什么事情都是不可能错误的。但是，现在我们已经发现，"绝对真理"的绝对正确问题似乎并不是那么乐观的。如果"绝对"本身并不是绝对的，也有一个相对的问题，那么，所谓哲学王的统治也就可能是一种表面上"圣明"、暗中"擅断"的极权专制。越是认为只有自己是绝对正确的，越有可能缺乏反省的能力，从而越有可能实施独裁甚至暴政。我们虽然不能像波普尔（Karl Popper）那样直说，

---

1　柏拉图：《理想国》，第152页。

"在柏拉图的正义定义的背后，从根本上说，有着他对极权主义阶级统治的要求，并且他决定使之实现"[1]，但是可以赞同他的这番感慨：

> 哲学家国王这个观念真是人的渺小的碑石啊！他同苏格拉底的真纯和人道之间的差别是多么的远啊！苏格拉底提醒政治家要防止被他自己的权力、他的优越性和智慧所蒙蔽的危险，他还力图教给政治家以最重要的事情——我们都是易犯错误的人。从这个反躬自问的、理性的和真诚的世界下降到柏拉图的哲人王国是多么严重的倒退啊！哲人的神秘力量把他提升到凌驾于一般人之上，尽管不是高到足以无须使用谎言……以换取凌驾于他人之上的权力。[2]

## 090　再论法律的缺陷

柏拉图竭力推崇完人和绝对真理的概念，可以说是用心良苦。他试图用这套东西反衬法律的缺陷，从而让人确信，只有哲学王或讲"人治"才是政治首选。然而，不仅完人和绝对真理的概念有这样或者那样的问题，而且，法律的缺陷也不像他想象的那样让人感到遗憾。

---

1　波普尔：《开放社会及其敌人》，第95页。
2　波普尔：《开放社会及其敌人》，第164—165页。

在前面第 085 小节，我们分析了一下法律能否公平地"类似情况类似对待"，结论是：不大容易。柏拉图立即以此作为根据，批评法治，赞美人治。但是，尽管我们讨论在一个盗窃行为里可能出现游手好闲者偷、为母治病者偷、为书研读者偷之分……在游手好闲者偷里可能出现窃穷人和窃富人之分，在为母治病者偷里可能出现屡犯和偶犯之分……在偶犯里又可能出现过去历史光荣和过去平淡无奇之分……然而，法治所希望的"类似情况类似对待"，并不是彻头彻尾、天衣无缝的"类似情况类似对待"。姑且不说"类似"这个词本身就不是"完全一样"的意思，仅仅就这条原则本身来讲，如果两人都实施了偷窃行为，都是为母治病，又同是偶犯，只是一个是没有头发的，一个是有一点头发的，便以为无法"类似对待"，那么，这就让人觉得可笑了。显然，正常人不会在没有头发和有一点头发之间去争论公平的"类似情况类似对待"，这种争论，显然是有些荒谬的。如果柏拉图的"哲学王"一定要在没有头发和有一点头发之间实现公平，那么，只能认为"哲学王"本身是没有真智慧的。

换句话说，人们肯定要在某些地方不断追究公平的"类似情况类似对待"，同时，又肯定不会在某些地方还继续这样做。这个道理，如同人肯定要吃某些东西又肯定不吃某些东西一样，简单明了，无可争辩。这或许就是人们在知道法律不可能彻底"相同情况相同对待"的情况下，依然选择法律的统治的一个重要理由。

我们再讨论一下法律解释的困难。

在前面讲过的乔治私闯皇家军用机场的案件里[1]，帕克法官的确遇到了一个小的难题。《官方机密条例》似乎制定得"太不严谨"，为什么在写了"在禁区附近"之后却忘了"在禁区里"？虽然在这个案件里，就皇家军用机场而言，大家都会以为"在禁区附近"自然意味着包含了"在禁区里"，可是，日常语言规则也在告诉我们，"在……附近"和"在……里"具有两个不同的意思。如果两个人约定在公园见面，一个人想到"在公园附近"，一个人想到"在公园里"，结局恐怕就是无法碰头，并且相互指责"没有信义"。这里是说，由于种种原因，法律显然避免不了"被人解释"的命运，解释起来又避免不了那么多的语义困难。

现在，我们提出这样一个问题：帕克法官能不能把《官方机密条例》解释为"在任何地方，只要妨碍了皇家军队成员的行动便处罚"？我们可以看到，那个条例说了"在禁区附近"，将它解释为包括"在禁区里"，也是完全可以讲出一些道理来的。第一，立法者在制定规则的时候，心里恐怕考虑的就是"不得在禁区里面或者附近妨碍军队行动"；第二，"在禁区附近"的妨碍行为和"在禁区里"的妨碍行为没有什么实际性的区别；第三，这样解释，大多数人是会赞同的……

---

1 参见第086小节。

与此不同，将它解释为"在任何地方"就不行了。人们很难说出一个道理来。可以想象，立法者恐怕不会有"在任何地方"的意思，因为，在公园、商店、酒吧、俱乐部都有可能妨碍军队成员的活动，在那些地方妨碍了不会产生严重的后果；军队成员的活动不可能时时处处都是重要的军事活动。此外，即使这样解释了，也不会有多少人赞同的。

两个解释之间存在一个重要区别：前面一个大致来说是可以理解的，后面一个是不可理解的，而且也是不大可能的。这说明了什么？显然，它说明了：有法律规定和没有法律规定恐怕还是不一样的。在有法律规定的时候，尽管可以作出种种解释，但是总会而且有必要在一个范围里去解释；反过来在没有法律规定的时候，解释是没有范围的，而且更为准确来说也不会有一个解释的问题。谁都会认为，当有规则规定"只能在黑夜占用公共车道装卸货物"的时候，人们可以将傍晚和黎明解释成是黑夜，或者解释成白天，但是不论怎样却不能将中午解释成黑夜。规则在一般条件下，已经给出了一个大致的范围和方向。

现在，回到"法治""人治"的问题上，可以看出，尽管人的智慧在法律解释的问题上显得灵活多变而且有时富有成效，然而，"硬性"的法律也不是一无是处的，它大体说了可以做什么、不能做什么，规定出了一个我们可以理解、可以说明的范围，就算这个范围是不太清楚的。

## 091 人性的弱点

柏拉图不认同法治，原因主要在于法律存在着某些缺陷；另外，他相信有朝一日完人是可以出现的。可是前面两个小节的分析，略微说明了无论指责法律的缺陷，还是相信完人可以出现，都不属于确定无疑的支持"人治"的理由。法律的缺陷，也许并不是那么令人担心的；完人的智慧，倒是的确让人觉得并不那么现实。

众所周知，亚里士多德是柏拉图的学生，亚里士多德虽然敬重师长，但是依然认为法律的统治才应当是社会政治的最高境界。他说："法治应当优于一人之治。"[1]

亚里士多德以为：

……说应该让一个个人来统治，这就在政治中混入了兽性的因素。常人既不能完全消除兽欲，虽最好的人们（贤良）也未免有热忱，这就往往在执政的时候引起偏向。法律恰恰正是免除一切情欲影响的神祇和理智的体现。[2]

与柏拉图相比，亚里士多德特别不看好人的本性。针对柏拉图的"人治"理由，亚里士多德另有一番自己的见解：

1　亚里士多德：《政治学》，第167—168页。
2　亚里士多德：《政治学》，第169页。

　　任何技术，要是完全照成文的通则办事，当是愚昧的。在埃及，医师依成法处方，如果到第四日而不见疗效，他就可以改变药剂……从同样的理由来论证，很明显，完全按照成文法律统治的政体不会是最优良的政体。但……凡是不凭感情因素治事的统治者总比感情用事的任命较为优良。法律恰是全没有感情的；人类的本性（灵魂）便谁都难免有感情。[1]

　　这是在说，把政治管理的希望放在个人的身上，就等于将国家的命运压在了亦变亦幻的感情，而非严实可靠的理智上。即使法律本身有这样或者那样的缺陷，就像埃及医师手中的药方有的时候并不灵验一样，它也比感情冲动的人治来得明确稳定。亚里士多德的潜台词是想讲述这样一个意思：法律的确是存在缺陷的，但是对照而言，它还是要比人治更为令人放心一些。我们做任何事都要贯穿这样一个纲领：要么两利相权取其大，要么两害相权取其轻。

　　讲到这里，应该点出，在亚里士多德的思想里，法治不仅胜过人治，而且法律本身就是人类兽性的"囚笼"。在国家统治者的身边设置一个法律的制约，将使社会政治更为安全。

---

1　亚里士多德：《政治学》，第162—163页。

## 092　权力的诱惑与腐蚀

柏拉图希望把国家权力交给哲学王的时候，并没有想到权力的诱惑和腐蚀。当然，哲学王的学识品行是没有任何问题的，权力的诱惑和腐蚀自然也就不是问题了。然而，亚里士多德的思路却恰恰相反，他认为哲学王是不可能存在的。于是，剩下的有感情或者"兽性"的真实个人，受到权力的诱惑和腐蚀几乎是必然的。

亚里士多德讲过这样一个"政体轮回"的理论：

远古时代，出现过许多像古雅典那样的大小城邦，这些城邦各色各异，但是有一点是相同的，这就是它们都选择了君王制。所以选择君王制，是因为像样的贤哲太稀少了，城邦自己也是地小人疏；另一方面，执掌大权的人往往对黎民百姓积有功德，百姓自然产生仰慕之心。后来，每个人竞相模仿的天性，使许多功名心重的人积极投身政治，角逐权力，这样又出现了立宪政体。然而，在立宪政体中，掌握权力的机会相对来说是比较少的，于是，腐败之风开始盛行起来。再到后来，腐败之风反过来又刺激了贪财的欲望，这又引发了寡头财阀政体。由于掌权者都是贪婪的，社会终于怨声四起，又引来了对新的英明独裁专制的渴望……亚里士多德说："追溯这一系列变迁的原因就全在为政者凭借名位，竞尚贪婪……"[1]

　　概括来说，在权力的面前，不可能出现道德没有任何问题的哲学王，更不可能出现有毅力抗拒权力诱惑的一般常人。既然如此，运用法治而不是倚赖哲学王的出现，只能是唯一的选择。在这里，如果我们再说到鲍西娅的智慧如何惊人，这种智慧是如何不能由法律与之媲美，那么，亚里士多德一定会毫不犹豫地对我们说：鲍西娅即使聪明智慧，也毕竟是一个凡人；既然是凡人，在权力的诱惑和腐蚀面前必然是意志不坚的。

## 093　法治的要素：普遍的服从和良好的法律

　　人性的脆弱和权力的侵蚀，让亚里士多德深信法治胜于人治：

　　总的说来，做不公正的事情总是把好处多归于自己，把坏处少归于自己。所以我们不允许个人的统治，因为他可以为了自己而成为暴君，而要法律为统治。[2]

　　那么，什么可以叫作法治？

　　与前文里提到的哈耶克和戴雪不同，亚里士多德提出了一个在常人看来"非常容易接受"的说法："法治应包含两重意义：已成

---

1　亚里士多德：《政治学》，第165页。

2　亚里士多德：《尼各马科伦理学》，第101页。

立的法律获得普遍的服从，而大家所服从的法律又应该本身是制订得良好的法律。"[1] 罗素曾经这样评论亚里士多德的伦理学：其见解"往往总是当时已经因袭成俗的那些意见"。[2] 我想，这种评论放在亚里士多德的法治理论上也是恰如其分的。自然，这样一个法治的论说，人们大致都是赞成的。谁都服从法律，不仅平民百姓，而且统治者也是如此，这当然是最佳境界了。而法律本身又是良好的，这更使人们深感放心。

本来，知道人性的脆弱和权力的侵蚀，应该导向提出法治的要义仅仅在于用规则约束"统治者"和平民百姓的结论。可是，亚里士多德凡事都想得"四平八稳"，力求人人都能接受，于是，"法治"的意思里又添上了一个"良好法律"的概念。兴许亚里士多德担心，不讲法律良好的问题，就有可能为专制的统治者利用恶法而大开方便之门。但是无论怎样，不妙的是，"良好法律"的概念尽管让人觉得"四平八稳"，可是实际上它包含了一个自我解构。

首先，我们可以注意"良好"这个提法。什么是"良好"？如果有人认为一部法律规定得十分完美，有人却认为还有很多缺陷，怎么办？有的时候，人们完全可能因为允许再婚纳妾、对婚外恋情不置可否的法律激烈地争论。这个时候，怎样断定"良好"？此外，随着时间的推移，以前以为非常良好的法律现在看来问题很

---

1　亚里士多德：《政治学》，第199页。

2　罗素：《西方哲学史》，第226页。

多，这个时候怎么办？即使我们可以拿出一个"多数人"的标准，断定只有多数人的意见才能确定"良好"，对那些不同意者来讲，他们依然会固执己见。假如多数人不过是总人数的50.1%，而少数人却是49.9%，那么，少数人不就更会自行其是？在本书的前面几章里，我们讨论过法律好坏的问题，已经提示了这个问题的棘手复杂，并且说过，允许有人坚持一个"坏法不是法律"（恶法非法）的观念，便有可能导致对法律秩序的不明智的破坏。于是，苏格拉底表现了"慎重"。

可是，亚里士多德在竭力主张法治并且不断说到"良好"的时候，早已将苏格拉底的言传身教[1]忘得一干二净。以为"良好"的概念，不仅可以使法治名副其实，而且可以使法治非常稳定。上面的分析表明，坚持"良好"的概念，实际上会使"普遍服从法律"非常难以实现。讲得清楚明白就是：如果想要一个法律的"良好"，就难以实现对法律的"普遍服从"。"良好"的想法避免不了解构"普遍服从"的想法；反过来说，"普遍服从"的想法避免不了解构"良好"的想法。

## 094　一般规则和自由裁量

谈论对法律的普遍服从，意味着必须存在一个普遍的一般规

---

[1]　众所周知，亚里士多德是柏拉图的学生，而柏拉图又是苏格拉底的学生。

则。在不知道自己的行动对不对的时候，就依照规则来衡量一下。可是，话是这么讲，前面我们还是说过一般规则总会存在着一些缺陷，而柏拉图正是以此来否定法治，主张人治。那么，亚里士多德是如何解决这个问题的？

一般规则虽然存在着缺陷，但是它却可以提供一个大致的方向，因而我们容易想到，可以在这个大致的方向里灵活处理，就像在前面的乔治私闯军用机场的案件里，帕克法官可以把"在……附近"灵活地解释为"在……附近和在……里"一样，这里，没有超出大致方向的范围。但是，亚里士多德并不以为这样就行了。他提出了一个公平（epieikeia）的概念，说这个概念表示，如果法律解决不了问题，就对法律进行补正的意思。[1]他是想说，不管是在"大致方向"里还是在其外，都存在一个灵活处理的问题。

现在，看一个阿奎那说过的例子。

假设有一个城市被敌人包围了，如果不紧闭城门，便可能被敌人偷钻空子攻打进来。这样，城里人颁布了一项法令，规定不论在白天还是黑夜城门都必须紧锁，任何人不得出入。可以理解，这个法令是为了城里每个人的安全。不这样规定，可能人人都会危在旦夕。但是，现在有一伙敌人正在追击几个对城市安全至关重要的本市居民，如果不开城门放人进来，对城市的安全将

---

1 亚里士多德：《尼各马科伦理学》，第110页。

是非常有威胁的。怎么办？"在这种情况下，显然应当打开城门，这虽然违反法律的条文，却照顾到那个立法者所注意的公共幸福"。[1]

在这个例子里，就不存在一个在规则大致方向里灵活解决的问题。打开城门，是对规则的彻底突破，虽然这并不违背立法者人人安全的目的设想。阿奎那解释说，"统治者……正是为了应付这样的情况才有权不去执行法律的。……因为需要临头无法律"。[2]

对阿奎那的"城门难题"及其解决方式，亚里士多德能够想到的话，一定会表示赞同的，尽管历史事实是阿奎那的想法恰恰来自亚里士多德本身。亚里士多德断言：

既然立法者说了一些笼统的话，有所忽略和出现失误，那么这些缺点的矫正就是正确。如若立法者在场，他自己会这样做；如若他知道了，自己就会把缺少的规定放在法律中了。所以公平就是公正，它之优于公正，并不是优于一般的公正，而是优于普遍而带来了缺点的公正。[3]

讲到这里，我们可以指出，正像亚里士多德非要在提到"普遍服从法律"的时候提到一个"良好法律"的概念，最后导致自我解

1 阿奎那：《阿奎那政治著作选》，第124页。
2 阿奎那：《阿奎那政治著作选》，第124页。
3 亚里士多德：《尼各马科伦理学》，第111页。

构结局一样，在一般遵守法律的前提下允许个别突破，尤其是规则大致方向之外的突破，也将导致另外一个自我解构。

在上面的"城门难题"里，我们还可以设想这样一些特殊情况：第一，有一个居民患有一种特殊的疾病，这个城市的医生无法诊治，后来，人们知道另外一个城市才有医术更高的医生，这时候，能不能打开城门将病人送往另外一个城市？第二，城市坚持数月后，虽然不是弹尽但是已经粮绝，能不能打开城门，派人去其他地方寻找救兵、运送粮草？第三，由于敌人日夜攻打，伤员日渐增多，而药物几乎用尽，这时候能不能打开城门派人索取药物……

对这些特殊情况，亚里士多德肯定会认为应该个别处理。

而如果真是这样，困难的问题就出现了：那些所谓的特殊情况谁也不会想象到底有多少，如果这个数量是无穷的，就意味着"个别处理"的数量是无穷的；而如果可以无穷地个别处理或说"突破规定"，那么，我们就再也不能断定一个"法律的一般遵守"是存在的，因为，谁也不能说清楚究竟"遵守"的数量多还是"破例"的数量多。假如"破例"的数量是多的，就只能说是"一般破例"而非"一般遵守"。这样看来，允许个别处理，终有一日会瓦解"一般遵守"。想必亚里士多德并未想到这个问题的奇妙。

另外，允许特殊情况特殊处理，还有可能引发法治原有的一些优点的丧失。我们都说，正是因为存在着法律的明确性和可预测性，法治才是令人满意的。知道法律是怎样规定的，就等于知道自己应该做什么，而且不用担心这会引起什么无法预知的结果。相反，允许不断个别处理，那么没有人可以猜测新的特殊情况将会怎样处理。比如，谁能知道，一个根本不想在上面那个城市里居住的居民是否可以开门出城？一个居民的父亲客死他乡，这个居民是否可以开门出城奔葬？敌人中个别人想站在被困城市人民一边，是否可以开门迎接？到了这时，法治的优点已经看不见了。孟德斯鸠也说，出于某种公正感，人们总以为有责任避免僵硬的法律，"可是这一种挽救方法是新的弊病"。[1] 而哈耶克也表达了这样的担忧："……要使法治生效，应当有一个常常毫无例外地适用的规则，这一点比这个规则的内容为何更为重要。"[2]

当然，尽管亚里士多德的"酌情处理"理论存在着许多问题，其对后来的某些思想家依然产生了深远的影响。洛克就曾基本上接受了这个理论，他说：

因为世间常能发生许多偶然的事情，遇到这些场合，严格和呆板地执行法律反会有害（例如，邻居失火，不把一家无辜的人的房屋拆掉来阻止火势蔓延），而一个人的一桩值得嘉奖和宽恕的行动由于法律不加区分，反而可能受法律的制裁，因此，统治者在某些场合应当有权减轻法律的严峻性……

这种并无法律规定、有时甚至违反法律而依照自由裁处来为

---

1  孟德斯鸠：《波斯人信札》，罗大冈译，人民文学出版社1958年版，第221页。

2  哈耶克：《通往奴役之路》，第80页。

公众谋福利的行动的权力，就被称为特权……对于一切与公众有关的偶然事故和紧急事情，都不可能预见，因而法律也不可能都加以规定，而且，如果所制定的法律对于一切符合规定的情况或所有人都严峻不苟地加以执行，也不可能不造成损害；所以，对于法律所没有规定的许多特殊事情，要留给执行权以相当范围的自由来加以处理。

这种权力，当它为社会的福利并符合于政府所受的委托和它的目的被运用时，便是真正的特权，绝对不会受到质难。[1]

## 小　结

在许多人看来，柏拉图的理论是人治理论的象征，而亚里士多德的理论是"法治"理论的象征。大体来说，这样定位没有什么不合适的地方。不过，亚里士多德的理论一经分析，便会使人发觉其中隐藏了"人治"的阴影。不奇怪，亚里士多德的理论来自批判柏拉图的哲学王，而哲学王来自批判法律的缺陷，法律的缺陷又提醒人们不得轻视人的自由裁量（酌情处理）的智慧，最后，在自由裁量里面，就有"人治"的因素了。

应该承认，假如的确存在柏拉图想象的无所不能、无所不知的哲学完人，而且，他手里的"真理"是绝对正确的，那么，"人

---

1　洛克：《政府论》（下篇），第99—100页。

治"自然是最佳的选择。但是，我们除了看到柏拉图培养"哲学王"计划的流产和历史上无数的总是存在缺陷的君王之外，并没有看到这么一个完人，这么一个绝对正确的"真理"。所以，人们又不得不回头再去寻找法治的道理，不把希望放在没有希望的"人治"上去。

# 第十四章　开明专制与权力制约的法治：再次对话

虽然法治是比较理想的，可是，法治理论里面还有一个我们不易觉察，而且亚里士多德也无暇顾及的问题：如果法律是人制定的，那么，制定法律的那个人是不是不可能受法律的约束？在安提戈涅的故事里，国王克瑞翁制定了不得埋葬波吕涅刻斯的法令，根据这项法令，安提戈涅和其他臣民都要受到法律的约束，可是克瑞翁呢？假如克瑞翁一天动了恻隐之心，突然发觉外甥死得悲惨，[1]不下厚葬自己心灵便无以平静，决定亲自主持葬礼，这时候法律是否要约束克瑞翁？

有人可能会认为，当然是要约束的。

但是，怎样约束？法令是克瑞翁自己颁布的，既然可以自己颁布，当然可以自己废除，自己废除了还有自己约束自己的问题吗？此外，在克瑞翁的王国里，克瑞翁颁布法令所以有效，大体上是因为克瑞翁拥有了国王的权力；而权力就意味着别人不服从的时候，可以惩罚别人。可是克瑞翁自己不遵守的时候，谁来惩罚？

---

1　波吕涅刻斯是克瑞翁的外甥。

可以发觉，如果认为法律是某些人制定的，那么，在这些人身上谈论亚里士多德式的法治就是有问题的，甚至是非常不妙的。所以，在阿奎那的书里，我们看到古罗马人的另外一些法治和人治的说法。罗马人讲：

就法律的约束力而言，一个君主的地位是超过法律的。这是因为谁也不能为其自身所拘束，并且法律的约束力只能起源于君主的权力。所以，据说君主的地位就超过法律，因为如果他违犯法律，谁也无法对他宣告有罪的判决。[1]

阿奎那特别解释说，这见于古罗马《罗马法典》的第1篇第3章第31节。[2]有意思的是，在同一法典里还有另外一个讲法：

罗马皇帝狄奥多西和瓦伦蒂尼写信给地方长官沃鲁西亚努斯说："如果君主自己承受法律的拘束，这是与一个统治者的尊严相称的说法；因为甚至我们的权威都以法律的权威为依据。事实上，权力服从法律的支配，乃是政治管理上最重要的事情。"[3]

第一个讲法是说人治，第二个讲法是说法治。

---

1　阿奎那：《阿奎那政治著作选》，第122页。
2　阿奎那：《阿奎那政治著作选》，第122页。
3　阿奎那：《阿奎那政治著作选》，第123页。

## 095 开明专制：重温哲学王

罗马人的"人治"一说，要点在于这样一个观念：其他人都要遵守法律，而立法者就没有遵守法律的问题。表面上看，这和柏拉图的说法大同小异，不过，柏拉图论证的思路与罗马人是不同的，他想的是"利弊"问题，而罗马人想的是"可能不可能"的问题：既然立法是由人来决定的，立法者当然不能受到法律的约束，这与人治和法治的利弊是无关的。

说起来，罗马人的观念是在欧洲中世纪后期才日渐盛行的。[1]那个时期，在政治上，最为引人注目的是一些世俗的独立、主权和民族的国家的出现。这些国家的当权者，特别希望推翻中世纪的教会势力，试图在国家之内排除神学的全方位的控制。马基雅维利在那个时期，就已经开始为世俗国家的君主权力提供理论上的支持论据，主张世俗帝王的至高无上，并且说为了国家的强大统一，被统治者只能完全服从国家的政治权力。至于君王本身，既要扮演狐狸的角色，又要扮演狮子的角色，这里的意思是说，君王"必须是一只狐狸以便认识陷阱，同时又必须是一头狮子，以便使豺狼惊骇"。[2]不仅如此，君王还应该紧紧掌握实力（军队），来为良好

---

1　萨拜因：《政治学说史》，盛葵阳、崔妙因译，南木校，商务印书馆1986年版，第386页。
2　马基雅维利：《君主论》，潘汉典译，商务印书馆1985年版，第84页。

法律构筑强而有力的基础。[1]

世俗王权的兴起，以及马基雅维利的"王权"学说，刺激了 17 世纪人们对世俗法律的特别崇拜。这种崇拜，自然使人将柏拉图和亚里士多德争论的"利弊"问题抛在了脑后。反过来，人们总是想到世俗法律出自君王之口，想到古罗马查士丁尼所说的"凡君王所希望的便具有法律效力"这一经典表述，[2] 从而又记起了罗马人的法理观念，发现在那里面，罗马学者对人治和法治的关系早已看得十分清楚。

17 世纪的霍布斯是我们不断提到的一个重要哲学家。1651 年，他写了一本叫作《利维坦》的闻名之作。正是在这本书中，霍布斯又把罗马人的观念仔细地重温了一遍，取其精华，终于使其成为西方法律思想的经典理念。《圣经》故事里，讲过一个力大无比的巨兽，这个巨兽的名字叫起来十分接近"利维坦"三个字的发音。于是，霍布斯就用它来作书名，意在比喻无所不能并且强而有力的政治国家。

在国家里，有一个握有绝对权力的主权者。而就真正的国家法律来说，主权者又是绝对的。像边沁和奥斯丁一样，霍布斯特别喜欢"法律是命令"的概念，好像法律就是一个军队上司对下属发布的命令，如果不服从，便会"就地正法"。这个"命令"概念是想表明这样一个看法：要使法律令行禁止，就必须具备一套惩罚的机

---

1 马基雅维利：《君主论》，第57页。
2 查士丁尼：《法学总论》，张企泰译，商务印书馆1989年版，第8页。

器，而惩罚的机器又必须由人来执掌，执掌人只能是命令的颁布者，他不可能也无须接受别人的命令。此外，法律表现了命令者的意志，既然表现了他的意志，自然也就没有约束他的问题。还有一点，"不论是谁，要是认为主权过大，想要设法使它减小，他就必须服从一个能限制主权的权力，也就是必须服从一个比主权更大的权力"。[1] 换句话说，要想减弱权力，就必须存在新的权力。所以，"……将法律置于主权者之上，便同时也将一个法官和惩办他的权力当局置于他之上，这样便造成了一个新的主权者；由于同一理由，又可将第三个人置于第二者之上来惩罚第二者，像这样下去，永无止境……"[2]

这些说法加上罗马人已经讲过的那些理论，我们就看到了霍布斯的这段言语：

国家的主权者不论是个人还是议会，都不服从国法。因为主权者既有权立法废法，所以便可以在高兴时废除妨碍自己的法律并制定新法，使自己不受那种服从关系的约束；这样说来，他原先就是不受约束的……而且任何人都不可能对自己负有义务，因为系铃者也可以解铃，所以只对自己负有义务的人便根本没有负担义务。[3]

---

1 霍布斯：《利维坦》，第161页。
2 霍布斯：《利维坦》，第253页。
3 霍布斯：《利维坦》，第207页。

　　虽然在这里霍布斯闪烁其词地提到了"议会"主权者，可是在他的真实想法里，还是主要想说君王之类的少数个人。议会总和平民百姓有着联系，而平民百姓又是没有主见的，喜欢争论，缺乏统一一致的理性。[1]在一个人，比如君王身上，问题就会简单明了，因为他不会和自己争吵不休，如此，在"法律中就不容易产生矛盾；纵使有矛盾发生，由于同样的理由也能通过法律的解释和修订予以消除"。[2]在看好精英个人而不看好普罗大众这个爱好上，霍布斯与柏拉图可以说是不谋而合。而看好精英个人的理性，更使霍布斯特别强调主权者个人不受法律的约束。

　　可以看出，霍布斯试图在学理上彻底地粉碎亚里士多德式的"法治"神话。法律如果就是由人来制定、颁布的，那么，就不可能实现所谓的"普遍服从"，总有一部分人，尤其法律的制定者，永远是在法律的约束之外。说到这里，如果我们联想开始几章讲过的"法律是什么"的问题，我们就会发觉这里的复杂性：对"法律是什么"作出怎样的回答，可能影响对"法治"的基本看法。假如认为法律不单是主权君王的命令，它还包括了习惯法等不成文法[3]，那么，就有可能得出不同于罗马人和霍布斯的"人治"概念，就会以为，只要人们哪怕是主权者服从了习惯法等不成文法，"法治"照样可以加以推行。如果不认为法律是一种命令，而是像哈特

---

1　霍布斯：《利维坦》，第209页。

2　霍布斯：《利维坦》，第210页。

3　参见第026小节。

那样，认为法律的存在特别依赖我们的"积极态度"[1]，法律不仅讲义务而且讲权利和权力，那么，就不存在主权者被迫约束自己的问题。因为，主权者对法律总会具有"积极的态度"，认为遵守义务是应该的，享受权利和运用权力更是应该的，"法治"自然而然就不成问题了……在此，对法治和人治的看法，有时依赖我们对一般法律概念的理解。当然，这里过于复杂了，我们点到为止。

回到霍布斯的说法上。霍布斯相信，主权者在法律上的发言权是绝对的，故而奢谈对主权者的法律约束是非常幼稚的。那么，是不是主权者可以为所欲为？

当然不是。霍布斯明确地告诉我们，在主权者制定出来的法律旁边，还有一类自然法（natural law）的存在，自然法大致说来就是道德指南。主权者在立法的时候，肯定不能不顾一般臣民的利益，不能让他们的生计每况愈下，也不能让他们仿佛生活在危险的环境中。[2] 这些自然就是自然法的基本要求。虽然主权者的法律可以确定是非公正，"没有共同权力的地方就没有法律，而没有法律的地方就无所谓不公正"，[3] 但是，将自然法弃置不顾的世俗法依然是邪恶的。"良法就是为人民的利益所需……的法律"，否则"便不是良法"。[4]

---

1　参见第031、032小节。
2　霍布斯：《利维坦》，第260页。
3　霍布斯：《利维坦》，第96页。
4　霍布斯：《利维坦》，第270、271页。

主权者掌握权力的方式就是运用法律，自然法正是对这种方式的一个理性约束。就这点来说，可以认为，如果柏拉图将统治者的希望寄托在"哲学知识"上，那么，霍布斯是将其寄托在"伦理知识"上。不过，无论怎样，自然法的约束也没有像世俗法律那样显示了令人畏惧的强制性；在自然法的身上，并不存在一个具有威胁性的暴力。于是，一国之主对自然法的尊重，便完全仰仗他自己的良知克制。在这里，霍布斯仍旧显示了对"开明专制主义"观念的积极肯定。正如有人所讲的，霍布斯这样的哲人与众不同的设想特别在于这样一种期待，这就是，应该在英明君主的"智慧和自制中发现自然法得以实现的最终保证"[1]。

到了这一步，霍布斯可以说与柏拉图殊途同归：等待"哲学王"。

## 096　阿诺德案

霍布斯的观念与文艺复兴那个时期的国家崛起和王权学说存在着密切联系。可以认为，正是文艺复兴的人文精神和世俗关切，营造了霍布斯理论崭露头角的学术背景和时代氛围。不过，假如我们真是认为"时势造英雄（包括学术精英）"，那么，有时就得承认"英雄造时势"。在后来的18世纪，霍布斯的学说风靡欧洲，使

---

1　Bodenheimer, *Jurisprudence: the philosophy and method of the law*, p. 34.

那些世俗君王更是以为，法律必须是自己的手中武器，而自己总是公平正义的最终化身。

在前面第 041 小节提到过的腓特烈大帝，正是这种观念的一个例子。

腓特烈是 18 世纪普鲁士邦的传奇人物，欧洲历史的撰写是一定要提到他的。就是这个普鲁士君王，亲自干预了 1779 年一桩案子的审判，不仅改变了案子主角阿诺德的命运，而且使审案的法官知道了什么才是君王的"法律"威严。

阿诺德是个小作坊业主，当时的普鲁士邦水磨坊手工业兴盛，用水渠的移动溪流作动力源，所以，阿诺德租借了一块土地挖渠引水启动磨坊。本来生意算是不错的，因为成本较低，水流毕竟是一个天然动力，岂料，磨坊附近不久就来了一个养鱼户，养鱼户专养池塘鱼，而池塘也需要移动的溪流替换池水，这样，养鱼户在没有和阿诺德商量的情况下，就在阿诺德水渠上切开一处，将水分流。说起来，如果池塘和磨坊的地势一样高是不会产生什么问题的，可是养鱼户专门挑选了一个低洼地段建造池塘，"水往低处流"，结果是可想而知的：阿诺德的磨坊无法转动了。磨坊停转，生意也就无法维持下去，从此，阿诺德的收入迅速减少，就连土地租金都无法缴纳。这时候的地主不由分说，将阿诺德起诉到了法院，告他拖欠租金。阿诺德说，作为一个地主应该阻止养鱼户开渠分流，明知分流会造成磨坊的损失，还对养鱼户的行为不加阻止，显然其应该自己承担租金损失。但是法院却认为阿诺德是没有道理的，遂判地主有权变卖磨坊折抵租金。法院说，这案子仅与租金有关，欠租就要还租，不能还租就要拿别的财产折抵。至于养鱼户开渠，地主失责，那是另外一个法律关系，与租金没有关系。没过几日，磨坊就让别人买走了，阿诺德变得一无所有。[1]

案件的判决看上去有一点不妥当。当时许多人就议论：这样判决是不合适的，起码应该讲清地主是否有责任才对。这些议论，不久便传到了腓特烈的耳中。腓特烈知道后立即调卷查阅，倾听各方意见，最后断定案子的判决是错误的，随即下令对审理该案的法官提起刑事诉讼，声称：阿诺德案这样判决属于玩忽职守。但是，负责审理刑事案的法官却以为，这个案件里的法官没有过错，这样判决并没有冤枉阿诺德。更为令腓特烈恼火的是，审理刑事案的法官居然当庭宣判被审法官无罪。腓特烈于是二话不说，将审理刑事案的法官一一撤掉并予以罚金，接着，下令为阿诺德翻案：第一，磨坊买主立即退还磨坊给阿诺德；第二，受罚法官支付的罚金用来补偿磨坊买主；第三，拆毁养鱼户分水渠道，恢复水磨坊正常供水。[2]

至此，案子算是彻底解决了，阿诺德如愿以偿。

这桩案子显示了君王主权者在法律上的绝对权威。在霍布斯那里，绝对权威只是就立法而言的；而腓特烈还直接将其放到了司法过程之中，如此这般，便将霍布斯的观念发挥到了极致。

---

1  David Walker, *The Oxford Companion to Law*. Oxford: Clarendon Press, 1980, p. 841.

2  Walker, *The Oxford Companion to Law*, p. 841.

## 097　立法和司法的分开

腓特烈大帝是十分成功的，不仅在世时声名显赫，而且死后也是留名青史。这么一桩案子，实在是叫那些主张用法律制约君王权力的人深感不解。有学者甚至承认：它绝对是个说明在明确的法律审判造成不公平的时候，君王干预显然必要的例子。[1]

当然，遵循亚里士多德思路的学者终究对此不以为然。他们认为，这类例子还可以举出一些，然而那总是少数的，多数的君王叫人不敢恭维。就拿腓特烈本人来说，他也有做错事的时候，所以还是要用法律来制约君王的活动，宁可让其无所作为，也不能让其铸成大错。

如何制约？

可以发觉，"法律制约君王"这种提法是非常笼统的。如果法律制定出来了，但是它却说腓特烈有权干预司法审判，可以在阿诺德那样的案子里作出自己的决定，那么，法律制约的意义也就没有什么了。就算法律规定设置了种种限制，使腓特烈不得干预法官的审判活动，不得直接自己决定阿诺德这样的案子，那么，总得有人断定腓特烈是否遵守了法律。所以，西方有的学者将我们的视线引向这里：分开立法和司法。如果将司法从立法中分立出去，就会出现"旁人"来断定一般平民甚至君王是否依照法律规定做事了。这

---

1　Walker, *The Oxford Companion to Law*, p. 841.

是提醒我们注意，将立法和司法分开，法律制约也就比较实际了。

在阿诺德案件里，最为显眼的是腓特烈将司法终审权握在自己的手里。应该说，那个时代的普鲁士邦法已经是由腓特烈来制定的，起码所有的法律都要由王权制定宣告。既然如此，为什么还要紧紧握住司法终审权？不奇怪，腓特烈担心司法者可能通过微妙的司法审判方式——比如司法解释——将普鲁士邦法改变原有的意思，到头来使他的立法权力形同虚设。所以，大凡重要的场合就要过问司法。有人可能会有这样一个观念：立法者过问司法是在情在理的，因为，司法总要严格依照立法者的意思去办才对，而立法者自己来审判当然会使自己的意思贯穿始终。依此观念，对腓特烈就不能提出批评了。

但是，假如腓特烈并不总是像在阿诺德案里那样公正贤明，而是有的时候糊涂不清，有的时候甚至凭借自己的权力肆意篡改法律原意（觉得法律已经碍手碍脚），那么，结果又会怎样，这比司法官员使法律大变其样能够好到哪里？我们想问题，不能总是往好的方向去想，还要往糟糕的方向去想。如果腓特烈的确肆意篡改了即使是自己制定的法律（他完全可以凭借权力这样做），为了自谋私利不顾法律的明确意思，那么，他就是在用法律之名，行"独裁"之实。我们便不会认为这里边还有什么"法律"问题。"只要有人被认为独揽一切，握有全部立法和执行的权力"，那就不存在什么法律的裁判者了。[1] 所以，为了维护法律的稳定性和明确性，不仅要限制司法篡改法律的本意，而且要防止立法者自我"改变"法律的本意。换句话说，在这里不仅要警惕法官，而且要警惕立法者。

此外，还有可能出现这样的情况：有的时候像腓特烈那样的主权者和一般平民发生了纠纷，从法律的明确规定来看，似乎是腓特烈没有理由，这时候，如果容许主权者自己来担任司法审判官，谁能肯定结果是公正的？两个人发生争论的时候，我们都会认为应该由第三者来作出裁断，那么，在政治社会里，这不更应该是起码的要求？洛克讲，就自然法而言，"如果没有专职的法官，人们由于情欲或利害关系，便会错误地加以引证或应用而不容易承认自己的错误……在每人都是……他自己案件的裁判者、解释者和执行者的情况下，尤其是这样"。[2] 其实，如果真是允许君王来裁判自己和平民之间的纠纷，人们就会"忐忑不安"。

最为重要的是，"……如果同一批人同时拥有制定和执行法律的权力，这就会给人们的弱点以绝大诱惑，使他们动辄要获取权力，借以使他们自己免于服从他们所制定的法律，并且使他们在制定法律和执行法律时，使法律适合于他们自己的私人利益……"[3]

这就不免需要人们注意这样一个意思：分开立法和司法。宁

---

1　洛克：《政府论》（下篇），第55页。
2　洛克：《政府论》（下篇），第84页。
3　洛克：《政府论》（下篇），第89页。

可冒有司法篡改立法的风险也要如此，因为，兴许最为容易遇到的是立法者兼掌司法带来的专断，而不是司法者篡改立法规定带来的麻烦。

<h2 style="text-align:center">098　法官的"独立王国"</h2>

将立法和司法分开，意味着人们常说的"司法独立"，而司法独立就是让法官这个社会力量在法律世界中建立一个"独立王国"。有趣的是，不仅在道理上可以这么谈论主张，而且在历史上，我们看到法官群体就是这么做的；更为有过之无不及的是，在英语国家里法官还推出了一批又一批的"法官制定的法"——判例法（case law）。

1066 年，法国诺曼底人在威廉一世率领下，跨过英吉利海峡，登上英格兰岛，开启了诺曼王朝。诺曼底人认为当地盎格鲁－撒克逊人分散而又零乱的各类习惯法不利于政治统治，便由皇家派出巡回法院进行巡回审判。但是，当时威廉一世没有制定完整统一的君王法令，法官只好依照自己的法律观念，在诺曼底人习惯和当地习惯之间选择甄别，然后即时宣判。令人回味无穷的是，巡回法官都有一个爱好，这就是特别喜欢在伦敦聚会谈法、切磋交流，并且相约日后但凡遇到类似的案件，便依照以前法院的判决统一处理。于是，这就慢慢形成了一套举世闻名的判例法——普通法。

判例法的要点在于"遵循先例"。这是说，只要以前一个案件的审理提供了一种判决结果，后来的类似案件的审理就要与之相同。这个要点是十分关键的，因为，所有法官都要尊重以前法官的"看法"而不是君王的"看法"。在法官的眼里，明确肯定的法律不是出自威廉一世这样的主权者之口，而是出自法官之手。即使到了后来有"英国查士丁尼"美誉之称的爱德华一世时期，不列颠出现了议会立法，大量制定法（statute）从此不断涌现，法官还是习惯并且喜欢通过判例来适用立法的规定，有的时候甚至只认判例不认立法，当立法中"包含的各项原则只有在判例中予以实施、再提出并发展后才为英国法学家所完全承认，并真正纳入普通法体系"。[1]

　　这就是专家常说的法官立法了。法官自己订立法律规则，不仅使法官群体在君王议会主权者那里拿走了部分的"立法权力"，而且，使他们逐步形成了对抗制约君王议会权力的均衡势力。当君王议会试图唯我独尊、擅断专制，并且侵犯一般公民权利的时候，法官时常可能这样说道："慢着，那是普通法的领域，一切以法官订立的规则为准！"即使君王议会强行运用立法权力，发布敕令或者立法来要求法官依照立法审理案件，法官也能通过弹性的法律解释方法静悄悄地运用"法官法"的原则精神，使其不知不觉地失去效力。17世纪，英国著名法官科克（Edward Coke）已经断言，法官法是不容更改的自然理性原则的体现，控制议会法令是理所当然

---

1　勒内·达维德：《当代主要法律体系》，漆竹生译，上海译文出版社1984年版，第366—367页。

的，而且，违反"公共权利和理性"的议会立法，本身就只能被法官视为无效的、失灵的。[1]实际上，英国法官在那个时代早已不客气地公开宣布自己是法律的最终权威，并且和君王议会发生了冲突矛盾；而科克本人，也"被认为是普通法的象征和王权的对抗者"。[2]

这段英国历史，不仅要分开立法和司法，而且要司法制约立法。从此，人们便得到一个切开立法司法的历史参照系。美国学者萨拜因（George Sabine）就说："在英国，国王与执行不成文法的法院之间……的争端，使权力分立问题有了实实在在的重要性。"[3]

## 099 亚里士多德式法治的"背后"

显然，可以提出许多"立法与司法应该分开"的理由，不列颠皇家法院的"遗产"也为这个理由提供了辅助支持。当然，皇家法院的所作所为，也有"矫枉过正"的地方。比如，我们肯定会发现，那种法官法本身就是悄悄地将立法司法再次合二为一。法官一边判决，一边订立规则，自己既扮演了君王，又扮演了钦差。但是，对这里的主题而言，这还是一个次要问题。我们仅仅需要记

---

1　Dr. Bonham's Case. [1610] 77 Eng. Rep. 646. 另见考文：《美国宪法的"高级法"背景》，强世功译，三联书店1996年版，第121页。

2　Walker, *The Oxford Companion to Law*, p. 240.

3　萨拜因：《政治学说史》，第626页。

住，法官阶层毕竟可以作为一个独立力量站在君王议会的旁边，自在自为。

有了这些，我们再重新理解一下亚里士多德法治理论的实质。

亚里士多德强调人性的脆弱，故而竭力主张法律的统治。但是，法律尤其是文字化的法律条文大致来讲是种规则，它是一个摆在那里没有生命的东西，没有人在那里掌管操作，恐怕就是一纸具文。中国古人早就说过，"有治人，无治法"[1]，"守天下之法者莫如吏"[2]，这里的意思是讲，法律运行的内部始终还是一个"人"的问题。没有人或官吏在那里适用、管理，法律统治就是纸上谈兵。这种见解可以说切中要害。其实，有人违法盗窃，就要有人出来抓捕判刑；有人主张财物划归自己才是合理合法的，就要有人出来断定是非曲直。每一件事情，总得有人出来在法律上表明态度才行。亚里士多德在讨论法治的时候，思考过于简单。他总想，法律一经制定，则上至统治者，下至被统治者大体上都会遵守，没有争议，从此"法治"也就实现了。

如果法律根本无法离开人的运用和表态，那么，我们必然遇到这样一个问题：究竟谁来掌管法律？究竟谁应该出来执行法律，谁应该在法律上表明态度？刚才讲过，立法、司法应该分开，君王议会制定法律之后也就完成了自己的任务，法官这样的人才能负责法

---

1　荀况：《荀子》，杨倞注，上海古籍出版社1989年版，第70页。
2　王安石：《王安石全集》（卷10），秦克、巩军点校，上海古籍出版社1999年版，第85页。

律的实施。这般看来，掌管法律就是法官的事情了。历史也是这么记录的。

　　亚里士多德讲，要法治就要有"良法"，就要有"普遍的服从"。前一部分可以分给立法者来做。后一部分的监控任务，就只有由法官群体来承担了。说起来，这两件事里最重要的是后一个。因为，没有良法，有时仍然能够谈论法律的统治，而没有"普遍的服从"，则根本无法谈论这个问题。讲到这里，我们就会隐隐约约地发现，亚里士多德的法治理论应该蕴涵着这样一个结论：法治的核心在于"普遍的服从"，而"普遍的服从"依赖法官群体的监控，所以，法治至少一半是法官的统治。但是，亚里士多德没有深究细想，故而不能讲出这样一个结论。

## 100　孟德斯鸠定理：分权制衡

　　既然法治的命运至少一半是由法官决定的，那么，是否可以这样认为，法治的主张实质上是一种分权制衡的主张，即立法权分给一些人，司法权分给另外一些人，他们之间又存在一个相互约束？

　　虽然没有人这么明确地指出过，但是，在17、18世纪的启蒙时期，主张法治的人里的确有几人特别提到了分权制衡，其中孟德斯鸠是最为突出的，以致后来人们大致以为分权制衡最好叫作"孟德斯鸠定理"。这位法国思想家设想，使人感到安全的政府形式只能是立法、司法、行政三权分立（在孟德斯鸠那里，多了一个"行政"），这些权力分给不同的人是最为可靠的。为什么要分权？他说，因为"……一切有权力的人都容易滥用权力，这是万古不易的一条经验。有权力的人们使用权力一直到遇有界限的地方才休止"，而"从事物的性质来说，要防止滥用权力，就必须以权力约束权力"。[1]这倒和另外一位赞赏分权的英国哲学家洛克的说法是十分接近的："谁认为绝对权力能纯洁人们的气质和纠正人性的劣根性，只要读一下当代或其他任何时代的历史，就会相信适得其反"[2]。

孟德斯鸠还提到了中国的例子。他讲：

一位中国的著者说："秦朝和隋朝灭亡的原因是：君主们不愿像古人一样，仅仅行使一般性的监督——这是一个元首所应当做的唯一事务——而是事事都要自己直接管理。"在这里，这位中国的著者几乎把所有的君主国所以腐败的原因都告诉了我们。[3]

需要分权的另外一个理由在于：权力集中就会滥用权力，滥用权力就会侵犯公民的自由，而法律或法治联系着公民的基本权利和自由。[4]

---

1　孟德斯鸠：《论法的精神》，第154页。
2　洛克：《政府论》（下篇），第56页。
3　孟德斯鸠：《论法的精神》，第116页。
4　孟德斯鸠：《论法的精神》，第156页。

赞同分权或说法治的学者大多具有一个共同的出发点：对人性的认识是悲观的，以为人的私欲与生俱来。即使是腓特烈大帝那样的英明君王在阿诺德案中表现出了廉洁公正，这种例子也不足挂齿，因为这极为少见。前面说过，这些看法承接了亚里士多德的观念。孟德斯鸠自然也是如此。不过，如果将孟德斯鸠和亚里士多德加以对比，可以发现孟德斯鸠精巧地"利用"了人性恶，而亚里士多德则是将问题简单化了。

孟德斯鸠说，任何人都会滥用权力。既然如此，将权力分给不同的人，他们就会彼此掣肘、设碍立障。

对于立法者来说，他总想最大限度地利用立法权力，甚至想方设法使立法有利于一个阶层或者一个集团的私情私利，而有行政部门和司法部门，事情就会变得"碍手碍脚"。

行政部门自己握有行政权力，这种权力特别不希望受到立法者颁布的一般规则的约束，希望任何事情都能灵活处断，当看到立法者寻求私利的时候，行政部门自然也不甘寂寞，会用特殊的行政权力减弱，甚至消解一般立法规则的效力和作用。这就无形中可以制约立法者。

与此类似，司法部门总有最终解释说明立法规则意思的权力，总有解决一切纠纷的审判欲望。有的时候，一般立法规则不能解决案子的某个问题，司法者却依然试图以自己的法律观念"显示权威"。当发觉立法并没有使自己满意的时候，司法者便会同样想尽办法，巧用法律解释化解立法权力。

反过来看，对行政权力和司法权力，立法者同样而且本来就是特别警惕的，对其徇私枉法，自然不会坐视不理，总会不断颁布规则加以限制。于是，在那些可能滥用权力的人之间，人性恶的本能恰恰筑成互为看管、互为钳制的权力网络。法国思想家托克维尔也提到过这个意思："……一个政权越是需要加强，它就越是需要扩大和独立。而它越是扩大和独立，就越要滥用职权……"[1]

相形之下，亚里士多德可就将问题简单化了。他想，人是靠不住的，而制定出了法律规则也就没有任何问题了。假如结果的确可以这样，那么当然是令人满意的。但是，在理论上，这种看法就等于否定了亚里士多德自己的理论出发前提——人性恶。因为，认为有了法律人人都会遵守执行，等于认为人们有遵守规则的道德上的主动意识，而有道德上的主动意识不就是人性善了？当然，亚里士多德可以这样解释自己的说法：法律是由一些人掌管的，另外一些人违反了法律，掌管者便可以出来恢复秩序，所以人之行为才会有章有法，法治才会实现；就一般人而言，他们还是人性恶的。可是，这样的解释还是存在一个疏漏：为什么掌管者是靠得住的？既然人性恶，掌管者也应是人性恶的，靠不住的人怎能掌管法律权力？这种掌管岂不是更加危险？讲到这里，又能发现亚里士多德的法治理论问题太多。

分权的必然思路就是制衡。就行政权来说，"如果没有制止立

---

1　托克维尔：《论美国的民主》，第170页。

法机关越权行为的权力，立法机关将要变成专制"。[1]其实，从前面分析过的三种权力总会自我膨胀的原理里面，就会看出制衡的趋势和必然。孟德斯鸠不过特别强调它在法律上的必要性，换句话讲，孟德斯鸠希望在法律上有个明确的制衡说法。

## 101　美国人的权力游戏规则

现在，我们考察一个人们熟知的美国例子，来专门说明法律上制衡的意思。

美国在宪法上大致这样分配国家最高一层的三种权力：国会负责立法，总统负责行政，而联邦最高法院负责司法。美国人说，国会有权立法，但是要总统签字批准才行，假如总统不赞同国会的法案，可以把它搁置数日，这叫行政制衡立法。另一方面，联邦最高法院又可以审查国会制定的规则是否违反了宪法。国会制定了规则，如果联邦最高法院认为是有问题的，那么，规则也就不具有法律的资格。1801 年联邦最高法院审理的马伯里诉麦迪逊案（*Marbury v. Madison*），讲的就是这样的事情。

当年，美国总统亚当斯（John Adams）准备离任，新总统杰斐逊（Thomas Jefferson）准备上任。旧总统离任前，任命了 17 名治安法官，命令上不仅有总统的签名，而且有国务卿盖的印章。谁

---

1　孟德斯鸠：《论法的精神》，第161页。

知，17 名法官任职令居然到新总统上任的时候仍然没有发出。这批任职令，后来落到了新国务卿麦迪逊（James Madison）的手中。麦迪逊觉得棘手，便问杰斐逊怎么办，杰斐逊说作废。17 名法官名册中有一个叫马伯里（William Marbury）的法官。此人勤恳敬业，但是官运一般，直到快退休了才被任命为一个普通的治安法官。马伯里非常有意见，去找麦迪逊理论，要求将任职令发给他，他认为，亚当斯在位的时候签了字，前任国务卿也盖了印，新国务卿就有义务将命令发给他。但是，麦迪逊还是拒绝。

马伯里只好向联邦最高法院状告麦迪逊。他的诉讼理由非常简单：联邦最高法院在法律原则和习惯允许的范围内，应该向联邦政府现职下达令状，要求其履行法定义务，而这条理由，正是 1789 年国会制定的《司法条例》第 13 条的规定。联邦最高法院开始审理这个案件，它非常奇妙地提出了如下三个法律观点：第一，马伯里肯定有权担任治安法官，因为任职令已经有了总统的签字和国务卿的印章；第二，马伯里遭到不正当的拒绝的时候，法官应该提供法律救济；但是第三，提供救济的不应该是联邦最高法院，因为《联邦宪法》第 3 条第 2 款说得清楚明白，只有当驻外大使、公使、领事以及州政府是诉讼当事人的时候，联邦最高法院才有初审管辖权，而马伯里不在此列。一句话，最高法院不能在初审中对马伯里提供法律救济。

那么，《司法条例》第 13 条怎么办？它要求最高法院不能不审理这样的案件。最高法院却非常"谦虚"（假惺惺？）地说，这条规定变相地扩大了最高法院的权力，违反了宪法第 3 条的规定，因而是无效的。[1]

此案有许多蹊跷古怪之处。本来，最高法院可以稳当地扩充自己的管辖权力，但是它却反其道而行之。当然，这又是题外话了。这里特别重要的是：法院可以认为国会所立《司法条例》之第 13 条规定不具有"法律资格"，宣布它是无效的，这正是司法制衡立法。美国的制宪者自己也说，"……法院必须有宣布违反宪法明文规定的立法为无效之权"[2]。

自然，反过来，国会对总统和联邦最高法院也可以实施权力制约。总统任命高级官员，要经过国会的批准；总统否决了国会议案，国会又可以以 2/3 多数票推翻总统的否决，重新通过议案。而对最高法院的法官，国会又可以动议弹劾。就算在总统和最高法院之间，总统可以提名法官人选；而最高法院则可以审查总统的规章和命令是否违反宪法……

所有这些制衡的权力游戏规则，可以说是非常生动的。

## 102　游戏规则的临时终点

前面反复提到，法治的核心是用规则对政府权力进行约束，而

---

1　5 U.S. 137, 2 L. Ed. 60 (1803).

2　汉密尔顿、杰伊、麦迪逊：《联邦党人文集》，程逢如、在汉、舒逊译，商务印书馆1982年版，第392页。

对权力进行约束说穿了又在于分权制衡。上面几个小节的分析又表明，法治和分权制衡似乎是一个问题的两个方面。18世纪美国学者威尔逊（James Wilson）就说，为了维护法治，只能将制衡机制引入政府体制之中，"以便即使坏人当政也能迫使其为公众利益鞍前马后"。[1] 现在，我们讨论一个深一层的问题：如果制衡是一个彼此之间有来有往的游戏规则，那么，这个有来有往是不是存在一个临时终点？换个问法，制衡是否可以不断地持续下去，你不断地制约我，而我也不断地制约你？

就以美国国会和总统的关系来说，国会通过了一项法案，总统可以因为不符合自己的观念想法而将其搁置，或者干脆否决，而国会也可以再以2/3多数的表决最后将其通过。这就出现了制衡上的一来一往。但是，可以明显地发现，这一来一往不会持续不断。在议案通过的问题上，国会具有最终的权力。只要国会2/3的议员决心与总统势不两立，那么，法案通过就会成为定局。其实，在理论上说，如果想要通过一项法案，势必就需要一方具有一个临时的最终权力。

再看国会和最高法院的关系。国会制定了一项规则，最高法院可以不断审查，如果发现它是不符合宪法规定的，便能宣布它是无效的。而国会又可以再立新的规则，必要的时候，可以自立"宪法修正案"来对付最高法院。但是，再怎样不断地有来有往，最高法

---

1　James Wilson, *Works*. ed. James De Witt Andrews. Chicago: Callaghan and Co., 1896, I, p. 352.

院依然具有最终的解释规则、宪法以及宪法修正案的权力。那些法律究竟具有怎样的含意，人们如何理解其中的规定，最高法院所说的自然是最重要的。

这般看来，制衡的效果不过是政治决策过程中"有来有往"的片段插曲，但片段插曲是颇为重要的，可以使决策在不断摩擦的过程中变得稳妥适当。制衡的结果，不可能是制衡本身，而只能是制衡导向的政治目的。由此而来的权力游戏规则，其结果也不可能在于本身，而在于游戏之外的其他目的。因为，谁也不会沉浸在游戏规则之中而不顾自己想要达到的目的，这就如同我们遵守足球规则，是为了体育比赛或者为了赢球夺得奖金，而不是为了规则本身在绿茵球场上奔跑。于是，制衡游戏，自然就有了临时终点。

到了这里，对于分权制衡的游戏规则，我们又回到了已经提过的一个问题：到底谁能决定制衡或者法治的命运？美国国会可以最后制衡总统的制衡，而最高法院可以最后制衡国会的制衡，这就显得法院可以站在游戏终点。其实，在任何政府体系中，只要允许分权制衡彼此约束，需要钳制政府的各项权力，法院便只能是"笑到最后"，只能是最后的"仲裁者"。毕竟，法院在决定法律的意义上是无可比拟的，所有纠纷都要由它来作出最后的决定。真要争论法律的意思是什么，只能由法院来充任裁决的"上帝"。

## 103　再看一般规则的范围·马歇尔神话

讲到法院可以具有"最后"的权力，我们有必要再说一下前面第 090 小节提到过的一个问题：有法律的一般规定和没有这种规定之间是否存在区别。在那里讲过，虽然可以对一般的规则作出各类解释，但是，解释总不能逃脱一个大方向的范围。如果一个规则明白地写着，"只能在黑夜里占用公共车道装卸货物"，那么，可以将傍晚和黎明解释成黑夜，或者解释成白天，但是再如何辩说，也不能将中午解释成黑夜。规则已经提供了一个大致的范围和方向。

这般看来，似乎不能以为法院可以具有"最后"的权力。立法者制定了一个规则，等于指定了一个范围，法院只能在这个范围运用自己的权力，到头来还是立法者依然站在了游戏终点。

对于这个问题，先看一个小例再做讨论。

19 世纪初，美国有一个著名的联邦最高法院首席大法官，叫马歇尔（John Marshall）。他曾经审理过许多颇有争议的案件。前面说过的马伯里诉麦迪逊案，也是经他审理过的。正是在那个时期，他又审理了一个叫后人十分惊讶的案件——吉本斯诉奥格登案（*Gibbons v. Ogden*）。

1815 年，新泽西有个商人叫奥格登，他想使自己的船舶能够往来于新泽西州的伊丽莎白镇和纽约州的哈德逊河，便与两个享有该航道独占权的纽约商人签订了租用航道的契约。时隔不久，新泽西另外一个商人吉本斯想与奥格登在生意上展开争夺，斗胆在伊丽莎白镇的河边建造了一个码头，使船只照样往来于奥格登租赁的航道。说起来，航道主人的权利是纽约州议会授予的，那时候的州议会相信，什么都是可以私有的，何况航道。

于是，主人和租户奥格登开始对吉本斯发出警告，提醒他已经侵犯了神圣的私有权。可是，吉本斯依然是不管一切。结果，前面那些人便将吉本斯起诉到了当地法院。几次审理下来，吉本斯自然均以败诉告终。但是，吉本斯不甘心，他总觉得没有航道都可以被人独占的道理。接着，他便在纽约州联邦法院重新引发诉讼，反告州议会法令违反联邦宪法第 1 条第 8 款的规定，而且，反告与他作对的那几个人，绝对没有理由独占州际航道。

第 8 款的规定有这么一段字句：州与州之间的通商，州议会无权过问，更无权制定法令加以管制，一切均由国会来决定。吉邦斯说，国会可是从未作出一个决定，既然如此，自己的船只就应该畅通无阻。可是，纽约州的联邦法院对此不以为然，照样判决吉本斯侵权成立。没有办法，吉本斯便将案子上诉到了联邦最高法院。

马歇尔接到案子之后，断定关键在于如何解释宪法"通商"一词里面的"商"字。通商，直白地来说就是商业的互通；而"商业"（commerce）一词大体说来就是"买卖生意"的意思。可是在吉本斯的案件里，那些原告被告争论的倒是"航运"，这词如何解释？它与买卖生意存在什么关系？奥格登这边人坚决主张"商业"一词的本意，说航运与买卖生意完全是不同的事情，所以，州议会在航运问题上颁布独占并没有违反《宪法》。

　　马歇尔历来语出惊人。他说，奥格登一方对《宪法》里"商业"一词的理解太褊狭了，在《宪法》这样的大法里，"商业"不仅指买卖生意，而且指相互往来。读《宪法》，必须要有宽阔的观念视野。接下来的事情自然是吉本斯柳暗花明，案件大获全胜。[1]

　　显然，这是马歇尔硬将航运一事纳入"商业"的范围的结果。但是不论怎样，马歇尔的魅力再造了马歇尔神话。人们认定，只要首席大法官表达了自己的意见，法律的意思也就无可争辩了，他的一词一句在法律上都是正确的。说来也有意思，马歇尔的判决是意义深远的，因为，它不仅宣布了航运独占制的寿终正寝，而且使当时以及日后的所有州际通商所用的运输工具和通信工具，包括飞机、火车、电话、电报等，无不受制国家的整体管辖之下，从而获得飞速发展，甚至旅游、大众传媒等行业的发展也因此获益匪浅。

　　回到正题上来，"马歇尔神话"表明了这样一个意思：虽然立法者的规则可以提供一个大方向、大范围，司法者的解释无法特别自由，可是，如果愿意或者别无选择，司法者依然可以而且"有权"自由地作出决定。"商业"一词原本意思是指生意买卖，说得正式一些就是贸易，然而，马歇尔就是自由地将其扩充为"有来有往"，仿佛一切"往来"都可列入"商业"一词的范围。这就不奇怪托克维尔惊呼，美国的安定、繁荣直至生存本身完全仰仗联邦最高法院大法官之手，"没有他们，宪法只是一纸空文"。[2]

---

1　22 U.S. 1, 6 L. Ed. 23 (1824).
2　托克维尔：《论美国的民主》，第169页。

既然如此，法院至少在有的时候还是可以站到权力的终端位置上的。

## 小　结

文艺复兴之后，西方进入了学者不断提到的启蒙时期。在这个时期，人治法治理论的对抗大大不同于柏拉图、亚里士多德的年代。霍布斯讲，一定而且只能是人治，因为法律就是人颁布的，颁布者不在法律之上就是非常奇怪的事情。既然法律之上还有一个立法者，人治当然是无法回避的。这是讲述一个法理学的基本道理。对不对，就另当别论了。

孟德斯鸠这边的学者则是不认同这样的观点，以为法治依然可以付诸实施，因为，权力之间是可以分开制衡的，在这种分开制衡之中，政府权力一定会受到约束从而实现法治，这是讲述一个政治学的基本道理。这个道理看上去是没有问题的，然而，当我们谨慎小心地走到分权制衡的背后，走到人们赞美的法治背后，却发现那里是复杂微妙的，最终还是有"人"即法官在那里至少是部分地左右着法律。由此而来的法治，又不免一半在于法官的统治。转来转去，分权制衡中的法治实质上是另外一类的"人治"——立法者和司法者分而之治。

亚里士多德信奉的法律至上以及孟德斯鸠所说的法律制衡，说到底倒是一种"一分为二"的霍布斯理论。所以有人已经抱怨，

"只要政府的职能是被许多的执政者所分掌时，则少数人迟早会掌握最大的权威；仅仅由于处理事务要方便的缘故，他们自然而然就会大权在握"[1]。

1　卢梭：《社会契约论》，第88页。

# 第十五章　第三种声音：民主、公意、法律

说来是十分有意思的，从亚里士多德开始，由于担心人性的脆弱和权力的腐蚀，一部分人首先想到了法治，进而又想到了分权制衡亦即以权力制约权力。可是，始料不及的是，在法治之中依然不能摆脱"人"的问题。法律，并不因为人们"制作"出来进而公布，就会自然而然地实现一种"与人无关"的统治。在许多情况下，我们还要受制于一部分人，即使这部分人不是专制君主，而是一类似乎值得信任的，具有专业知识的职业法官阶层，因为，他们可以像过去的腓特烈大帝那样的君王一样，决定法律含意。

为什么法治会是这样的？问题出在哪里？

## 104　法治与民主的勾连

现在，我们设想这样一个社会，里面人数不多，凡事大家都可以大致坐下来加以讨论，比如像刚才说过的"通商"那样的事情，大家可以面对面地交换看法，最后通过举手表决的方式将结论确定下来。如果日后发生了新的争议，也是大家通过开会的方式加以解决。

看看在这里会不会还出现上面所遇到的棘手问题。

首先，对于"通商"里"商业"一词的含义，人人都会有一个不同的看法。有人以为，这个词是指买卖，指物品之间的交换；有人会说，不对，这个词的意思还要广泛些，包括其他一些与费用有关的日常经济活动，不仅一手交钱一手交货的买卖，就连帮人运输、替人装卸、为人推车甚至投递邮包等之类的营业活动，都可以列入"经商"；有人更会以为，应该将所有与生意有关的活动都纳入"商业"里，因为"从商""经商"自古代以来都指与生意有关的事情……

存在这些不同的看法是没有关系的。经过"商谈"乃至"讨价还价"（因为每个人提出不同的意见可能出于不同的利益需求），大家也许达成一个如何界定"通商"的协议约定。如果争议太大，实在没有办法达成一个社会共识，就只好通过投票的方式以多数人为准。这个事情做完后，就可以写下文字以备查阅。一般来说，这也是一种法律产生的方式。在这里，我们肯定不会发现暗中受到了谁的统治，因为，每个人都自主地表达了自己的想法，而且，在不能谈判成功的时候大家又都自愿地参加了表决程序。

接下来，人们开始按照文字规定办事。但是，可以想象，时间长了就不免出现对"通商"一词的不同理解，就会出现"马歇尔式"的人物坚持要把"通商"解释为所有的往来，而且，有不少人也以为这种解释是颇有道理的。问题更为严重的是，如果不按照"马歇尔式"人物的解释去办，可能对不少人来讲都是一件再遗憾不过的事情。或者，出现另外一种情形：随着语词意思的变迁，人们对原有的"文字"的含义有了新的理解。比如像"车"这个字，古代的时候是指马车或者手推车，而近现代则说还指机动车；"港"这个字，以前总是指海岸码头之类的东西，而今天也可以指飞机场，机场里面就有"到港离港飞机"的措辞用法。语词意思变了，由此而来的规则的意思也会发生变化。

假如因此而出现了纠纷，怎么办？

再用开会的办法。大家再像初次写下"文字"那样围在一起讨论。第一，可以把以前定下的规则再翻阅一下，看看原来的意思到底是什么；第二，看看现在大家对"通商"一词的一般理解是什么；第三，看看哪种解释对大家或者大多数人是最有利的。这是说，就算出现了纠纷，好像也可以通过这些问题的考虑从而形成一个差不多的解决办法。既然可以通过"商谈"或者多数表决的方式写下"文字"规则，那么，当然也可以用同样的方式解决纠纷。在这里，同样可以发现，每个人依然没有暗中受制于他人。

显然，在这两个类似"立法"和"司法"的过程中，所有人都是可以参与其中的。谁也没有占有权力上的优势。既然没有权力，也就没有谁能像腓特烈或者马歇尔那样要么在立法上唯我独尊，要么在司法上力排众议。如果可以把这里发生的一切也叫作法治，那么，这类法治之中也不存在霍布斯的"一人之治"，或者孟德斯鸠"分人之治"的阴影。所以，是否可以这样回答上一小节提出的困惑：分权制衡导致的"法官统治"的不妙结果，大致在于人们把司

法权力交给了一些人，让他们有权决定一切，而为了防止其他政府
权力的专断，又让法官可以彻底独立、不受干扰？换个问法，如果
不将权力分开，而是让它始终握在参与所有过程的大多数人的手
中，那么，不就没有棘手问题了？

的确，这是一个重要的思路。卢梭就是这样思考问题的。

在卢梭的眼里，霍布斯的英明君主理论是不可爱的，因为，霍
布斯主张一部分人可以通过社会契约完全地获得统治另外一部分人
的权力。对大多数人而言，少数统治者的统治权力是绝对的，并
且，由此而来的法律也可以带有专制的特征，允许法律的制定者高
高在上。卢梭批评地指出，"不管一个国家的政体如何，如果在它
管辖范围内有一个人可以不遵守法律，所有其他的人就必然会受这
个人的任意支配"[1]。卢梭以为，必须无可争议地看待这样一句话：
通过所谓的契约来"规定一方是绝对的权威，另一方是无限的服
从，这本身就是一项无效的而且自相矛盾的约定"。[2]这个意思说
得更为直接一些，就是那种专制既不能防止本身的腐败，也没有正
当的政治基础。

当然，霍布斯的一套理论不可爱，并不意味着孟德斯鸠的那套
理论是可以接受的。孟德斯鸠依然是从不同的角度来强调少数人的
统治，只是在少数人之间建立了"分权制衡的机制"。从结果来

---

[1]　卢梭：《论人类不平等的起源和基础》，李常山译，东林校，商务印书馆1982年版，
第52页。
[2]　卢梭：《社会契约论》，第16页。

说，多数人的命运并不见得是理想的。虽然孟德斯鸠总是说道，
"当立法权和行政权集中在同一个人或同一个机关之手，自由便不
复存在了"，"如果司法权不同立法权和行政权分立，自由也就不
存在了"，[1] 但是，法律在孟德斯鸠那里，同样允许一个司法者越
出"游戏规则"之外，尽管不是时时事事都是如此。所以，卢梭心
里总在猜疑：是否多数人的自由依然是由少数人决定的？

　　能够发现，就法律来说，卢梭实际上提醒一种彻头彻尾的法治
与民主的勾连。他说：

　　人是自由的，尽管是屈服于法律之下。这并不是指服从某个个
人，因为在那种情况下我所服从的就是另一个人的意志了，而是指
服从法律，因为这时候我所服从的就只不过是既属于我自己所有、
也属于任何别人所有的公共意志。一个主人可以允许这一个人而拒
绝另一个人；反之，法律则不予以任何考虑，法律的条件对人人都
是同等的，因此就既没有主人，也没有奴隶。[2]

　　卢梭这段话有些晦涩，不太清楚。其实，卢梭许多政治言说和
法律言说都有类似的特点。这对一个充满激情、浪漫气重而且略加
心理变态的思想家来说，[3] 是不奇怪的。不过其想表明的法律与民

---

1　孟德斯鸠：《论法的精神》，第156页。
2　卢梭：《社会契约论》，第24页。
3　萨拜因：《政治学说史》，第646页。

主的关系，是可以体会出来的。

在法律的条件下，人人都是平等的，谁也无法以主人来自居，也不会被他人压制为奴隶。法律，是所有人的意志表达。如此说来，实行分权制衡是非常多余而且是贻害无穷的。"制订法律的人要比任何人都要清楚，法律应该怎样执行和怎样解释。因此看来人们所能有的最好的政体，似乎莫过于能把行政权与立法权结合在一起的体制了"。[1]

在本书的引言中，我们曾提到古雅典对苏格拉底的审判，在那里，雅典人就是实行了501人的"民主"法庭的审判，没有为孟德斯鸠想象的职业法官留下一席之地。雅典人仿佛在说，平民百姓依然可以判得公正严明，即使面对的是无所不知、无所不晓的贤哲苏格拉底。这对卢梭来说，无疑是一个令人兴奋的事例。

此外，卢梭肯定会欣赏17世纪英国学者哈林顿（James Harrington）的这句话：假如法律是依照个人或者少数"家族"利益而制定及操作的，那么，我们所看到的便只能是人的王国，而非法律的王国。[2] 卢梭也会赞同亚里士多德的先见之明：

法律确实不能完备无遗，不能写定一切细节，这些可留待人们去审议。主张法治的人并不想抹杀人们的智虑，他们就认为这种审议与其寄托一人，毋宁交给众人……要是说仅仅有两眼、两耳、两

---

1　卢梭：《社会契约论》，第87页。
2　哈林顿：《大洋国》，何新译，商务印书馆1981年版，第7页。

手、两足的一人，其视听，其行动一定胜过众人的多眼、多耳、多
手足者，这未免荒谬。[1]

## 105 乡村式的小社会

如果什么事情都可以运用"圆桌会议"的方式加以讨论，而且
大家都有可能参与其中，彻底摆脱将权力交予他人这类不得已而为
之的行为的模式，那么，这个社会的空间应当是特别有限的。

不错，卢梭设想的正是这样一个田园乡村式的小社会。他说，
在这样的社会里，"一群群的农民在橡树底下规划国家大事，而且
总是处理得非常明智"。[2] 人们之间基本上是熟人关系，即使平时
不太熟识而且并不相互了解，也依然知道彼此要么是近亲，要么是
远邻。换句话讲，"每个人都能胜任他的职务，没有一个人需要把
他所负的责任委托给别人。在这样一个国家中，人民彼此都互相认
识，邪恶的阴谋，或谦逊的美德，都不能不呈现于公众的眼前并受
公众的评判"[3]。

当然，卢梭既然是个思想家，自然也应该知道在政治法律理论
里面谈论这样一个小社会未免太过浪漫，甚至是幼稚的。所以，他
直白地承认，想象这样的乡村式的小国家，绝不亚于柏拉图幻想完

1 亚里士多德：《政治学》，第171页。
2 卢梭：《社会契约论》，第135页。
3 卢梭：《论人类不平等的起源和基础》，第51页。

美无缺的哲学王那般天真可笑；而且也完全明白，仅仅是在几千年前甚至更为久远的年代，才出现过那类田园般的"诗情画意"（当然，他也知道 18 世纪瑞士的小城市有一点这样的意思）。可是，霍布斯和孟德斯鸠那样的理论，总像幽灵一样徘徊在卢梭的脑海里，一股对"贵族精英"文化抗拒的本能，使他时刻警惕霍布斯尤其是孟德斯鸠的言说从前门被赶出去，然后又从后门溜进来。像霍布斯和孟德斯鸠这样的启蒙分子，往往或明或暗地主张自上而下的"法治"。显然，在这里，民主的意念已经被悄悄地"放逐"了，民众的意愿也被偷偷地断送了。而卢梭所要做的事情，便在于明知不可为而为之，在于一定要从君王或者"达官贵人"手中夺回法治的民主性，哪怕回到并不现实的乡村社会，也在所不惜。

这个目的，是要人们想到，久远的那时"国家的全部精力是蓬勃而单纯的，它的准则是光辉而明晰的；这里绝没有各种错综复杂、互相矛盾的利益，公共福利到处都明白确切地表现出来，只要有理智就能看到它们"。[1]卢梭最后告诉我们：没有办法，民主制只能适宜于小而幽静，甚至有点贫穷的国家。[2]

现在，我们挖掘一下这种"发思古之幽情"的其他潜在意思。

第一，卢梭有这样一个感觉，乡村那样的社会里面的法律虽然有赖于人们的制定，但是，它却更为依赖乡民之间自然形成的习俗惯例。法律也只有在习俗惯例的基础上才能有效地加以实施，"正

---

1　卢梭：《社会契约论》，第135页。

2　卢梭：《社会契约论》，第105页。

如建筑家在建立一座大厦之前，先要检查和勘测土壤，看它是否能担负建筑物的重量一样；明智的创制者也并不从制订良好的法律本身着手，而是事先要考察一下，他要为之而立法的那些人民是否适宜于接受那些法律"。[1]

第二，这种感觉意味着，对于一个社会来说，人们之间现存已有的一切秩序是非常重要的。然而，倘若仔细思考一下就会发现，这类秩序如果是牢固的，那么其范围恐怕就是有限的。如果地域辽阔、人口众多，人们的关系以及秩序自然就会稀疏松弛，存在信息交流受到限制的因素，也有自然地理导致人际隔阂的因素。所以，由民间秩序而来的法律，就有必要是地域性的、小范围的。其实，稳固而又有根基的法律属于最佳境界，而在人口适中、范围不大的社会里，就有希望发现这种境界。

第三，从第二点还可以引申出一个意思：每个乡村式的小社会里都会，而且应该有一个适合自己风俗的法律秩序，而大家又都不可否认的是，各个小社会的习俗惯例异质多样，所以，各个社群的法律便应该是有所差别的。说到这里，我们就可以将卢梭没有说出的话提示出来：从更大的范围或者世界的范围来看，必须允许，而且追求不同乡民社会的不同法律；假如一个国家由于历史的缘故而地广人多，那么，它便应该自觉地"切割地盘"，或者允许各社群自己构筑一个法律天地。

---

1　卢梭：《社会契约论》，第59页。

当然，有的学者对此不以为然：

> 卢梭对民主的城市国家表现出的极大热情乃是一个时代的错误。以农村经济为主题的小社会同与之类似的社会结成松散的邦联，这种方案实际上大概最能代表他的理想，但这种小型社会在欧洲已无足轻重，在美洲其重要性也不过转瞬即逝。[1]

但是，在稍后的 19 世纪，我们可以颇感奇妙地发现，还有一些学者不知不觉地尾随卢梭提倡"乡村民族精神"，这些人虽然不是以卢梭为同乡的法国人，但是却深得其遗风。那些人就是被后人称作"保守主义"的德国历史法学派的学者。在这个学派里，有一个叫作萨维尼（Friedrich Carl von Savigny）的贵族人物，他就说过，法律肯定具有一个民族的语言、建筑一类的品格，在那背后，有一种不可言状、暗中默默操纵的力量发挥着作用。[2] 这种力量可以说是民族社会的普遍习俗，可以说是乡民之间的共同意识，还可以说是宏大的"民族精神"（Volksgeist）。所以，法律的生命不在于自己，而在于使它滋生繁衍的乡间土壤化的民族氛围。也因此，"法律便与民族共生长，与民族共坚强，最后，当民族的独特品格飘然

---

1　萨拜因：《政治学说史》，第665页。

2　Friedrich Carl von Savigny, *Of the Vocation of Our Age for Legislation and Jurisprudence*. 2nd ed., trans. Abraham Hayward. London: Littlewood & Co., 1831, p. 30.

消逝，法律也就寿终正寝了”[1]。

依照这个思路，再往深分析一步，还可以领悟到用外来他乡的法律强行在本土乡间加以推销，只能是事倍功半。说得严重一些，这还可能破坏原有的社会秩序，甚至还有立法者以“神圣法律”的名义输送自己的利益需要、压制他人意愿之嫌。

当然，这些分析已经走得远了一些，不过，它们还是在侧面表明了卢梭的理想或说对民主的小型乡村或者城市国家的热情，并不是一无是处的，毕竟，那里边暗含了一些有根基的、值得反省的法律观念。一方面，那类小社会可以保持法律的民主性，使权力不至于落入少数权贵之手，从而出现少数人统治多数人的局面；另一方面，这样的小社会又可以使法律基础深厚从而使法律的实施更为稳定。显然，卢梭是以人们较难理解的方式讲述人们容易忽略的问题，应该说，意味深长。

## 106 公 意

如果田园乡村式的小型社会是至为理想的，里面总是浸透了民主的气息，那么，法律的基础应该是无可置疑的。但是，小型社会里总是一个多数人对少数人的政治安排，这里尚有一个问题没能彻底解决：多数人是个什么概念？多少才属于“多数人”？

---

1 Savigny, *Of the Vocation of Our Age for Legislation and Jurisprudence*, p. 27.

　　有人可能会说，这是一个没有意义的问题，多数人就是多数人，有什么需要追问的？

　　其实不然。假如这个"多数人"具有一个无可争议的数字，比如在 100 人里它占了 90 人，或者少说也在 70 人以上，那么，人们当然可以这样回答。然而，如果这个数字不是无可争议的，比如 100 人里它仅仅微弱地占了 51 人，我们也许就不会那么心安理得了。尤其当法律要以这 51 人的观念意见来作根据，而其中 2 人又是有点犹犹豫豫地倒向另外一边的时候，我们更会觉得似乎哪里出了问题。因为可以发觉，仅仅因为 2 个"意志不坚"者之差，几乎占半数的 49 人就要受制于另外一部分人，这好像是有欠公允的，当所要决定的法律问题特别重要的时候，此等"有欠公允"更为明显。

　　而且，在现代的许多社会里，在重大问题上人们都会提到一个"2/3"或者"3/4"的概念。这是说，但凡举国兴亡、国计民生的大事，要有 2/3 或者 3/4 的人数站立一边才能作出决定，这个 2/3 或者 3/4 才能算作正式的"多数人"，起码，现代人有时并不以为过半数便是绝对的"多数人"的意思。

　　所以，"多少才算多数人"不是一个假问题。

　　卢梭在讲"田园乡村"多数人民主的时候，没有想到那么多的问题，既没提到什么 2/3 或者 3/4 的概念，也没精确地说过什么叫作多数（比如现代人说的"简单多数"）或者少数，只是提过，"多数表决的规则，其本身就是一种约定的确立，并且假定至少是有过一次全体一致的同意"，[1]因此，"投票的大多数是永远可以约束其他一切人的"。[2]当然，他直觉地感到如果不提出一个"概念"来，"多数民主"这个东西就会是名不正言不顺的，于是，我们就看到了"公意"这个词。

什么是"公意"？

本来，依据一般人的看法，当大多数人的确达成了一个共同的意愿或者意志，便可以说是得到了一个公意。像在前面时常提到的"通商"那个问题，假如大家经过几轮商谈，多数人说，"通商"里面"商"字意思就是买卖或者贸易，故而通商就是买卖或者贸易的往来，不含其他的意思，那么，在此就可以发现一个公意。这个多数究竟属于半数以上、2/3以上，还是3/4以上，都是无关紧要的，反正它已经可以代表社会了。

然而，卢梭却有与这个看法不同的想法。他以为，我们应该区别两种大多数人的"想法"，一种可能是真正的公意，一种则可能是变相的私意，后一个更为准确地来说应该叫作"众意"而非"公意"。意思是讲：

众意与公意之间经常总有很大的差别；公意只着眼于公共的利益，而众意则着眼于私人的利益，众意只是个别意志的总和。但是，除掉这些个别意志间正负相抵消的部分之外，则剩下的总和仍

<hr>

1　卢梭：《社会契约论》，第22页。
2　卢梭：《社会契约论》，第139—140页。

然是公意。

如果当人民能够充分了解情况并进行讨论时，公民彼此之间没有任何勾结；那么从大量的小分歧中总可以产生公意，而且讨论的结果总会是好的。[1]

这里的思想是十分重要的，应当仔细分析。

卢梭是想告诉我们，在"通商"这样的问题上，人们会有不同甚至对立的想法，但是，经过正负抵消求同"弃"异，就能慢慢剥离出一个"公意"。在前面的讨论中，我们设想了一下一些人如何在"通商"问题达成一个多数人的意见。现在，附加一个"总数仅有100人"的条件，再讨论一下这个"达成"。假设有30人认为，商业的意思肯定是买卖或者贸易，即以物易物或者钱物交换；另外有30人认为，除了交钱交货之外，还要算上邮电通讯、火车客运之类的营业之事；还有30人说，眼光放宽些，所有与经济有关的事情都应该全部归入"商业"的范畴；剩下的10个人则出奇地与众不同，思维独特而且反其道而行之，认为"商业"的意思根本就不包括买卖贸易以及所有与营业有关的事情。

那么，卢梭就会讲，这里只有"买卖和贸易"的意见才能算作公意。因为，第一，除了最后10人之外，前面90人都赞同这个说法，这是多数甚至大多数人的想法，尽管其中有60人企图再扩大

---

1　卢梭：《社会契约论》，第39页。

一些；第二，否定买卖贸易和所有与营业有关的事情属于"商业"的意见，是"负"的意见，而60人所说的加上一类营业之事，甚至所有与经济挂钩的事情的意见，是"正"的意见，正负抵消，便只剩下了"买卖和贸易"。

卢梭大胆地宣布，"……公意永远是公正的，而且永远以公共利益为依归"[1]。这是明确地表明，"买卖和贸易"这样的公意，代表了社会的公共利益。此处，卢梭开始慢慢地将公意的概念普遍化、一般化。经过正负抵消的计算，我们就得到了一个并非个人意见之和的"抽象意志"。应该承认，公共利益总是不大可能来自个人意见之和，因为个人意见总有这样或者那样的区别和不同，就像上面所说的100人，对"通商"的概念便可能有相互不同的意见。然而，依照卢梭的看法，这并不妨碍获得一个正负抵消、所剩一致的结果。出于自我感觉的良好，他毫不犹豫地抓住了这个结果，认定它是不折不扣的"抽象的"公共利益，而且，认定国家也因此而获得了抽象的实体资格和当然的绝对权力。看一下卢梭的这段话：

如果国家，或者说城邦，只不外是一个道德人格，其生命全在于它的成员的结合，并且如果它最主要的关怀就是要保存它自身；那么它就必须有一种普遍的强制性的力量，以便按照最有利于全体的方式来推动并安排各个部分。正如自然赋予了每个人以支配自己

---

1　卢梭：《社会契约论》，第39页。

各部分肢体的绝对权力一样，社会公约也赋予了政治体以支配它的各个成员的绝对权力。[1]

之所以说"公意"的思想是十分重要的，是因为，从这开始，不断地有学者开始迷恋类似的抽象观念，比如"国家意志""国家利益""民族精神""民族愿望"等，并且将其逐渐和具体个人的意愿切割开来，甚至有时用那些抽象的东西否定真实的个人利益，哪怕这些个人为数众多，也是如此。像黑格尔就以为抽象的国家意志与具体个人的意志是根本不能相提并论的，真实而又绝对合理的只能是国家意志，他尤为觉得卢梭学说都还是"有欠深刻"的，因为，后者没有果断彻底地剪断抽象意志和个人意志之间的"脐带"，依然羞羞答答地承认抽象意志和众多具体个人意志之间的藕断丝连。[2]

这般结果，便是从所谓的抽象的"多数人意志"出发，最后慢慢有可能与真实具体的多数人意愿背道而驰。难怪密尔对此忧心忡忡：

……当社会本身是暴君时，就是说，当社会作为集体而凌驾于构成它的个别个人时，它的肆虐手段并不限于通过其政治机构而做出的措施……而这种社会暴虐比其他种类的政治压迫还可怕，因为

---

1　卢梭：《社会契约论》，第41页。
2　黑格尔：《法哲学原理》，范扬、张企泰译，商务印书馆1982年版，第254—255页。

它虽不常以极端性的刑罚为后盾，却使人们有更少的逃避办法，这是由于它透入生活细节更深更多，由于它奴役到灵魂本身。[1]

## 107　法律的政治基础

从"公意"思想接下去的结论，卢梭坦荡地向我们断言，便是法律因此而获得了一个可靠的政治基础。在"买卖和贸易"这一公意之上，"通商"的法律规则应该是具有了正当性。换句话说，法律本身就是一种公意的表现，它"不过是我们自己意志的记录"。[2]卢梭特别地强调，"……凡是实行法治的国家——无论它的行政形式如何——我就称之为共和国；因为唯有在这里才是公共利益在统治着……"[3]而"服从法律的人民就应当是法律的创作者"。[4]

讲到这里，我们可以明显地看出，由于卢梭特别讲究法律与民主的结合，而"多数民主"的实质总是和"公意"的概念存在着联系，这样，由此而来的法律与民主的勾连，最终变成了法律与公意的勾连。

看上去，这种法律政治设计的期待本身应该是不错的（如果公意不是那么抽象的话）。但是，除了上面所说的公意抽象化所带来

1　密尔：《论自由》，第4页。
2　卢梭：《社会契约论》，第51页。
3　卢梭：《社会契约论》，第51页。
4　卢梭：《社会契约论》，第52页。

的压抑具体个人意愿的可能性这个问题之外，我们还应该深入其理论之中，考察一下是否存在一些别的隐蔽的东西。请注意卢梭的这段话：虽然公意永远是公正的，而且永远以公共利益为依归，然而"不能由此推论说，人民的考虑也永远有着同样的正确性。人们总是愿意自己幸福，但人们并不总是能看清楚幸福"。[1]怎么理解这段话？这里似乎在表明两个问题：第一，公意或说公共利益是一个目标，对此大家是不会有争议的，但是没有争议不意味着可以清晰地认识什么是公意或者公共利益；第二，即使知道了公意或者公共利益是什么，也不一定意味着就知道如何实现它们。卢梭或许在提醒我们注意，这里还有重要的事情没有完成。

先说如何认识公意这个问题。回到前面反复提到过的"通商"问题，经过"正负抵消式"的分析，参与其中的人们就得到了一个"买卖和贸易"是唯一"商业"含义的"公意"。可是，这个"公意"是不是一个真正的公意或者公共利益？如果平民百姓的考虑不太可能"一贯正确"，那么，这个"公意"兴许是一个目光短浅甚至有害的公意。既然是这样，依照这个公意而行动的结果，就会轻则"毫无收获"，重则"祸国殃民"。顺此思路，我们可以将卢梭尚未讲出的意思演绎一下：众人需要一个或者多个能够"高瞻远瞩""洞察一切"的智慧精英，来帮助他们分析决定"公意"的内含和取向。这些智慧精英可以仔细考察"买卖和贸易"到底是不是

---

[1]　卢梭：《社会契约论》，第39页。

最佳公意、最佳选择。

再说如何实现公意这个问题。假定知道了"买卖和贸易"是唯一含义的公意，怎么实现它依然是个问题。首先，是否需要某些民众代表来"监视"一下众人的所作所为？其次，假如有人违反了规矩，是否应该有一个正式的或说"专业"的人士来纠正一番？如果需要，那么，这些民众代表或者专业人士是否应该有一点特殊知识？显然，这些恐怕不能舍弃。如此看来，卢梭似乎也有一个言外之意：众人需要头脑清醒、判断准确的一些智慧精英，来做一般人无暇或者没有能力去做的某些事情。

这两点加起来，我们就得到了这样一个结论：公意的最后把握可能更为依赖众人之中的某些人，他们帮助众人认清公共利益是什么，帮助众人实现公共利益。

这个结论太重要了。因为，从它再联想到"公意""公共利益""国家利益""国家意志"等说法的抽象性，我们便可以惊奇地发现，卢梭有时就连自己都未觉察到这一点：有人可以假智慧精英之名声，宣称自己替众人掌握了真正的公共利益，而其实暗中偷运其他货色；或者，即使不是别有用心，而是真心诚意为众人着想，但是由于坚决认为自己的认识是唯一正确的，从而强行将本来不是大多数人可以接受的东西认定为公共利益。

将这里的思路清理一下：顺着卢梭话语的逻辑线索，法律开始和民主有勾连，后来又和公意联系在一起了，再后来就是不知不觉地和某些"精英"有了关联。而"精英"是什么？说到底，它和霍布斯、孟德斯鸠的"少数人"没有什么太大的区别。既然这样，法律的政治基础就变得并不像卢梭想象的那样乐观。其实，倘若怀疑一般民众的判断力，就难免将"法律基础的桥梁"架向少数人统治的一端。

此外，我们还可以深究卢梭"正负抵消"的公意计算方式，这里或许依然隐蔽了"少数人统治"的玄机。前面用假设的例子讲过，对于"通商"里的"商业"问题，如果有 30 个人认为它只包含"买卖和贸易"，另有 30 人认为它还包括了邮电通讯、火车客运之类的营业生意，再有 30 人认为所有的营业事情都可以划入"商"事里，而只有最后 10 个人的意见与众相反，那么，依据卢梭"正负抵消"的计算，我们就得出了"买卖和贸易"是公意的结论。但是，仔细思考一下，可以发觉，这个公意实质上只是最前面的 30 个人的意愿表达。因为，另外 70 人，要么希望"商"事的范围再大一些，要么彻底否定所有一切。"买卖和贸易"的公意，否定了他们的部分意愿。假如希望扩大一下"商"事范围的 60 人觉得不能扩大便不能接受最前面的 30 人的意见，那么，所谓的"公意"，岂不就是少数人也即最前面的 30 人的意愿表达？这里，卢梭也没有提出一个令人放心的"多数民主意愿"的获得方式。

当然，这些分析是基于对卢梭本身的前后不太一致甚至有些矛盾的论说的解读，是一种"可能的"解读。

## 108　托克维尔的反调：多数人的专制

现在，将前面的各类分析收敛一下，不把卢梭的理论想象得那么复杂，而只是假定他仅仅喜欢田园乡村式的多数人民主，而且，这个民主没有掉进"少数人统治"陷阱的可能，看看还有什么问题。

应该说，除了不太现实之外，这个民主恐怕是没有什么大问题的。

但是，像孟德斯鸠早在卢梭之前就对这类民主颇有微词。他在谈论古希腊城邦兴衰的时候说：

当人民夺去了元老院、官吏和法官的职权的时候，民主政治便归灭亡；当君主逐渐地剥夺了团体的或城市的特权的时候，君主政体也就腐败了。前一种情况导向"多人的专制主义"；后一种情况导向"一人的专制主义"。[1]

孟德斯鸠似乎已经料到，正如以前有人崇尚个人专制主义一样，后来总会有人竭力推崇置苏格拉底于死地的雅典式的极端民主政治。他提醒人们注意，"……一切权力合而为一，虽然没有专制君主的外观，但人们时时感到君主专制的存在"。[2]

卢梭的学说出现以后，18 世纪乃至 19 世纪的欧美国家异常兴奋，民权思想以及民主革命风行一时，人们出现了历史上少有的热

---

1　孟德斯鸠：《论法的精神》，第116页。
2　孟德斯鸠：《论法的精神》，第157页。

情与"躁动"。至少，在备受争议的法国大革命里，卢梭观念表现得有如神话一般，被人奉为终极的理想与"圣典"，使得孟德斯鸠的提醒早已被大多数人抛在了脑后。只是在稍后的年月里，才逐渐有人开始谈论卢梭式的意识形态所存在的问题。他们觉得，情绪替代理性是十分危险的事情。卢梭的学说，好像是给人们带来了民主和自由，而实际上更多地给他们带来的却是新的"专制"——多数人的专制。这些批评者重新回顾了孟德斯鸠的思路，对卢梭式的意识形态展开了反思性质的清理。前面提到过的托克维尔，就是其中一个。

托克维尔对卢梭的追随者说，"'人民的多数在管理国家方面有权决定一切'这句格言，是渎神的和令人讨厌的"。[1] 即使是在美国那样的民主国家里，"多数人的统治极为专制和不可抗拒，以至一个人如想脱离多数规定的路线，就得放弃自己的某些公民权利，甚至要放弃自己做人的本色"。[2] 这位卢梭的同乡的言辞有些新奇。因为，在常人的眼里，"专制"一词总是与一个人或者少数人的统治有着联系，多数人的统治叫作"自治"可能更为恰当一点。在基本层面上说，多数人对所有人而言就类似自己对自己，而自己对自己怎么会存在"专制"的问题呢？

显然，我们要站在卢梭的立场来问一下托克维尔：为什么多数人的民主是这样令人无法接受的？

---

1　托克维尔：《论美国的民主》，第287页。
2　托克维尔：《论美国的民主》，第297页。

　　托克维尔有两点"担心"。第一，少数人有少数人的权利和自由，既然人人是生来平等的，有什么理由可以断然地剥夺他们的权利和自由？说得巧妙一点，每个人都有可能成为"少数人"里的一员，如果是这样，在多数人的统治下每个个人"仍然没有找到独立自由生活的办法，而只会发现自己在做一桩蠢事，即又沦入新的奴役状态"。[1] 所以，"假如民主国家把曾经过分妨碍或推迟个人理性飞速发展的各种强权推翻，而只受一个多数的专制权力的统治，那么，这只是换上了一个性质不同的邪恶而已"。[2]

　　第二，与第一点密切相联系，如果少数个人总是受到压制，丧失自由，那么他们终有一日会发动革命，从而使得社会陷入混乱的无政府状态。就拿美国来说，"假使有一天自由在美国毁灭，那也一定是多数的无限权威所使然，因为这种权威将会使少数忍无可忍，逼得少数诉诸武力。那时将出现无政府状态，但引起这种状态的是专制"。[3]

　　这两点理由听起来是颇为有道理的。但是，卢梭式的思想对此也不是不能回应的。卢梭曾经说道，"人是生而自由的，但却无往不在枷锁之中"[4]。卢梭这句"名言"可能包含了这样一个意蕴：每个人天生就享有自由的权利，享有这权利不等于可以回避

---

1　托克维尔：《论美国的民主》，第528页。
2　托克维尔：《论美国的民主》，第528。
3　托克维尔：《论美国的民主》，第299页。
4　卢梭：《社会契约论》，第8页。

两个现实问题——其一是人人都有不同的自由理想；其二是大家总要生活在一起。既然如此，就要寻找一个妥协的办法，像霍布斯或者洛克说的那样，要么拿出全部权利，要么拿出部分权利，反正得作出一些个人牺牲才是。用经济学的语汇来说，自由权利是要有义务成本的。

这个回应，托克维尔是不太好再反驳的。

至于多数人可能压制少数人，从而使其发动革命这个问题，也未必就像托克维尔想象的那样严重。其实，假如的确是少数人在一个地方发动了革命，那么，社会整体似乎是不会陷入一片混乱的。大面积的混乱或说无政府状态，一定是多数人的所作所为引起的，少数人的"革命行动"不太可能导致整个社会的瘫痪。

如此说来，托克维尔对卢梭式的多数民主的批评，不过是要求人们再将民主的必要性仔细地说一遍。其实，必要性的思路应该是比较简单的：每个人都会有不同的想法，因而想要得到一个社会的秩序，只有两个方法可供选择，一是由多数人作出决定，二是由少数人或者一个人作出决定。由多数人作出决定，基本上可以使大家荣辱与共，即使一项计划失败了，大家共同承担责任也是没有怨言的。可是由少数人或者一个人作出决定，让大家来承担失败的后果，则是不公平的而且也必然是怨声载道的。尤其在很难说人们想做的一件事将是成功或者失败的情况下，就更需要对可能的失败后果承担一切的公平性。或者，我们可以像丘吉尔那样看待这里的问题：即便多数民主是个糟糕的准则，然而别的准则极为可能更是不妙的。[1]

从托克维尔的思想来看，假如他的确是不喜欢多数人的结局，那么他就只能选择少数人或者一个人的结局。可是，又看不出托克维尔青睐少数人或者一个人的"决定"。有人兴许认为，我们可以在多数人和少数人或者一个人之间建立一个制约机制，就像孟德斯鸠想象的权力制约那样，这也不失为一个方略，而且，可以避免要么多数人要么少数人或者一个人这样的尴尬选择，这就为托克维尔的想法找到了一个现实方向。但是，这种想法是不行的，因为，和权力制约总要遇到一个临时终点一样，[2] 多数人和少数人或者一个人之间的制约也会面对一个结局：要么前者作出一个临时的"最终决定"，要么后者作出一个临时的"最终决定"，不可能没完没了、无始无终地相互制约下去，最后，还是无法逃避"尴尬"的选择。

所以，托克维尔不喜欢多数人的民主，就只能意味着其潜意识里十分倾向于少数人或者一个人的统治。

当然，对卢梭式民主的批评，是托克维尔试图"揭示"多数民主之下法治的弊端的一个铺垫。托克维尔指出，多数人掌握的"立法机构有一种惯于包揽一切权力的倾向"，[3] 而"权力的这种集中，既非常有害于良政的推行，又为多数的专制奠定了基础"。[4] 具体

---

1　萨托利：《民主新论》，冯克利、阎克文译，东方出版社1993年版，第144页。

2　参见第102小节。

3　托克维尔：《论美国的民主》，第173页。

4　托克维尔：《论美国的民主》，第173页。

到美国这样的国家，"多数的无限权威及其快速坚定地表达意志的方式，在美国不仅使法律趋于不稳定，并且对法律的执行和国家的行政活动发生了同样的影响"。[1]概而言之，多数民主之下的法治是存在许多问题的。如果说，孟德斯鸠出于对少数人权力集中的警惕而想起了"分权"这个重要概念，那么，托克维尔可是出于对多数人权力集中的警惕而同样提起了这个概念，虽然，托克维尔没有特别说明，必须要在多数人的立法权力里将一部分权力独立出来。

那么，多数民主之下的法治以及美国那边的状况，是不是像托克维尔讲的那样是十分不理想的？这个问题，读者自然会有自己的答案。

## 小　结

这一节，我们大致分析解剖了卢梭的法律观念直至政治观念。何以如此？盖缘于法律观念的深入理解，终将触及政治观念甚至哲学观念。这也算是"具体与一般"的一个例子吧。卢梭的出发点，是要抵抗霍布斯和孟德斯鸠"精英贵族"式的法学理论。而针对孟德斯鸠的法治思想，卢梭发觉那是换汤不换药的另外一类的"人治"——法官的统治。所以，要真正实现法治，即人人都服从法律，就必须在田园乡村式的小社会里建立全面的"大民主"，一

---

1　托克维尔：《论美国的民主》，第286页。

切立法由全体"乡民"来作出决定，一切纠纷也依照这种模式来解决。说起来，这番设想如果能实现，我们前面时常谈论的法律的优劣也就无可争议了。既有法律的统治，又有全体"乡民"的意愿得以贯穿始终，这当然是非常理想的一个局面。

实际上，卢梭是想通过民主的绝对而又彻底的张扬，来为"法治"寻求一个更为牢固的基础，不让"人治"的幽灵时隐时现。此情此愿，的确是可嘉的。

在启蒙思想家的行列里，卢梭是让人争论最多的，溢美之词有之，非议之词有之，就连诋毁谩骂之词也偶有所见。不奇怪，卢梭的类似浪漫艺术家的气质，使其论说有如远古童话一般，又使其言词时常不清甚至前后矛盾。[1]再有，卢梭提出的"公意"的概念，也是让人难以接受的。因为，它有可能变成一种抽象的和许多具体真实个人意愿相脱离的，反过来又压制这些意愿的霍布斯式的怪兽"利维坦"（即指国家），当然，这极为可能不是卢梭的初衷。

至于托克维尔的批评，那属于不太重要的旁敲侧击。无论如何，后来的人们大体还是认为民主是法律的一个必要基础，哪怕有时真出现了多数人压抑少数人的情况，也只有看做"鱼和熊掌不可兼得"。

---

1　萨拜因：《政治学说史》，第661页。

# 第十六章　法治的复杂性

就法治与人治的问题而言，在启蒙时期，霍布斯、孟德斯鸠和卢梭的观点是非常重要的。当然，我们不能忽略其他人比如洛克的观点，他们也是这方面的重要理论家。那个时期的观点交锋，可以说将法治与人治的实质揭示得比较深刻。通过前面引导式的解读发挥，我们已经可以体会他们理论的内在意义。

但是，不论怎样，经过启蒙时期，西方法律思想的基本观念已经大致进入了法治与民主相结合的思路。西方许多人心里清楚，卢梭所讲述的那些观念是不太实际的，乡村式的小国社会的设想存在着一些异想天开的成分，而且"公意"这个概念又是颇为使人感觉担忧的；然而，他所坚持的法治与民主相勾连的信念，是值得赞许的。应该指出，正是这样一种信念，加上孟德斯鸠甚至洛克的法治分权论说，[1] 使西方人开始发动了一场举世瞩目的法律现代化运动；使他们大体相信，经过努力，国家即使是人口众多、地域广阔，也依然可以实现法治与民主基本上相互支持的理想境界，也依然可以建造一个具有现代文明品格的法律大厦。[2] 在这种乐观的情绪激动

---

1　洛克：《政府论》（下篇），第40页。

2　Bodenheimer, *Jurisprudence: the philosophy and method of the law*, pp. 57-59.

的情况下，人治的问题已经被西方人大体上认为不是一个问题了，几乎没有人再去追问法治和人治究竟孰优孰劣了，仿佛这是一个古老而又陌生的，只有在近代以前甚至在柏拉图那样的时代里进行争论，才有一点意义的问题。

这意味着，现在，我们应该走进现代西方法治思想里面。

## 109　启蒙观念中的"宏伟法治蓝图"

不过，在接近现代西方法治理论的话题之前，有必要将启蒙时期稍后的一些学者设想的"宏伟法治蓝图"描述一下。因为，现代西方法治理论虽然与其存在着延续关系，可还是在重要方面与之分道扬镳了。

许多启蒙时期稍后的学者——其实也包括一些启蒙思想家本身——颇为自信，以为人的理性的内在能力是不可限量的。通过缜密、精细、一环扣一环的逻辑演绎，人的理性能够把握世界上一切真理和事物。既然如此，在法律方面，设想、分析、预测复杂多样的行为和情况，并不是一件无法实现的事情。而由此制定出来的法律，当然可以是完美无缺的。不论一个人设想什么样的纠纷情形、什么样的行为方式，都可以在"法律体系"之中找到一一对应的解决答案和指引。

这就是人们常说的"启蒙式"的理性主义立法观。[1]

"启蒙情结"颇深的学者的这番志向，是想告诉世人，法治的首要前提就是建造一个"法律体系"，其中包括了所有的法律制度、规则、条文等之类的一般规范式的要素。似乎启蒙学者知道中国古人有句"人定胜天"的谚语，故而坚信大厦最终得以建成。说到这个问题，如果读者记得在前面第 085 小节讨论的"法律缺陷"的问题，一定会觉得，启蒙学者似乎是十分天真的。但是，启蒙学者也知道"法律固有缺陷"这个问题，也知道社会是变幻莫测的，面对变幻莫测的社会，法律总会显得力不从心，可是他们从心灵深处还是认为那不是法律固有的缺陷，而是人尚未彻底发挥自己的理性智慧，没有毅力去认真考察所有可能的世事。而且，曾经提到过的"法律缺陷"，也不过是指"不太容易实现的完美的公平对待"和"一般解释的难题"。

## 110　"马车""手推车"和"脚踏车"

在这里，我们再分析一个例子，看看启蒙式的宏伟志向如果付诸实施将会出现什么样的问题。这个例子，恰好就发生在 20 世纪初，也就是距离西方大规模的法律现代化运动没有多久的日子。

18 世纪至 20 世纪初，是西方"启蒙情结"学者最为感到鼓舞

---

1　Bodenheimer, *Jurisprudence: the philosophy and method of the law*, p. 58.

的时期。那段时期，出现了举世瞩目的 1794 年《普鲁士腓特烈大帝法典》，出现了至今当代人都还要不断模仿学习的 1804 年《拿破仑民法典》，出现了寓意精深、风格稳健的 1896 年《德国民法典》，还出现了倍受赞誉的 1907 年《瑞士民法典》。它们，都是法律现代化运动催发产生的众多法律文本之中的佼佼者。在层出不穷的法律制度中，人们觉得，可以对社会问题的解决基本放心了。因为，背后垫靠的是基本完美的法律制度。

可是，这个小例子说明事情并不是那么简单。

1912 年，英国法院审理了波拉德诉特纳（*Pollard v. Turner*）案。在这个案子里，波拉德和特纳因为面包的重量这样一件小事发生了纠纷。特纳是个面包师，天天做面包卖面包。因为是小本生意，加之没有吸引人的门面当铺，特纳只好每天蹬着三轮"脚踏车"沿街外卖。每份面包上标注了价格和重量，但是特纳并没有带上秤。一天下午，波拉德买了特纳的面包，回到家后，因为担心面包缺斤少两，就拿起自家小秤称了一下，结果是重量缺少了四分之一。波拉德立即找到了特纳，要求补足斤两。可是，特纳说，面包都卖出去了，又被波拉德拿回了家里，所以是不能补的。此外，特纳认为波拉德家里的秤是不准确的。

于是，波拉德向法院起诉。

法院在审理过程中感到有些为难。因为 1836 年英国议会颁布了一个《面包条例》（Bread Act），里边讲过这样一句话：任何用"轻便送货车"（cart）或"小型送货车"（carriage）送面包的人，都必须携带秤和秤砣，以备在买主的要求下上秤衡量。可是其中没有提到三轮"脚踏车"（bicycle）。1836 年，英国还没有这类"脚踏车"，这种轻便车是后来才发明的。当时只要提到"轻便送货车"或者"小型送货车"，任何人都会知道，它们仅仅是指马车和手推车。这么讲来，法官不大容易确定三轮"脚踏车"是不是属于"轻便送货车"或者"小型送货车"。[1]

显然，如果认定脚踏车就是一种轻便或者小型的送货车，那么，特纳将会败诉。因为，他没有带秤和秤砣，违反了《面包条例》。相反，如果不这么认为，而说脚踏车是另外一类运输工具，那么，特纳就会胜诉，而波拉德也不能根据这个条例要求特纳承担责任。

案子的结果究竟如何，我们不用去管它。这里，只是想借用这样一个小例子说明"启蒙情结"学者的理性主义立法愿望，可能是不太实际的。他们以为，没有不能认识、不能知道的东西。但是，这对于已经存在的事物来说兴许说得过去，可是对于未来可能发明的东西来说，就不成了。有谁可以说得清楚将来一定会发明创造出什么东西？问得更宽泛一点，谁知道将来会发生什么？当年英国人，就是做梦都没想到会有脚踏车之类的东西被人发明出来，如果知道，一定会将它写进《面包条例》里面，不让后来的法官感到为难。

这意味着什么？

---

1　David Vinogradoff, *The Oxford Companion to Law*. Oxford: Clarendon Press, 1959, p. 125.

这意味着，追求一个无所不包、一一对应的法律体系的梦想，是不大可能实现的。法律制定出来之后，总要稳定一个时期，不可能朝令夕改，而社会又总是日新月异、不断变化的，甚至不断出现令人意想不到的事情。

可是如果不可能实现，我们又将怎么办？就让法治呈现这样一种令人不大满意的情景吗？

## 111 亚里士多德的办法

看来似乎只好退而求其次了，不要追求一个永恒完美、一成不变的法律体系，而是先建立一个大概的法律体系，经过一段时间就进行一些修改，就当是做一件不断地把它越修改越完美的工作。这就是，换一种思路，不要预先就急于求大求全，而是一步一个脚印地随社会不断变化而建立一个越来越完美的法律体系。这样说来，法治也可以以另外一种方式有所作为。

这种思路早在古希腊就有人提出过。亚里士多德讲：

原始的许多习俗（不成文规律）必须废改，而且随后所立的成文法律也不应一成不变。在政治方面，恰恰同其他学艺相似，不可能每一条通例都能精确而且无遗漏地编写出来：用普遍词汇所叙录的每一成规总不能完全概括人们千差万殊的行为。初期的法令律例都是不很周详而又欠明确，必须凭人类无数的个别经验进行日新又日新的变革。[1]

当然，亚里士多德又特别地提醒人们注意：

……明白了法律必须在某些情况、在某些时候加以变革的道理，我们仍旧要注意到另一个论点：变革实在是一件应当慎重考虑的大事。人们倘使习惯于轻率的变革，这不是社会的幸福，要是变革的利益不大，则法律和政府方面所包含的一些缺点还是姑且让它沿袭的好；一经更张，法律和政府的威信总要一度降落，这样，变革所得的一些利益也许不足以抵偿更张所受的损失。[2]

亚里士多德的设想暗含了许多意思。第一，法律都是一些由普遍词汇构成的规则，遇到千差万别的具体社会现象难免出现不易应付的局面。第二，对将来的事情难以预测，所以，法律需要不断地修补。第三，法律毕竟是法律，所以需要一个稳定性的机制，如果因为不太重要的利益而对法律进行重大修改，法律的威信总会日渐式微。

第一点是不用讨论的。因为，"启蒙情结"的学者以为这不是一个问题，只要是存在的社会事务，多花一些时间和精力，就可以彻底地加以把握，这是缘于我们人类理性的强大力量。第二点是比

1 亚里士多德：《政治学》，第80—81页。
2 亚里士多德：《政治学》，第81页。

较重要的。它是对理性主义立法观的一个折中态度的表达。意思是说，我们应该有一个完美无缺的法律体系，但是，这不是一朝一夕的事情，而是日积月累的事情。也许这还是一个有始无终的过程。上面，我们提到过这一点。而且，如果"启蒙情结"很深的学者承认像"脚踏车"这类东西有可能是无法预知的，那么，他们就会接受亚里士多德的这个建议。第三点也是比较重要的。它等于讲述了一个法理学的基本道理：法律需要一个"持之以恒"的品性，否则，经常变动，就会和个人性的随意规定没有什么区别了，并且实际上也就没有什么一般规则的意思了。讲这些道理，是为了防止修改法律而造成的负面结果。就连黑格尔也说过含义类似的言语：

　　法律规定得越明确，其条文就越容易切实地施行。但是规定得过于详细，也会使法律带有经验的色彩，这样，法律在实际执行过程中就不免要被修改，而这就会违背法律的性质。[1]

　　亚里士多德所提出的解决办法是否可以接受？
　　有一点是首先需要解决的：什么情况下或者经过多长的时间对法律进行某些修改？亚里士多德没有提出一个具体的答案。他好像是在说，在涉及的利益关系重大的时候，才可以进行修改。然而什

---

1　黑格尔：《法哲学原理》，第316—317页。

么是"关系重大"？即使"关系重大"是容易确定的，假如经常发生"关系重大"的利益问题，是不是我们就可以不论时间长短了？这些他就更没有说到了。

其实，是否"关系重大"是不易判断的，也是容易引起争论的。另一方面，真是时常出现了"关系重大"的利益问题，并且由此经常修改法律，便会出现亚里士多德自己也不愿意看到的情况：法律最终变得朝令夕改。所以，应该说，承认法律可以不断修改，恐怕就不易控制修改的时间和原因，就不易防止出现法律落入朝令夕改的悖论。也许有人会替亚里士多德辩解：不对，我们可以固定一个时间，比如 10 年、20 年或者 30 年，固定下来就可以避免问题了。因为，既能保证法律的修改，又能保证法律不致变化无常，将那些在 10 年之内接连发生的、预测不到的、关系重大的利益问题放在 10 年一个时段进行一次处理，依然是可行的。但是如此真是这样，不又等于再次面临英国法官遇到新发明的"脚踏车"那样的案件感到不易解决的境地？

亚里士多德的办法，恐怕是不行的。

为什么不论怎样讨论，亚里士多德和"启蒙情结"学者一样，无法逃避相同的困境？这就涉及了另外一点：规则的特性。在亚里士多德和"启蒙情结"学者的思想里，标准的法律"样板"应该是一种具体明确而且极易拿来即用的"规则"（rule），尽管它有普遍性和一般性。假如在上面所说的三轮"脚踏车"案件里，特纳用的不是"脚踏车"，而是一般的马车或者手推车，案件也就十分容易解决了。因为，在这种情况下，具体明确的规则可以轻松地用来解决纠纷，谁都知道"轻便小型送货车"仅仅是指马车和手推车。可是，正是因为规则这类法律"样板"是具体明确的，所以，遇到新的问题就有点措手不及、不易调整。

就算英国议会吸取了教训，发现有了新的三轮"脚踏车"，故而后来在《面包条例》里不仅提到"轻便小型送货车"，而且明确地说到三轮"脚踏车"，规定用"脚踏车"的人也要带上秤和秤砣，这样也还会遇到新的问题。人们实在很难预测，什么时候又有一些新的有如今天我们看到的复杂新奇的"车"被人们发明出来，那时，规则还是束手无策的。

这暗示了什么？是否暗示了如果不局限于规则的概念，法治的理解将会出现新的出路？

## 112  原则式的"柔性法治"

现在，设想一下英国《面包条例》不是那么具体地规定"轻便小型送货车"是如何如何的，而是这样规定：所有用"运输工具"（vehicle）送面包的人都必须带上秤和秤砣，以备在买主的要求下上秤衡量。如果的确是这么规定的，波拉德和特纳之间的纠纷就容易解决了。不论怎样，三轮"脚踏车"肯定是一种"运输工具"，特纳没带秤和秤砣，当然是要承担责任的，而法官也就不至于感到棘手了。

更为令人兴奋的是，不仅可以解决三轮"脚踏车"这类新发明的东西，而且可以解决后来发明的汽车、电车等其他种类的运输工具。不论特纳使用什么"车"（或称"运输工具"），只要沿街外卖面包，就要带秤，以备波拉德那样的消费者提出"上秤"要求的时候提供一个明确的重量信息。

这样，我们就得到了一个具有广阔涵盖能力的规范准则，也可以将其叫作原则。这类原则与规则相比的确是不大一样的。第一，原则的适应能力是相当令人满意的，不论社会现象怎样变化多端，它都具有能力一一化解，因为像"运输工具"那样的词显然要比"轻便小型送货车"的外延大得多，什么"车"都能划入其中。第二，既然什么"车"都可以划入其中，自然就不至于时常要面对修改法律的难题。法律，也就可以因此而获得稳定性，避免被人指责为"朝令夕改"式的变相人治。

所以，美国法学家庞德乐观地说：

……考虑一下：怎样从关于运输工具的任务这一基本原则出发，把为马车所定出的法令，统一地推广适用于公共马车、铁路、电车、卡车和飞机，而不需要对相继出现的运输工具规定各种新的规则。也考虑一下，怎样统一地把这些法令推广适用于电报、电话、无线电、煤气、电灯和动力。然后，我们来看法律工作者如何定出一个在一类公用事业中关于任务的更广泛的原则，这种方法使我们的法律由于提供了一个作为论证的出发点，而能应付这些一个接着一个地出现的急剧发展的公用事业部门。[1]

　　庞德所说的原则是几类原则中的一种。还有一类原则与此略有区别，那是前面曾经提到过的另外一位美国法学家德沃金说过的原则，[2] 这类原则是更有吸引力的。我们说过，它是从许多的法律规则和具体判例（像在英语国家）里面抽象出来的。比如，假设有一条具体规则规定，"谋财害命者以命偿命"；另外有一条规则规定，"偷东西者罚"；还有一条规则规定，"没有合法根据拿人家东西要还"，那么，从这三条规定里，就可以抽象出一个原则：不能因过错获得利益。又假设没有上面这三条规定，但是存在一系列与其类似的法院判决（在英语国家），那么，也可从中抽出一个相同的原则。

　　这类原则怎样用于波拉德诉特纳的案件？

　　依照德沃金的思路，首先，法官要审查一下其他具体法律规则和法院判例是怎样对待消费者的。假如有的具体规则规定，"买商品质量有问题的，可以退换"；另外有的具体规则规定，"在餐厅饮食时食物给顾客造成损害的，店主赔偿"；还有具体规则规定，"酒店不能依时提供热水服务的，房客可以要求赔偿"；或者，没有这些具体规则规定，只是有一批类似的法院的判决，那么，法官就可以得到一个抽象原则：不能让消费者受到损害。

　　其次，法官可以将这个原则作为依据，反过来针对波拉德案推

---

1　庞德：《通过法律的社会控制·法律的任务》，第25页。

2　参见第047小节。

出一个具体规则：买面包的消费者可以要求卖主足斤足两，即使卖主以三轮"脚踏车"沿街外卖也是如此。这样，案件照样是可以解决的。

德沃金式的原则要比庞德式的原则更有意义。因为，即使已有的法律规则几乎没有规定，也可以从其他规则或者判例里先推出一个原则，然后再反向推出一个具体规则。

我们可以设想，如果可以肯定庞德和德沃金所说的法律原则的思想，那么，法治似乎也是比较理想的。法治就是法律的统治。所以，一般来说，既然没有人会否认庞德和德沃金说的原则也是法律的一部分，那么，原则式的"柔性法治"也是名副其实的法治。这就不奇怪德沃金讲：法治不仅在于"明确规则的法治"，而且在于"原则式的法治"，在后一种法治中，同样可以实现相似情况相似对待。[1]

到了这一步，似乎不能不承认，庞德和德沃金提出的"原则式"办法，要比业里士多德的"不断修改式"的办法较为令人满意一些。

## 113　法律的"目的"·法治

现在，我们再想一个新的思路。不提原则，而是思考一下法律

---

1 Ronald Dworkin, *A Matter of Principle*. Cambridge: Harvard University Press, 1985, pp. 11-12.

打算实现的"目的"，把这"目的"也看作法律的一部分，看能否得到一个新的法治概念。

再看波拉德诉特纳案。在这个案件里，可以提出这样一个问题：为什么1836年英国议会要在《面包条例》中规定这么一条规定？或者问：英国议会在规定"要带秤和秤砣"的时候，想要达到什么目的？能够想象，面包在英国（当然还有许多西方国家）是一种十分常见的日常食品，既然是天天要吃的东西，和它有关的交易或者买卖自然是频繁的。频繁的事情就需要法律加以管理。而在食品的交易中，颇为重要的是食品质量，还有就是食品的买卖公平。当年，英国议会指出像特纳那样的面包卖者"要带秤和秤砣"，目的正是希望面包的买卖要公平，希望卖主和买主在交易的时候，当场斤两钱财两清，免得过后出现争议。

这个目的应该说是清楚的。既然议会立法者有这个目的，为什么不能在波拉德诉特纳的案件里用一用？大家一般都会赞同这个见解：《面包条例》的意思要以立法者的想法作为根据，不论其意思是清楚的还是不清楚的，都要依据其来处理问题。因为，法官那样的司法者需要尊重立法者的意志。特纳只是踩着三轮"脚踏车"卖面包，没有推着"轻便小型送货车"，总不至于因此就不顾立法者的基本目的吧？在这里，显然，考虑目的要比考虑"脚踏车到底是不是轻便小型送货车"来得更为重要。

这样，虽然《面包条例》没有提到脚踏车，可是依照法律的"目的"，还是可以审理这桩案件的，进而可以看到一类"柔性的"法治。美国法学家富勒告诉我们，虽然"法治的基本原则在于，法律机构对公民的行为必须是合法的，来自预先宣告的一般规则"，[1]但是，法治不意味着仅仅适用那些具体明确的细致规则，法治允许而且推崇对法律目的的理解，允许并推崇以此为根据得出具体的法律结论。[2]换句话说，法律的"目的"当然属于法律的一部分，用它来解决问题，同样是法律的统治。

可以发觉，这类以法律的"目的"作为包装的"法治"，与上面法律原则式的"法治"的确是异曲同工的。其实，到了现代，西方学者讲述的法治大多是规则、原则和法律"目的"彼此柔和、互为补充的法治。没有人再去固执地坚持"一一对应"那类纯粹的规则法治。他们有时还谈到法律的"精神"：

> 人类的语言和预见能力不可能发挥得精确无误。人们不可能预见某个法律问题之内的所有可能发生的案件……根据法律规定的精神进行法律解释，不会使法律失掉确定性和可预见性，但这种解释需要司法机构高度的自我控制。[3]

必须承认，这的确是法治的新思路。

---

1　Fuller, *The Morality of Law*, p. 214.

2　Lon L. Fuller, *Harvard Law School Library, Lon L. Fuller Papers*. 1960, Fuller to F.O. Lafson.

3　Stein and Shand, *Legal Values in Western Society*, p. 36.

## 114 "鱼"和"熊掌"

不过，需要从两个方面来看待问题。"柔性的"法治固然要比亚里士多德的办法具有更多的想象空间，可是它也有另一方面的问题。

比如，像庞德那样的原则规定就是很宽泛的，有的时候就不一定那么容易适用。假设就一项契约协议是否有效来讲，法律只是大致规定"只要意思表示真实，契约就算成立"，那么，有时候的确不易处理问题。有人仅仅口头约定了买卖一块大面积的土地，虽然意思表示是真实的，但是有效吗？一般而言，土地是一种非常重要的不动产（即不能移动的财产），利益重大，牵扯的方方面面也是非常复杂的，仅仅口头约定恐怕就是非常不适宜的，发生了纠纷也是非常不易处理的。所以，从古代开始，许多法学家就认为土地买卖必须使用书面契约，否则以无效来论。面对白纸黑字的书面契约，一般人是不会否定的。到今天为止，人们也大致上是这么认为的。所以，法律规定得十分宽泛，自然就会出现不易操作的问题，而这正好反衬了具体规则的优点。

再如，像德沃金所强调的原则，也难以获得一个统一一致的认识。人们当然可以根据一系列的具体规则或者判例，推演出一个一般原则。但是，根据另外一个系列具体规则或判例，也能推演出一个意思相反的一般原则。假设有个具体规则规定，"没有理由便占有他人房屋超过 2 年的，可以取得所有权"〔古罗马《十二表法》第 6 表第 3 条就规定："凡占有土地（包括房屋）2 年，其他物品 1 年的，即因时效取得所有权"〕；另外有一个具体规则规定，"向他人借钱超过 2 年，即使有意不还，对方的追索权利也可丧失"（这是许多当代法律规定的诉讼时效）。再有就是一些法院的判决同样表达了这样一个意思，那么，不就可以得到一个原则，"可以因为过错而获得利益"。显然，这个原则和前面说的"不能因过错而获得利益"的原则是相互对立的。其实，德沃金自己也不否认存在这个问题。[1]

说到富勒所提到的法律"目的"，也有这样的困扰。当然可以认为，1836 年的《面包条例》的目的是希望卖主与买主之间的交易是公平的，它要求卖主带上秤和秤砣，正是为了避免纠纷的出现。但是，我们还可以设想出另外一个"目的"：要求卖主带上秤和秤砣是为了降低"交易成本"，促进买卖成交的成功率，倒不一定是非要为了"公平"。

所谓"交易成本"是讲为了交易总要付出一些代价。试想，如果特纳那样的面包销售者不带秤，那么，买面包的人就会担心卖出的面包是否足斤足两。为了买卖成功，有的买主就会想办法，并且为此而支出一些费用，比如自己买秤。而如果为了单纯买面包就去商店买秤，有人就会考虑这是否是值得的。经常买面包的人可能觉得值得，不经常买的人却可能以为"得不偿失"。于是，买主买

---

1　Dworkin, *Taking Rights Seriously*, pp. 14-45.

秤，就表现为面包买卖的一个"交易成本"。可以发现，这个成本可能会使许多人对特纳那样的面包销售者卖的面包"望而却步"，因为他们不希望"得不偿失"。这时候"交易成本"增大了。接下来，不带秤的面包销售者的生意就会慢慢地减少，买卖成功率也会越来越低。

反过来，要求特纳那样的面包销售者带秤，虽然说也是增加了"交易成本"（销售者自己买秤），可是相对多数的买主来讲，这个成本就小多了。同时，买主们一见到销售者带了秤，自然就会大大减少怀疑是否足斤足两的忧虑，而且通常情况下，也不会自己买秤以备核实。这样，"交易成本"降低了，生意也就极为可能逐渐增加，再从"宏观"来说，社会经济又会蓬勃发展。

能说这不是立法者的一个目的吗？

对庞德、德沃金和富勒理论进行这样的分析，表明我们不易得到一个具体明确的法律答案，对原则和"目的"之类的理解，自然是容易见仁见智，最后出现"各有道理"的局面。假如我们特别强调法律的明确性和可预测性，原则和"目的"的东西肯定是不会令人满意的，这是说，对比具体规则来讲，它们是不太明确的，又是不太容易预测的，人们时常可能不太清楚法官考虑原则和"目的"后会得出一个什么样的具体结论。原则和"目的"式法治的问题，恰恰是规则式法治的优点。

怎么办？前面说的"启蒙情结"学者的理性主义立法观是不理想的，亚里士多德的办法也是不理想的，那些主张原则和"目的"

的学者的见解也是难以令人满意的。

不过，我们已经说过，最后一种见解可能相对来说要好一些。因为，它毕竟可以建构一个大致稳定而又具有较为理想的涵盖能力的"法律体系"，使法治在基本层面上得以较为顺利地实现。当然，归根结底，凡事都"鱼和熊掌不可兼得"。这或许是现代西方某些学者赞同最后一种见解的一个原因。

## 小 结

进入了现代社会，西方人对法治依然是孜孜以求。可是，对法治本身的理解却复杂多样了。他们不仅思考法治应该是"具有明确性"的，而且思考法治应该具有"灵活柔性"。

从亚里士多德的时代开始，不少西方学者相信法治是十分理想的社会治理形态。相比人治，法治似乎是具有许多优点的。他们以为，法治具有几个关键性的意义：第一，它是对政府权力的约束，让法律而不是政府的权力具有最高的权威；第二，它要求每个人，不论政府官员还是一般平民，都要遵守明确的规定；第三，它要求有一个客观中立的不受任何他人影响的司法阶层来保证法律的运行；第四，它要求有一个无所不包、完美无缺的法律制度。而实现了这些意义，法治也就十分可靠了。人治，也将没有存在的理由。

但是，柏拉图早就提出了法律还是有点缺陷的问题，有缺陷，就意味着离不开人的智慧。到了霍布斯，人们认为法律还是需要人来制定的，而制定者只要愿意就可以跳出法律之外，如此，法律如何约束制定者？进入现代，西方人终于发觉至善至美的法律体系是可望而不可即的，要想保留法治的价值，就要让法律拥有柔性机制以适应瞬息万变的社会现象。而柔性机制，就等于悄悄地默认了"人"的因素可以略微"影响"法律的实现，这给那些原本应该客观中立的司法阶层"利用"法律开了方便之门。这样讲来，人治的阴影又可谓是依然存在。

法律肯定是有其优点的，否则西方法律思想就不会不断地对其加以赞扬，这是一个基本的出发点。但是，在法治和人治的关系中来看法律，问题便不像人们想象的那样简单。如果认为"凡事都是有利有弊的"，依此，法律也只能是无法例外的。对法律表达崇敬的时候保留一份警惕，或许是必要的。

当然，对法律以及法治与人治这样的问题的不同看法，就如同我们在引言中所提到的那样，和思想者思考的不同角度存在着密切联系。在这个意义上，法律思想必然是多种多样的，而且也是相互斗争的。这也是为什么西方法律思想过去、现代、将来可以源远流长并且不断演化的根本原因之所在。如果思考的不同角度的确是重要的，我想用亚里士多德很早就说过的一段话作为全书的一个概括性的结束语：

修辞术是论辩术的对应物，因为二者都论证那种在一定程度上是人人都能认识的事理，而且都不属于任何一种科学。人人都使用这两种艺术，因为人人都企图批评一个论点或者支持一个论点，为自己辩护或者控告别人。[1]

---

1    亚里士多德：《修辞学》，第21页。

# 参引文献

## 中文

阿奎那，《阿奎那政治著作选》，马清槐译，商务印书馆 1982 年版。

柏拉图，《政治家》，黄克剑译，北京广播学院出版社 1994 年版。

柏拉图，《理想国》，郭斌和、张竹明译，商务印书馆 1986 年版。

柏拉图，《游叙弗伦·苏格拉底的申辩·克力同》，严群译，商务印书馆 1983 年版。

彼德罗·彭梵得，《罗马法教科书》，黄风译，中国政法大学出版社 1992 年版。

边沁，《政府片论》，沈叔平等译，商务印书馆 1995 年版。

波普，《开放社会及其敌人》，杜汝楫、戴雅民译，山西高校联合出版社 1992 年版。

迪尔凯姆，《社会学方法的准则》，狄玉明译，商务印书馆 1995 年版。

弗里德曼，《法律制度》，李琼英、林欣译，中国政法大学出版社 1994 年版。

哈林顿，《大洋国》，何新译，商务印书馆 1981 年版。

哈耶克，《通往奴役之路》，王明毅、冯兴元等译，中国社会科学出版社 1997 年版。

汉密尔顿、杰伊、麦迪逊，《联邦党人文集》，程逢如、在汉、舒逊译，商务印书馆 1982 年版。

黑格尔，《法哲学原理》，范扬、张企泰译，商务印书馆 1982 年版。

霍贝尔，《原始人的法》，严存生等译，贵州人民出版社 1992 年版。

霍布斯，《利维坦》，黎思复、黎廷弼译，商务印书馆 1985 年版。

凯尔森，《法与国家的一般理论》，沈宗灵译，中国大百科全书出版社 1996 年版。

考文，《美国宪法的"高级法"背景》，强世功译，三联书店 1996 年版。

勒内·达维德，《当代主要法律体系》，漆竹生译，上海译文出版社 1984 年版。

罗素，《西方哲学史》，何兆武、李约瑟译，商务印书馆 1982 年版。

罗尔斯，《正义论》，何怀宏、何包钢、廖申白译，中国社会科学出版社 1988 年版。

洛克，《政府论》（下篇），叶启芳，瞿菊农译，商务印书馆 1983 年版。

卢梭，《社会契约论》，何兆武译，商务印书馆 1982 年版。

卢梭，《论人类不平等的起源和基础》，李常山译，东林校，商务印书馆 1982 年版。

马基雅维利，《君主论》，潘汉典译，商务印书馆 1985 年版。

马里旦，《人和国家》，沈宗灵译，商务印书馆 1964 年版。

孟德斯鸠，《论法的精神》，张雁深译，商务印书馆 1982 年版。

孟德斯鸠，《波斯人信札》，罗大冈译，人民文学出版社 1958 年版。

密尔，《论自由》，程崇华译，商务印书馆 1982 年版。

潘恩，《潘恩选集》，马清槐译，商务印书馆 1982 年版。

庞德，《通过法律的社会控制·法律的任务》，沈宗灵、董世忠译，杨昌裕、楼邦彦校，商务印书馆 1984 年版。

萨拜因，《政治学说史》，盛葵阳、崔妙因译，南木校，商务印书馆 1986 年版。

萨托利，《民主新论》，冯克利、阎克文译，东方出版社 1993 年版。

色诺芬，《回忆苏格拉底》，吴永泉译，商务印书馆 1984 年版。

斯宾诺莎，《神学政治论》，温锡增译，商务印书馆 1982 年版。

莎士比亚，《威尼斯商人》，朱生豪译，中国国际广播出版社
2001 年版。

施瓦布，《希腊神话故事》，刘超之、艾英译，宗教文化出版
社 1996 年版。

王安石，《王安石全集》，秦克、巩军点校，上海古籍出版社
1999 年版。

托克维尔，《论美国的民主》，董国良译，商务印书馆 1997
年版。

西塞罗，《论共和国·论法律》，王焕生译，中国政法大学出
版社 1997 年版。

亚里士多德，《修辞学》，罗念生译，三联书店 1991 年版。

亚里士多德，《尼各马科伦理学》，苗力田译，中国社会科
学出版社 1990 年版。

亚里士多德，《政治学》，吴寿彭译，商务印书馆 1983 年版。

亚里士多德，《雅典政制》，日知、立野译，商务印书馆 1978
年版。

荀况，《荀子》，杨倞注，上海古籍出版社 1989 年版。

查士丁尼，《法学总论》，张企泰译，商务印书馆 1989 年版。

# 外文

Austin, John. 1995. *The Province of Jurisprudence Determined.* edited by Wilfirid Rumble, New York: Cambridge University Press.

Austin, John. 1885. *Lectures on Jurisprudence or the Philosophy of Positive Law.* 5th edition, revised and edited by Robert Campbell, London: John Murray.

Barkun, Michael. 1968. *Law without Sanctions.* New Haven: Yale University Press.

Bentham, Jeremy. 1970. *Of Laws in General.* edited by H.L.A. Hart, London: The Athlone Press University of London.

Bentham, Jeremy. 1948. *An Introduction to the Principles of Morals and Legislation.* New York: Hafner Publishing Co..

Bentham, Jeremy. 1931. *The Theory of Legislation.* edited by C.K. Ogden, London: Routledge & Kegan Paul , Ltd..

Bingham, J.M. 1912. "What is Law?". *Michigan Law Review,* vol. 11.

Blackstone, William. 1825. *Commentaries on the Laws of England.* 16th edition, London.

Bodenheimer, Edgar. 1974. *Jurisprudence: the philosophy and method of the law.* Cambridge: Harvard University Press.

Cardozo, Benjamin N. 1924. *The Growth of the Law.* New Haven:

Yale University Press.

Cohen, Felix. 1960. *The Legal Conscience: Selected Papers*. New Haven: Yale University Press.

Cotterrell, Roger. 1992. *The Sociology of Law: An Introduction*. 2th edition. London: Butterworths.

Cross, Robert. 1987. *Statutory Interpretation. London*: Butterworths.

Devlin, Patrick. 1973. "Law in a restless society". *New Law Journal*, vol. 123.

Devlin, Patrick. 1965. *The Enforcement of Morals*. London: Oxford University Press.

Dicey, Albert. 1961. *Introduction to the Study of the Law of the Constitution*. 10th edition, E.C.S. Wade, London: Macmillan & Co. Ltd.

Dworkin, Ronald. 1986. *Law's Empire*. Cambridge: Harvard University Press.

Dworkin, Ronald. 1985. *A Matter of Principle*. Cambridge: Harvard University Press.

Dworkin, Ronald. 1978. *Taking Rights Seriously*. Cambridge: Harvard University Press.

Ehrlich, Eugen. 1936. *Fundamental Principles of the Sociology of Law*. translated by Walter Moll, Cambridge: Harvard University Press.

Eidelberg, Paul. 1968. *The Philosophy of the American Constitution*.

New York: The Free Press.

Frank, Jerome. 1963. *Law and Modern Mind*. Garden City: Doubleday & Co..

Friedmann, Wolfgang. 1967. *Legal Theory*. 5th edition, London: Stevens & Sons, Ltd.

Fuller, Lon L. 1969. *The Morality of Law*. New Haven: Yale University Press.

Fuller, Lon L. 1960. *Harvard Law School Library, Lon L. Fuller Papers*.

Fuller, Lon L. 1958. "Positivisim and Fidelity to Law—A Reply to Professor Hart". *Harvard Law Review*, vol. 71.

Fuller, Lon L. 1954. "American Legal Philosophy as Mid–Century". *Journal of Legal Education*, vol. 6.

Gray, John Chipman. 1921. *The Nature and Sources of Law*. New York: The Macmillan Company.

Grotius, Hugo. 1925. *De Jure Belli ac Pacis Libri Tres*, translated by F.W. Kelsey, Oxford: Clarendon Press.

Hart, H.L.A. 1987. "Comment", in *Issues in Contemporary Legal Philosophy: the influence of H.L.A. Hart*. edited by Ruth Gavison, Oxford: Clarendon Press.

Hart, H.L.A. 1962. *Law, Liberty and Morality*. Oxford: Oxford University Press.

Hart, H.L.A. 1961. *The Concept of Law*. Oxford: Clarendon Press.

Hart, H.L.A. 1957-1958. "Positivism and Separation of Law and Morals". *Harvard Law Review*, vol. 71.

Hasnas, John. 1995. "The Myth of the Rule of Law".*Wisconsin Law Review*, vol. 199.

Holmes, Oliver Wendell. 1963. *The Common Law*. edited by Mark Howe, Boston: Little, Brown and Co..

Holmes, Oliver Wendell. 1897. "The Path of Law". *Harvard Law Review*. vol. 10.

Kant, Immanuel. 1965. *The Metaphysical Elements of Justice*. Translated by John Ladd, New York: The Bobbs-Merrill Company, Inc..

Kelsen, Hans. 1967. *Pure Theory of Law*. translated by Max Knight, Berkeley: University of California Press.

Kennedy, Duncan. 1976. "Form and Substance in Private Law Adjudication". *Harvard Law Review*, vol. 89.

Llewellyn, Karl. 1981. *The Bramble Bush*. New York: Oceana Publication.

Llewellyn, Karl. 1934. "The Constitution as an Institution". *Columbia Law Review*, vol. 34.

Lyons, David. 1984. *Ethics and The Rule of Law*. New York: Cambridge University Press.

Maine, Henry. 1987. *Lectures on the Early History of Institutions*.

New York: Henry Holt and Company.

Malinowski, Bronislaw. 1926. *Crime and Custom in Savage Society*. London: Kegan Paul, Trench, Trubner & Co, Ltd..

Neumann, Franz. 1986. *The Rule of Law: political theory and the legal system in modern society*. London: Berg Publishers Ltd..

Parsons, Talcott. 1951. *The Social System*. New York: Free Press.

Pollock, Frederick. 1929. *A First Book of Jurisprudence*. 6th edition, London: Macmillan Co. Ltd..

Pound, Roscoe. 1923. *An Introduction to the Philosophy of Law*. New Haven: Yale University Press.

Rawls, John. 1964. "Legal Obligation and the Duty of Fair Play", in *Law and Philosophy: a symposium*. edited by Sidney Hook. New York: New York University Press.

Roberson, Peter. 1981. *Sociology*. New Haven: Worth Publishing.

Ross, Alf. 1946. *Towards a Realistic Jurisprudence*. translated by Annie Fausboll, Copenhagen: Einar Munksgaard.

Savigny, Friedrich Karl von. 1831. *Of the Vocation of Our Age for Legislation and Jurisprudence*. 2nd edition, translated by Abraham Hayward, London: Littlewood & Co..

Selznick, Philip. 1969. *Law, Society and Industrial Justice*. New York: Russell Sage Foundation.

Simmonds, N.E. 1986. *Central Issues in Jurisprudence: justice, law and rights*. London: Sweet & Maxwell.

Singer, Joseph. 1984. "The Player and the Cards: Nihilism and Legal Theory". *Yale Law Journal*, vol. 96.

Stein, Peter and Shand, John. 1974. *Legal Values in Western Society*. Chicago: Aldine Publishing Co. Inc..

Summers, Robert. 1971. "Professor Fuller on Morality and Law", in *More Essays in Legal Philosophy*. edited by Robert Summers, Berkeley: University of California Press.

Taylor, Richard. 1968. "Law and Morality". *New York University Law Review*., vol. 43.

Timasheff, N.S. 1939. *An Introduction to the Sociology of Law*. Cambridge: Harvard University Committee on Research in the Social Sciences.

Vinogradoff, Paul. 1959. *Common–Sense in Law*. edited by H. G. Hanbury, London: Oxford University Press.

Walker, David. 1980. *The Oxford Companion to Law*. Oxford: Clarendon Press.

Weber, Max. 1978. *Economy and Society*. edited by Guenther Roth and Claus Wittich, Berkeley: University of California Press.

Wilson, James. 1896. *Works*. edited by James Andrews. Chicago: Callaghan and Company.

Winth, Peter. 1958. *The Idea of a Social Science*. London: Routledge

& Kegan Paul.

"Wolfenden Report". 1957. Report of the Committee on Homosexual Offences and Prostitution, Cmd. 247.